本书获
国 家 自 然 科 学 基 金 (71161013)
教育部人文社科基金研究项目 (10YJC630203)
的资助

基于PBF合同的
代理投资与资产定价研究

盛积良 著

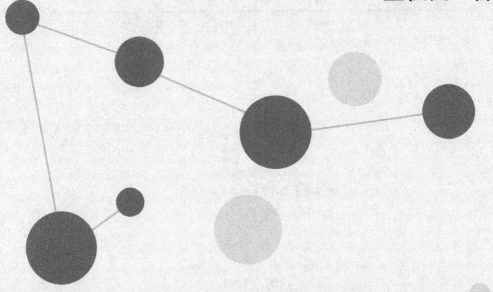

科学出版社

北京

内 容 简 介

投资主体机构化，代理问题日益突出，激励薪酬政策导致机构投资者为追求业绩而转嫁风险，2007~2008年金融危机爆发后，代理投资与金融风险、资产泡沫的关系成为国际学术界研究的热点之一。本书系统研究了基于PBF合同的代理投资及其对资产价格的影响。具体内容包括：①总风险约束和VaR约束对PBF合同激励的影响，并探讨其风险约束机制；②机构投资者具有市场能力时PBF合同的激励与最优合同设计；③管理者的信息成本与基准组合对PBF合同设计的影响；④显性激励和隐性激励对基金风险承担行为的影响；⑤资金流动不对称和PBF合同不对称对基金风险承担行为的影响；⑥基金投资业绩与风险的关系；⑦PBF合同下机构投资者的交易策略与资产价格的关系。

本书可供金融工程学、应用数学、金融学、数量经济学、管理科学与工程等专业的研究人员及高等院校师生阅读参考，也可作为金融管理、机构投资等方面的从业工作者的参考书。

图书在版编目(CIP)数据

基于PBF合同的代理投资与资产定价研究／盛积良著.—北京：科学出版社，2012

ISBN 978-7-03-036207-0

Ⅰ.①基… Ⅱ.①盛… Ⅲ.①金融投资–研究 Ⅳ.①F830.59

中国版本图书馆CIP数据核字（2012）第303779号

责任编辑：林 剑／责任校对：韩 杨

责任印制：徐晓晨／封面设计：耕者工作室

科 学 出 版 社 出版
北京东黄城根北街16号
邮政编码：100717
http://www.sciencep.com

北京京华虎彩印刷有限公司 印刷
科学出版社发行 各地新华书店经销

*

2012年12月第 一 版 开本：B5（720×1000）
2017年 4 月第二次印刷 印张：12 5/8
字数：250 000

定价：120.00元
（如有印装质量问题，我社负责调换）

序

伴随投资主体的机构化,薪酬激励政策的倡导和实施常常导致机构投资者为追求业绩而转嫁风险,代理问题因此而日益突显。在 2007～2008 年美国次贷危机及全球金融危机爆发之后,代理投资与金融风险和资产泡沫关系的研究已经成为国际学术界众多研究的热点之一,金融学家们期盼能从代理投资的角度来探讨 2007～2008 年金融危机爆发的原因。

该书作者是一位理论功底深厚且富有钻研精神的青年学者。他从博士论文开始,便就代理投资与金融风险及资产定价的关系问题做了初步的探索。自那时起,他就感悟到代理投资与金融危机的关系是一个重要的研究方向。2010～2012 年,他先后获得教育部人文社科基金项目"基于 PBF 合同的代理投资及其风险约束机制研究"(10YJC630203)、国家自然科学基金项目"基于 PBF 合同的机构投资组合策略与资产定价研究"(71161013) 和中国博士后基金项目"基于不对称 PBF 合同的机构投资组合策略与资产定价研究"(2012M510968) 的资助,对该方向开展了深入而又系统的研究。该书就是他在上述三个项目研究成果基础上撰写而成的。

该书的逻辑结构细致严密,内容也相当专业和具有前沿性。作者首先就委托投资组合管理及 PBF 合同的研究现状进行了系统地梳理和阐述。在此基础上,作者研究了总风险约束和 VaR 约束对 PBF 激励的影响,探讨了其风险约束机制。然后,作者进一步研究了当机构投资者具有市场能力时 PBF 合同的激励与最优合同设计,并进一步分析了管理者的信息成本与基准组合对 PBF 合同设计的影响。作者还深入探讨了基于 PBF 合同的机构投资决策行为,主要包括显性激励和隐性激励、资金流动不对称和 PBF 合同不对称对基金风险承担行为的影响,以及基金投资业绩与风险选择的关系。此外,作者还针对

PBF 合同下机构投资者的交易策略及 PBF 合同与资产价格的关系进行了研究。

全球金融危机的爆发及其对经济系统所产生的危害性，促使各国政府、金融监管部门和投资者加深了对委托投资组合管理重要性的认识。中国金融市场的加快发展和开放，也对委托投资组合管理水平提出了更高的要求。值得欣慰的是，盛积良博士这本学术专著的面世，他在代理投资的 PBF 合同、基于 PBF 合同的机构投资组合策略以及激励与资产定价的关系等方面所做的积极探索，为该领域的研究做了添砖加瓦的工作。我深信，该书的出版将会起到抛砖引玉的作用，我们期待学术界不断涌现出更多更好的研究成果。

胡援成

2012 年 11 月 8 日于南昌

前　　言

全球资本市场的投资主体机构化进程加速、深化发展，越来越多的家庭部门通过机构投资者的代理投资间接参与市场，机构投资产生的委托代理问题已对金融市场产生重要影响。著名金融学家陈志武教授认为，金融市场的委托代理链太长和扭曲导致了 2007~2008 年全球金融危机。金融危机过后，金融学家们从不同角度研究代理投资与资产价格的关系，解释金融危机发生的根源，为监管部门的"去杠杆化"和"断链"提供理论支持。

作为新兴金融市场中的一员，从 QFII 和 QDII 的引入到国内机构投资者的快速发展，以及股指期货的正式推出，我国金融开放创新的步伐正在加快。借鉴国外成熟金融市场的经验，投资主体机构化将是我国社会主义金融体系建设一种必然选择，机构投资占整个金融市场投资的比重逐年增加，代理问题必将显现。虽然 2007~2008 年全球金融危机未对我国金融系统造成大的冲击，但也为我们研究金融体系中的激励对资产价格的影响提供了绝佳的机会。另外，2011 年我国基金行业出现大面积亏损，但基金经理的报酬却依然很高，理论界对基金固定费率提出了很多批评意见，呼吁基金经理的报酬与投资业绩挂钩。虽然学术界对机构投资最优报酬合同的研究至今尚无定论，但在成熟金融市场和我国私募基金行业，基于投资业绩的报酬合同（PBF）被普遍采用。机构投资者的报酬以及未来投资者选择他的机会很大程度上取决于其投资业绩，对投资业绩的追求，使机构投资者转嫁风险，或偏爱某类资产，这种投资组合策略进一步影响资产价格，导致资产泡沫，因此研究金融机构的激励与资产价格的关系显得尤为重要。

本书研究代理投资中 PBF 合同的激励效应、PBF 合同对机构投资者投资组合策略及资产价格的影响，探讨其风险约束机制，实现激励与约束的均衡。本书的研究对丰富和拓展委托代理框架的投资组合理论与资产定价理论具有重要的学术意义，对于识别金融市场风险源，揭示金融风险的微观形成机理，提高我国金融创新管理水平具有重要的实践意义。

本书共分八章，具体内容如下：

第 1 章首先引出了本书的研究目的和意义，然后概述了委托投资组合管理的研究现状，最后概述了 PBF 合同的国内外研究现状。

第 2 章首先将总风险约束引入代理投资 PBF 合同中，通过建模和数值分析研究 PBF 的激励效应。在总风险约束下，提高收益分享比例，扩大了管理者的资产选择对象集，从而部分降低了风险约束对私人信息的利用和资产选择的限制。风险厌恶的管理者的期望效用和最优努力水平是其风险分享比例的增函数，说明线性契约不但可以使风险在投资者和管理者之间进行最优分担，而且可以激励管理者努力获取私人信息并提高管理者的福利。总风险约束下的管理者的努力水平低于不存在总风险约束下的努力水平，这一结论表明，总风险约束导致管理者信息价值的损失。在 VaR 约束下，有同样结论。最后提出了风险约束机制，寻求代理投资中 PBF 合同激励效应和约束的平衡。通过总风险约束和基准组合对基金管理者进行约束。

第 3 章借鉴市场微观结构的理论、模型和方法，通过建模和数值分析研究代理投资中 PBF 合同的激励作用。与以前研究结论不同的是，在管理者的资产选择影响市场的均衡价格时，线性合同能激励管理者去努力搜集信息。风险厌恶的管理者的最优努力水平是其风险分享比例的增函数，说明线性合同不但可以使风险在投资者和管理者之间进行最优分担，而且可以激励管理者的努力水平，同时提高管理者的风险分享比例，能够提高管理者的福利。该研究结论表明管理者愿意接受一个高风险分享比例的合同，同时更加努力地工作，而这正是投资者所希望出现的结果。

第 4 章首先研究了在考虑管理者信息成本的情况下 PBF 合同的激励作用，并对最优合同进行了求解，分析最优合同的性质。最后对基准组合相关研究作了综述，研究了基准组合的性质对 PBF 合同设计的影响。

第 5 章假设基金管理者的报酬合同为 PBF 合同，研究显性激励和隐性激励对开放式基金的风险承担行为的影响。通过一个存在混合策略的博弈模型，发现：①隐性激励使年中业绩领先的基金下半年持有高风险资产的概率要高于年中业绩落后的基金，并且这个概率随着高风险资产和基准组合的收益之差、两基金业绩之差及下半年资金流动量的增加而增大，随着高风险资产波动率的增加而变小；②业绩领先的基金持有高风险资产的概率随着资产收益分享比例的增加而减少，随着对超基准组合收益的奖励和处罚的程度的增加而增加，随着 PBF 合同中的相对系数增加而增加。

第 6 章研究合同不对称与资金流动不对称对开放式基金风险承担行为的影响。将 Mills ratio 引入模型，根据 Mills ratio 函数的性质，发现合同不对称程度和流动不对称程度对基金风险承担行为的影响正好相反，两类不对称的同时作用使任何一类不对称减轻了另一类不对称对基金风险承担行为的影响。提高基金管理者的收益分享比例不能使基金承担更多风险，而流动量的增加可以使基金管理者选择更多高风险资产。用跟踪误差度量基金的风险能反映基金的风险承担程度。

第 7 章通过一个动态模型研究了 PBF 合同下基金业绩与基金风险选择的关系，并采用我国开放式基金的数据，进行了实证研究。最后研究了基金风险承担的业绩门槛值，该研究为本章前面的建模提供理论支持。

第 8 章首先推导了一种基于对称 PBF 合同的考虑代理问题的资本资产定价模型，接下来采用我国上海证券交易所的数据对模型进行了实证检验。最后研究不对称 PBF 合同中合同不对称程度与资产价格的关系。

囿于作者学识与眼界，本书不当之处在所难免，恳请广大读者批评指正，以便作者总结和提高。

由衷感谢国家自然科学基金项目（71161013）、教育部人文社科基金研究项目（10YJC630203）、中国博士后基金项目（2012M510968）和江西省博士后科研项目（赣人社字［2012］195 号）的资助。同时感谢我的导师、电子科技大学马永开教授，在我攻读博士学位期间所给予的指导和大力帮助！本书的基础研究来自我的博士论文。感谢我的博士后合作导师江西财经大学胡援成教授对我的鼓励和宝贵意见。感谢电子科技大学曾勇教授对我的大力支持和热情帮助。感谢江西财经大学卢福财教授、吕江林教授、严武教授对我的支持和鼓励。感谢所有关心和帮助我的人。

盛积良

2012 年 10 月于南昌

目　　录

1 绪 论

1.1 引 言

在成熟的金融市场，机构投资者（如共同基金、对冲基金、主权财富基金等）的交易占主要部分，而个人投资者的交易只占很少的一部分，投资主体机构化，机构代理投资产生的委托代理问题已对金融市场产生了重要影响。例如，金融危机过后，现在普遍认为金融机构普遍执行的脱离风险特征约束的畸形激励薪酬政策是导致 2007~2008 年全球金融危机的主要原因之一，不合理的薪酬政策导致机构投资者的风险转嫁。另外，在大部分金融机构的薪酬框架中，薪酬和奖金是根据当年的盈利发放的，而经营风险的暴露却是滞后的、长期的。

标准的资产定价理论只考虑代表性投资者的定价问题：假设整个经济系统中只有一个代表性的投资者，在预算约束下，投资者对其初始财富进行消费和投资，并追求个人效用最大化，在均衡条件下确定资产的价格。该定价方法没有考虑机构投资者的资产配置问题，机构投资者在构建投资组合时受两种激励的影响：一种为委托合同约定的报酬（如共同基金管理费率为其管理资产净值的 1.5%，对冲基金或私募基金的管理费率为固定费率加超额收益的某一百分比），一般称为显性激励；另一种为相对业绩与资产流动的关系，如 Chevalier 和 Ellison（1997）、Sirri 和 Tuffano（1998）等发现，基金的资金流动和基金的相对业绩之间存在不对称的凸关系，相对业绩好的基金有大量的新资金流入，从而基金净值增加，管理者获取更多报酬，这种激励一般称为隐性激励。两种激励导致机构投资者与个人投资者的资产配置策略有本质差异，因此研究资产定价问题应该考虑机构投资者激励的影响。

著名金融学家耶鲁大学陈志武教授认为金融市场的委托代理关系链太长和扭曲导致了 2007~2008 年全球金融危机。我国著名金融学家，中国人民大学教授吴晓求也认为委托代理关系普遍存在于各金融机构国之间、金融机构内部的股东和管理层之间，管理层和交易员之间。委托人和代理人之间普遍存在信息不对称，致使委托人难以有效地观察、衡量和考评代理人的业绩，因此委托人必须要设计和选择最优的契约来激励并约束代理人的行为。然而契约的激励功能和约束功能对代理人的影响往往不尽一致甚至是相反的，过于强调契约的激励功能将导致代理人采取冒险行为，过于强调契约的约束功能则容易使代理人过于保守，如何保持激励与约束的平衡似乎并没有统一解，而要视具体情况而定。

基于投资业绩的报酬合同（performance based fee，PBF）在金融界被普遍采用。在 PBF 合同中，管理者报酬由两部分组成，一部分报酬基于所管理的总资产价值的大小，一般为总资产价值的某一比例；另一部分为超额报酬，即管理者对超基准组合收益的分享，分享比例可以是线性的，也可以是非线性的。本书研究代理投资中 PBF 合同的激励效应、PBF 合同对机构投资者投资组合策略及资产价格的影响，探讨其风险约束机制，实现激励与风险约束的均衡。本书的研究对丰富和拓展委托代理框架的投资组合理论与资产定价理论具有重要的学术意义，对于识别金融市场风险源，揭示金融风险的微观形成机理，提高我国金融创新管理水平具有重要的实践意义。

1.2 委托投资组合管理研究综述

在大多数工业化国家，大部分金融资产不是由资产所有者直接管理，而是委托金融中介进行投资。委托投资组合管理（delegated portfolio management）是代理投资的运作模式，其产生的代理关系成为经济体中的最主要代理关系之一，这种代理关系有可能对金融市场和经济发展产生重要影响。因此，本章首先对委托投资组合管理研究进行综述。

委托投资组合管理中的代理关系具有传统的委托代理模型的很多特征；但在委托投资组合管理中，管理者同时控制资产收益的期望值和标准差，使得委托方提供激励相容合同非常困难。委托投资组合管理市场一般实行锦标赛（tournaments）体制，管理者对自己职业生涯的关心使委托投资组合管理成为多期博弈，资金流入对管理者过去的业绩敏感，因而声誉成为对管理者的隐性激励。为了在委托投资组合管理市场树立良好声誉以吸引更多新基金的加入，管理者有可能加大投资组合的风险以期获取良好业绩。另外，管理者对风险的厌恶和相对业绩度量使管理者广泛采用投资组合保险（portfolio insurance）交易策略或者抛弃私人信息而出现"羊群行为"。标准的资本资产定价模型（capital asset pricing model，CAPM）是在假设投资者直接管理个人资产账户的基础上得出的，但在发达金融市场机构投资者已占主导地位，管理者的隐性（声誉）和显性（报酬合同）激励影响资产配置和交易及市场均衡的实现，委托投资使标准的 CAPM 模型不再适用（Allen，2001）。

本节从委托投资组合管理合同、交易策略、锦标赛体制研究、资产定价与一般均衡四个方面分析有关委托投资组合管理研究的内容和现状，剖析该领域的最新发展。

1.2.1　委托投资组合管理合同

委托投资组合管理中的合同问题包含逆向选择、道德风险和代理成本问题。逆向选择是指，投资者不知道管理者解读信息的能力及他们的信息质量。道德风险是指，在投资者把资金委托给管理者之后，管理者的行为可能不能达到最优，如在获取信息时他们的行为并非最优。代理成本是指，管理者和投资者之间可能存在道德摩擦。投资者希望最大化风险调整后的期望受益，但是管理者只希望自己的报酬收入最大，管理者和投资者的目标不一致，这种不一致将导致管理者为了自己的利益而损害投资者的利益。委托投资组合管理中的最优合同应达到三个基本目标：①风险分担，即当管理者和投资者都是风险厌恶时，最优合同应该使风险在投资者和管理者之间合理分担；②道德风险，最优合同应引导管理者的努力，并促使管理者以最优方式利用信息，此时最优合同影响管理者的资产选择，进而影响投资组合的收益分布；③逆向选择，最优合同应该可以筛选好的管理者，即传递有关管理者类型的信息，尤其是如果能揭示管理者的类型，则该最优合同为分离（separating）合同，否则为混同（pooling）合同。

1.2.1.1 委托投资组合管理合同分析的基本框架

标准的委托投资组合管理问题涉及投资者（委托人）和管理者（代理人）之间的博弈，其中投资者和管理者都可以是风险厌恶或风险中性的。在基本的博弈模型中，一般假定市场上只存在一种风险资产和一种无风险资产，并且假定管理者和投资者都是价格的接受者，即资产交易不会影响市场价格。为了解释逆向选择问题，一般假定市场上有两类管理者：好的管理者和差的管理者。好的管理者能获得风险资产收益的私人信息；而差的管理者却不能获取任何信息。另外，假定管理者不能进入保险市场，也不能在金融市场上用自己的账户进行投资，管理者的所得来自其管理投资者的资产所获取的报酬。

假设好的管理者通过努力能获取风险资产的私人信息 s，其付出的努力为 e，成本为 $c(e)$，为了分析方便，假设努力的取值为 1 和 0，即 $e=1$ 表示管理付出努力，而 $e=0$ 表示管理者没有付出努力。当 $e=1$ 时，管理者能获取风险资产的条件分布的概率。假设风险资产的条件收益为 $y\,|\,s$，其值满足线性关系

$$y\,|\,s = \mu_u + s + v \tag{1-1}$$

其中，v 为噪声，其取值与 s 和 e 无关；方差为 σ_v^2；μ_u 为风险资产收益的无条件均值。在获得资产收益的信息后，管理者选择风险资产的比例为 α_c，此时投资组合的条件收益为

$$x_c = \alpha_c(s)y\,|\,s = \alpha_c(s)(\mu_u + s + v) \tag{1-2}$$

在管理者和投资者都具有均值方差效用函数时，最优条件投资组合 α_c 可以通过最大化夏普比例得到。

如果管理者为不好的类型，则 s 不能被观测到，风险资产的收益 y 的无条件分布为

$$y = \mu_u + \varepsilon \tag{1-3}$$

其中，ε 是不可观测的部分。此时投资组合的无条件收益为

$$x_u = \alpha_u y \tag{1-4}$$

其中，α_u 是无条件的最优均值方差投资组合。

在标准的委托投资组合管理的博弈中，投资者提供一个报酬合同，管理者选择接受还是不接受，如果管理者选择接受合同，则管理者付出努力，获得信号 s（对于好的管理者），管理者将信号揭示给投资者，或是管理者直接选择投资组合，随后真实信息实现，管理者获得报酬 $\pi(x)$，投资者获得剩余收益。对于投资者来说，聘用好的管理者获取的条件投资组合的效用要大于无条件投资组合（聘用差的管理者）时的效用，假设投资者的效用为 EU_P，则有

$$EU_P(1 + x_c) > EU_P(1 + x_u) \tag{1-5}$$

综上所述，投资者提供合同要解决的最优化问题为

$$\max_{f(x)} EU_P(1 + x - \pi(x)) \tag{1-6}$$

$$x = \alpha(s)y(e) \tag{1-7}$$

$$e, \alpha(s) \in \operatorname{argmax}[EU_A \pi(x) - c(e)] \tag{1-8}$$

$$EU_A f(x) - c(e) \geqslant U_A^* \tag{1-9}$$

$$EU_P(1 + x - f(x)) \geqslant EU_P(1 + x_u) \tag{1-10}$$

其中，式（1-6）为投资者选择报酬合同使自己的效用最大；式（1-7）为基金组合的收益，它的值取决于管理者的努力 e 和获取的信息 s；式（1-8）为管理者的激励相容约束，管理者选择努力和资产使效用最大；式（1-9）为管理者的参与约束，U_A^* 为管理者的保留效用；式（1-10）为投资者的参与约束。满足约束式（1-7）~式（1-10）的报酬合同 $f(x)$ 是可行的。需要说明的是，在委托投资组合投资管理中，管理者一般是完全竞争的，投资者对剩余收益具有索取权，此时式（1-9）取等号，而式（1-10）取不等号；如管理者具有控制权，投资者是完全竞争的，则情况正好相反。

1.2.1.2 最优合同的概念

1 第一最优合同

当管理者的努力和信息都是可以观测的，即在合同签订前后没有信息不对称，我们可以把管理者和投资者看成一个整体，投资者和管理者的边际收益等于管理者努力的边际成本，此时的合同称为第一最优合同（the first best contract）。Stoughton（1993）认为，如果管理者和投资者之间没有不对称信息，且两者都是风险厌恶时，存在最优风险分担合同，此时合同为线性的；最优风险分担比例与 Wilson（1968）的结论一致，即管理者对风险资产收益的分享比例正好等于管理者风险容忍度占社会总容忍度的比例。

2 第二最优合同

在现实中，合同签订的前后都有可能存在信息不对称，第一最优合同不存在，此时的合同称为第二最优合同（the second best contract）。在标准的代理问题中，Holmstrom 和 Milgrom（1987）认为，线性合同此时仍是最优的，因为线性合同能够很好地解决风险分担和管理者的激励问题。典型的线性合同具有下面的形式：

$$\pi(x) = m_0 + m(x - b) \tag{1-11}$$

其中，m_0，$m>0$；x 为管理者的投资组合的价值，b 为事先指定的基准组合的价值，b 值可以是固定的，也可以是随机的；$\pi(x)$ 为管理者的报酬。在式（1-11）中，关键是要确定 m 的取值，因为 m_0 的值可以设定为管理者的保留工资，即满足管理者的参与约束。一般来说，m 值越大，则管理者越努力，但此时管理者的投资组合风险也越大。

在委托投资组合管理中，此时线性合同不再是最优的，m 也不能激励管理者努力，即使在 Holmstrom 和 Milgrom（1987）的假设条件下，委托投资组合管理中的第二最优合同应具有的形式目前仍然不清楚。这是因为在委托投资组合管理中，管理者获取的是信息而不直接是业绩，并且管理者能同时控制资产收益的期望值和标准差，而在标准的代理问题中代理方只能控制其中之一。因此，标准的委托代理理论中有关最优合同的研究成果在委托投资组合管理中不再适用。

1.2.1.3 最优合同的形式

Bhattacharya 和 Pfleiderer（1985）被公认为委托投资组合管理合同问题研究的开拓者。假设投资者为委托人，管理者为代理人；市场上存在一种无风险资产，其收益率为 r_f；市场上也存在一种风险资产，其收益率为 $\tilde{r}$，其分布为 $N(\tilde{r}, \sigma^2)$，$\tilde{r}$ 和 σ^2 分别为收益率 $\tilde{r}$ 的期望和方差。假设很多行为人都有资格充当基金的管理者，他们观测到风险资产收益的私人信息 $\tilde{s}=\tilde{r}+\tilde{\varepsilon}$，其中 $\tilde{\varepsilon}$ 的分布为 $N(0, \sigma_\varepsilon^2)$，$s$ 和 σ_ε^2 均属于代理方的私人信息。假设代理方具有负指数效用函数。委托人有两个目标：①希望雇用一个信息精确的管理者，即 $\tilde{r}$ 的后验方差小于一个给定的值；②激励管理者披露信息。行为人有最低工资额（保留工资），该最低工资额随着管理者的信息精确度而递增。假设行为人的 σ_ε^2 为共同知识，则最优合同（第一最优合同）对资产收益呈线性关系，在次优情形下（σ_ε^2 为非共同知识），则最优合同（第二最优合同）为资产收益的二次函数。

当信息的获得需要花费资源时，就会出现道德风险问题，报酬合同应该能引导基金管理者在研究上花费资源。Stoughton（1993）分析了当努力不可观测时，线性合同和二次合同的效应（道德风险和逆向选择问题）。他发现线性合同无法引导基金管理者花费资源购买信息；二次合同则可以削弱投资不足问题，对于风险容忍度强的投资者而言，二次合同为准最优，且该二次合同具有如下形式：

$$\pi(x) = m_0 + m(x - b)^2 \tag{1-12}$$

其中，$m<0$。在多期框架下，只有当管理者的投资组合收益超过一个给定的界限，投资者才会留任该管理者。Stoughton（1993）的研究假设委托方只要求代理方提供私人信息，然后自己交易资产，这与委托投资组合管理中的现实情况不符。如果管理者对信号做出的反应是非线性的，则 Stoughton（1993）的二

次合同仍然不能解决对管理者的激励问题。基于 Stoughton（1993）的研究，Gomez 和 Sharma（2006）研究了卖空限制条件下的线性合同，发现在卖空限制下线性合同能对管理者起到激励作用，并且此时线性合同比二次合同有更好的激励作用。Cadenillas 和 Cvitanic（2007）假设管理者控制资产收益的期望值和方差，利用鞅 Martingale 方法研究了委托投资组合管理合同的形式，发现当投资者和管理者有相同的常相对风险厌恶（constant relative risk aversion，CRRA）效用或都具有常绝对风险厌恶（constant absolute risk aversion，CARA）效用时，最优合同是线性的；如果投资者和管理者有不同的常相对风险厌恶效用，则最优合同是非线性的。

标准的委托代理理论认为，在管理者的报酬合同中引入其他可观测的变量有利于解决合同问题。在委托投资组合管理中，这个可观测的变量一般设为基准组合或其他管理者的业绩。Admati 和 Pfleiderer（1997）研究了在线性合同中引入基准组合是否有助于解决委托投资组合管理中的合同问题，认为在管理者的线性报酬合同中引入基准组合没有理论依据，引入基准组合的线性报酬合同不能对管理者起到激励作用，不能对管理者进行甄别，并且当管理者风险偏好未知时不能对管理者进行评价。曾勇等（2000）研究认为，基于绩效的线性报酬合同虽能减少由管理者错误信号所造成的损失，但其代价是不利于管理者充分利用其获取的有价值信息选择符合投资者风险偏好的证券组合，与直觉相悖，基于绩效的线性报酬合同无助于激励管理者尽力获取有价值的信息，该结论与 Admati 和 Pfleiderer（1997）的研究结论相同。曾勇等（2004）进一步研究了投资管理者风险偏好未知情况下，PBF 合同对管理者个人信息价值利益的影响，他们的研究结果表明，与管理者风险偏好已知的情况不同，只要存在投资者对风险偏好估计不准确的风险，就应该采用一定结构的 PBF 合同。在实证研究方面，Elton 和 Gruber（2003）采用美国 1990~1999 年共同基金的数据，发现采用 PBF 合同的基金比不采用该报酬合同的基金有更好的选股能力和更低的管理费用，从而能获取更高的收益。他们认为，PBF 合同的激励作用使采用这种报酬合同的基金比不采用报酬合同的基金更能聘用到好的管理者，从而意味着该基金有更好的选股能力和更多的现金流入。

在该研究方向上国内其他学者也有相关研究。张汉江等（2000）在考虑投资总收益作为单一可观测变量和包含其他可观测变量的两种情况下研究了委托投资组合管理中管理者的最优激励合同问题，认为当考虑其他相关的可观测变量时，风险成本和代理成本比只考虑单一可观测变量时减少，从而将其他可观测变量写入激励合同使合同变优，他们考虑的其他可观测变量实际上是其他管理者的业绩，刘建香和钱省三（2001）也有与此相似的结论。刘煜辉和欧明刚（2003）认为，基金投资者与基金管理者之间是一种委托代理关系，由于信息不对称，必须引入激励合约来最大限度地保证基金投资者的利益最大化，在最优激励合约中，管理人必须承担一定的风险，通过"标尺竞争"和引入监督机制提高激励强度，降低代理成本，增强激励的有效性。张永鹏和陈华（2004）研究了信息不对称情况下基金管理人的最优激励合同，发现考虑基金的相对业绩有利于加强对管理者的激励和提高投资者的福利。

1.2.1.4 对称与非对称合同对管理者资产选择的影响

在委托投资组合管理中，管理者同时控制收益的期望值和标准差使得委托方提供最优合同变得十分困难，现有研究不能很好地回答最优合同所具有的形式，这使得部分学者避开寻找最优合同，而去回答对称与非对称报酬合同对管理者资产选择的影响。Starks（1987）分析比较了对称与非对称合同，认为在资产选择方面对称合同比非对称合同好，因为对称合同更能诱使管理者选择投资者满意的投资组合。Das 和 Sundaram（2002）通过建立一个单期三种状态的风险分担模型（信号传递模型）发现，非对称合同会使管理者选择高风险的资产。因此，对称合同能使风险更好地在投资者和管理者之间进行分担；但是他们发现，当没有私人信息的管理者的保留效用很低时，与对称的报酬合同相比，非对称的报酬合同使投资者的均衡福利增加。由于对称合同很容易使有私人信息的管理者与没有私人信息的管理者相分离，此时如果没有私人信息的管理者冒充有私人信息的管理者，则其冒充成本增加，所以非对称合同能够吸引更多没有私人信息的管理者。Das 和 Sundaram（2002）认为，当有私人信息的管理者的保留效用足够高并且委托方喜欢混同合同时，非对称合同比对称合同更受欢迎，同时他们给出了使非对称合同提供的结果帕累托占优的条件。实际上，在一个职业经理人竞争的市场中，竞争使管理者的保留效用接近于零。Das 和 Sundaram（2002）讨论的有私人信息的管理者的保留效用足够高的情况不可能出现，所以没有理由认为非对称合同严格优于对称合同。Das 和 Sundaram（2002）假设管理者提供合同且该合同用来传递管理者的信息，而 Kristiansen（2005）认为这种合同在现实中不可能实现。

Hugonnier 和 Kaniel（2010）研究了固定比例费率下管理者的资产选择问题，建立一个动态资产选择模型，应用不完全市场效用最大化方法和倒向随机微分方程（backward stochastic differential equations）求解模型，发现基金的费率和风险正相关，这是因为费率高的基金管理者持有更多的风险资产。

委托投资组合管理中的报酬合同一般只对管理者的好业绩进行奖励而对负的业绩不进行处罚，即管理者只承担有限责任，这使得报酬合同实际上成为期权合同，于是部分学者用期权定价的方法来研究该期权型合同下管理者的资产选择问题。Grinblatt 和 Titman（1989）认为，在给定的期权类型的非对称合同的情况下，如果管理者可以为自己的报酬进行套期保值，则管理者会选择加大基金波动率（风险）的投资策略，并且他们认为，设计合同时应该设定收益的最高限额并对收益低于基准组合的管理者进行惩罚。但是在假设管理者是风险厌恶的基础上，Carperter（2000）得出了与 Grinblatt 和 Titman（1989）不同的结论，他认为，如果管理者不能为其报酬套期保值，则期权型的合同不一定导致更大的风险，因为当管理者投资组合的价值很大时，风险厌恶的管理者为了固定收益必然减少投资组合收益的波动。Ross（2004）的研究得出了相似的结论，他认为在某些情况下，期权型的报酬结构可能使管理者选择的风险水平比交易自己资产时的风险还要低，因为期权型的合同有放大效应。

在国内的研究中，胡昌生等（2003）研究发现，线性合同主要不是用作激励，而是把一部分风险转移给代理人，以达到风险的帕雷托最优配置。王明好等（2004）研究了一类线性费率结构对基金风险承担行为的影响，研究发现，随着基金管理费率不对称程度的增加，基金经理所选择的投资组合偏离基准组合的程度将增加。尤其是当因基金的收益小于基准组合的收益而对基金经理的处罚为零，即基金管理费率不对称程度最大时，基金组合将完全偏离基准组合（在他们的研究中实际上是市场组合）。倪苏云和吴冲锋（2004）利用期权定价的思想，将管理费率和基金业绩与市场收益挂钩，设计了一种上下限费率条款，通过仿真计算，分析了投资能力不同的基金为吸引投资者的积极认购在费率参数设计上的区别。

1.2.1.5　内生最优合同

上述研究均假设合同的形式是外生给定的，即在一定形式的合同下研究管理者的激励、资产选择和风险承担行为，通过比较得出最优合同的形式。近年来，有部分学者假设投资者和管理者具有一定的效用函数，在对管理者的报酬合同的具体形式不做任何限制的前提下，建立委托代理模型，通过模型求解委托投资组合管理中内生最优合同应具有的形式。

Ou-Yang（2003）假设管理者具有负指数效用函数，在 Merton 等的连续金融框架下，建立委托代理模型，通过靹方法得出动态委托投资组合管理中的最优合同为对称合同，并且建议管理者应该接受一个固定报酬再加一个依赖于超基准组合收益的奖金或惩罚。Dybvig 等（2010）通过假设管理者具有对数效用函数，分析了委托投资组合管理中的最优合同问题。在第一优情形下（努力和信号均可以观测），最优合同就是基准组合的线性分享法则加上某一个投资组合的超常受益，它取决于管理者的信号。在第二优情形下（管理者的努力不可以观测，而信号可以观测），增加基金管理者报酬中超常收益分享比例，可以激励管理者的努力。在第三优情形下（管理者的努力和信号都不可以观测），其最优合同就是第二优合同。Palomino 和 Part（2003）证明了在管理者控制投资组合的风险时，两期框架下的最优合同形式为奖金合同（bonus contract），当投资组合收益超过某一门槛值时管理者获得一个固定收益，该奖金合同具有如下形式：

$$\pi(x) = \begin{cases} m_0 + m(x - b) & x \geq b \\ 0 & x < b \end{cases} \tag{1-13}$$

而在多期框架下则是线性合同。Palomino 和 Sadrieh（2004）研究了委托投资组合管理中过度自信的管理者的投资特点，得出了过度自信的管理者的内生最优合同也具有奖金合同的形式。

1.2.2　委托投资组合交易策略

1.2.2.1　投资组合保险交易策略

在委托投资组合管理中，由于委托投资带来的代理成本及由于资金流入对基金过去业绩的敏感性（资金流入和基金业绩之间存在不对称的凸关系），基金管理者广泛地采用投资组合保险（portfolio insurance）交易策略。投资组合保险交易策略向投资者保证特定期限内获得的最低财富额（即保底额）。该类投资组合交易策略的原理是投资组合管理者希望确保投资者有一个固定受益，即通过选择适当的策略，投资者可以确保最终的收益在一定的水平之上，从而规避下行风险。投资组合保险策略的成熟直接导致了保本基金的兴起和发展。一般而言，投资组合策略可通过凸报酬函数进行特征刻画。

通过在最优消费问题中引入财富下界或者消费下界（财富或消费的保底额），我们可以推导出投资组合保险策略。现有文献主要研究三类投资组合保险策略：固定比例策略（fixed proportion strategies）、卖出期权策略（put option strategies）和 VaR（Value at Risk）方法。

Black 和 Jones（1987）是固定比例策略的最早提出者之一。在他们的模型中，假设有一项风险资产和一项安全资产，固定比例策略在于将安全垫（cushion）$C(t) = W(t) - F(t)$[投资组合的价值（portfolio value）减去保底额（floor：lowest value for the portfolio），$F(t)$ 相当于投资于安全资产的固定股份价值]的一个固定比例投资于风险资产 $[mC(t), m > 0]$，数额可以达到借款限制 $[bW(t)]$。Black 和 Perold（1992）在特殊效用函数（分段 HARA）及消费下界约束情况下，求解无限期的连续时间最优消费问题。Grossman 和 Vila（1992）在无破产[对于任何 t，$W(t) > 0$]和借贷限制下，假设管理者有常相对风险厌恶的效用函数，得出常数保底额和借贷限制下的固定比例政策。Merton（1971）在常相对风险厌恶的效用函数和无破产状况下，最大化最终财富的期望效用，得出无借贷约束的固定比例策略。Grossman 和 Zhou（1993）通过假设投资者具有常相对风险厌恶的效用函数，且投资者希望最大化最终财富期望效用的长期增长率，并希望最高损失为到那一刻为止时他的财富最大价值的一个固定比例［$W(t)>aM(t)$，$M(t)$ 是到时刻 t 为止的最大财富］，得出固定比例政策。Dybvig（1995）在常数相对风险厌恶、无破产及消费不衰减条件下，最大化行为人的无限期期望效用，得出固定比例策略。程兵（2005）研究并推广了常数比例投资组合保险策略（constant proportion portfolio insurance，CPPI），找出 CPPI 与期权的关系，讨论了借贷限制对 CPPI 策略的影响，最后对 CPPI 策略在中国市场的可投资性进行了评测。

Rubinstein 和 Leland（1981）最早提出了采用股票和债券来人工复制卖出期权保险策略的思想，但该策略没有考虑交易成本对保险策略的影响。Cox 和 Huang（1989）、Grossman 和 Vila（1989）将效用函数定义为最终财富的非递减的凹函数，证明了最优投资组合保险策略是无约束交易解的组合，并且该组合是以某一证券为标的执行价格为 K 且报酬由最优交易策略时的财富度量的卖出期权的组合。该组合的投资策略就是购买一份卖出期权，以保护投资者规避下行风险。Nguyen 和 Portait（2002）假设在每一个时刻 t 施加清偿能力约束，资产价格服从 $It\hat{o}$ 过程，行为人具有均值方差效用函数，他们证明此时最优投资组合策略是复制二阶矩最小的投资组合的欧式卖出期权，通过投资由无风险资产和基础风险资产构造的卖出期权，可以动态实施 Rubinstein 和 Leland（1981）提出的卖出期权投资组合保险策略。该投资组合保险策略的思想是频繁交易（连续时间重复调整），在价格上升（下降）之后买入（卖出）基础风险资产。实际上，这类投资组合保险策略就是所谓的止损策略（stop loss strategy）：当其价格碰到最低保底额时出售风险资产，然后将货币投资于无风险资产。Dybvig（1988）研究了动态投资组合策略的有效性问题。

随着风险管理方法的发展，机构投资者开始根据 VaR 方法管理他们的风险头寸。Basak 和 Shapiro（2001）分析了根据 VaR 选择风险有限的投资组合，即约束行为人行为，将财富跌破保底额的概率控制在事先设定的某一水平之下（如某一概率 α）。假设在初始日之后不再重新评估投资组合的 VaR，他们论证行为人的最优选择是保证避免中间状态的损失，而承受最坏状态下的损失（概率为 α）。其基本原理就是对于 VaR 风险管理者来说，在价格最昂贵的状态下承受损失是最优的。在常相对风险厌恶的效用函数和对数状态价格条件下，最优策略与投资组合保险策略大相径庭，VaR 约束的政策预示对风险资产的投资超过无约束下的情况。市场中受 VaR 约束的行为人扩大使市场波动性下跌，反之使市场波动性上涨。Cuoco 等（2001）发现在动态评估交易投资组合的 VaR 时风险资产配置总是低于无 VaR 约束下的情形。Alexander 和 Baptista（2002）研究了均值-VaR（mean-VaR）模型与传统的均值方差分析在资产选择上的区别；Alexander 和 Baptista（2004）进一步分析了 VaR 和 CVaR（Conditional VaR）约束与均值方差约束在资产选择上的不同。Alexander 和 Baptista（2008）将 VaR 约束引入 Roll（1992）的跟踪误差结束（mean-tracking error variance，TEV）模型，发现在 TEV 模型中加入 VaR 约束可以使积极的投资管理者选择更加有效的投资组合。

1.2.2.2 羊群行为

在委托投资组合管理中，管理者关心自己的业绩是因为他们的报酬、职位以及未来投资者选择他们的概率，这些又均取决于他们相对于外生基准组合（benchmark）的业绩或相对于其他管理者的业绩。管理者的报酬合同和市场的这些特征可能导致机构投资者之间的羊群效应（herding）。早在 1936 年凯恩斯就在《通论》中指出："违反常规的胜利与符合常规的失败相比，后者更有利于维护声誉。"现有文献将羊群效应模型分为三大类：声誉效应模型、报酬外部性模型和信息外部性模型。

Scharfstein 和 Stein（1990）认为，在委托投资组合管理的锦标赛体制中，如果考虑声誉，基金管理者就会抛弃私人信息而导致羊群行为，这种趋势主要取决于委托投资组合管理中两个基本事实。第一，管理者的业绩的评估周期很短，比如一年，管理者不能等到信息被揭示就被解雇了；第二管理者的业绩一般根据同行业的平均业绩来度量，风险厌恶的管理者为了最小化业绩风险在资产配置时倾向于羊群行为。Scharfstein 和 Stein（1990）提出了声誉模型的羊群效应模型：当管理者考虑声誉时，管理者将忽视私人信息而模仿其他管理者的投资决策行为，这种行为从整个社会的观点来看是无效率的，但对管理者个人来说，这种行为却是理性的。

Zwiebel（1995），Maug 和 Naik（1996），Gumbel（1999），Eichberger（1999）等，Palomino 和 Prat（2003）认为委托投资组合管理合同中一般都含有相对业绩条款（如 PBF 合同），相对业绩使管理者偏离收益最大化的资产配置而跟随他们的基准组合，从而出现羊群行为。聪明的管理者忽视私人信息（使现有资产配置没有最大化管理者风险调整的期望效用），羊群行为最终导致每个管理者获取相同信息。Prendergast 和 Stole（1996）指出，只要基金管理者对自己的私人信息的可信度不高，他就有模仿被选为基准业绩的基金管理者行为的倾向，因为偏离基准业绩的投资行为会有很大的风险。Chevalier 和 Ellison（1999）认为，年轻的管理者关心自己的职位；因此，他们更倾向于避免非系统风险，而出现羊群行为，如管理者都投资基准组合。Avery 和 Chevalier（1999）也对年轻管理者的羊群行为作了解释。

Hirshleifei 等（1994），Bikhchandani 等（1992），Banerjee（1992），Cao 和 Hirshleifei（2000），Nelson（2002），DeMarzo 等（2001），Bikhchandani 和 Sharma（2001）提出了信息外部性羊群模型。在选择有先后顺序的框架下，即使每个人都采用贝叶斯法则更新信念，也可能发生信息的连锁反应（informational cascade），即决策者观测到其他行为人的行为后跟从他们的行为而不考虑自己的信息。羊群效应的出现是因为其他决策者可能拥有对该决策者而言很重要的信息。

Welch（1992）和 Nelson（2002）研究了当股份按顺序出售时 IPO（首次发行股票）的羊群行为。Avery 和 Zemsky（1998）证明了在 Glosten 和 Milgrom（1985）的有序交易模型中，如投资者仅仅只在相关投资价值不确定情形下投资，羊群行为并不会出现，而当不确定性为多维（如交易者准确性不确定）时，会出现羊群行为。Hirshleifer 等（1994）的羊群模型解释了管理者集中投资某一个资产子集（如基准组合）的原因，交易者的效用随着取得信息的交易者总数量的增加而增加。Froot 等（1992）证明了短期投资者为了操纵市场而暗中勾结，共同买进一项资产，当该资产的价格达到某一高位时再出售该资产，从而获取高额收益。Lee（1998），Cao 等（2002）考虑交易费用和交易顺序，证明当管理者过分依赖过去价格时，信息连锁反应就可能出现，信息连锁反应可能导致信息汇总失败，产生股票市场的繁荣危机恐慌和过度波动性。Cipriani 和 Guarino（2002）证明了信息连锁反应在有序交易模型中会产生传染效应，当投资者关注他人的交易却不能够完美地推断出他人的信念时，模仿他人的投资策略可能会降低波动性、交易量和价格的无效率。

国内在羊群行为的相关研究中，宋军和吴冲锋（2001）、孙培源和施东晖（2002）分别研究了基于分散度和基于 CAPM 的羊群行为。伍旭川和何鹏（2005）认为，中国开放式基金存在较强的羊群行为。郭磊等（2006）研究认为，纽约股票市场的理性羊群行为程度高于中国股票市场，但其非理性羊群行为程度低于中国股票市场。刘成彦等（2007）发现 QFII 之间具有较明显的羊群行为。崔巍（2009）研究了风险回避下的 BHW 模型。蔡庆丰（2011）通过对证券分析师与机构投资者行为的实证分析，研究了羊群行为的叠加及其市场影响。

1.2.2.3　投资组合保险策略的市场效应

机构投资者的行为特别是他们的投资组合保险策略是 1987 年美国证券市场崩溃的原因之一，因为建立在复制卖出期权基础上的投资组合保险策略，在市场衰退时出售股票，该交易策略可能破坏市场的稳定性。Genotte 和 Leland（1990）通过建立一个价格对形成预期起重要作用的理性预期模型，发现即使相对少的投资组合保险策略也可能导致市场崩溃。Brennan 和 Schwartz（1989）通过假设代表性行为人具有幂效用函数且可以购买期末市场组合要求权，研究了投资组合保险策略交易策略的效应，发现相对于完全由最大化自己最终财富期望效用的行为人构成的经济，由采纳投资组合保险策略构成的经济会导致市场风险溢价增加，并使得无风险利率下降。投资组合保险策略使交易策略的效率和成本可能具有相关性，但是当投资组合保险策略管理的资产市场份额很小时，投资组合保险策略对市场价格和波动性的效应很小。价格波动率随受投组合保险策略制约的市场份额的增加而增加，但是在一个与市场投资者平均风险厌恶系数相近的风险厌恶下，这一效应很小。该研究还发现，即使投资组合保险的份额很小，也可能产生大交易量，因为投资组合保险策略要通过大量交易来实现。Grossman（1988）认为，卖出期权策略可以通过复制一个以投资组合为标的的欧式期权来实现，若根据采纳投资组合保险策略的行为人直接在卖出期权市场交易而不是在基础市场上交易，则其他投资者可以更加容易识别非信息交易。此外，限制在卖出期权市场上交易投资组合保险策略可以使基础市场的交易和价格变化更具有信息性。基础资产市场的动态对冲策略和投资组合保险程度的不确定性导致信息不完美汇总，破坏了市场稳定性并增加波动性。Jacklin 等（1992）认为，假如市场低估投资组合保险策略的程度（市场价格高），则当投资组合保险程度被披露时，就会出现危机。

Grossman 和 Zhou（1996）应用靷方法研究了投资组合保险策略的一般均衡问题，发现投资组合保险策略引起资产收益均值回复，在坏状态下，增加资产的波动率和夏普比例（Sharpe ratio），并使得波动率与交易量之间产生相关性。在坏状态下，当那些采用投资组合保险策略者向未采用投资组合保险策略者出售资产时（在价格下降以后），要使最大化最终财富期望效用的行为人产生对资产的需求，必须提高资产的风险溢价；存在投资组合保险时，坏状态下的市场有效风险厌恶超过无投资组合保险时的情况，投资组合保险行为人使得坏状态下的夏普比率增加，波动率也存在相同效应。Grossman 和 Zhou（1996）还解释了为什么虚值（out of the money）卖出期权交易比实值卖出期权交易有更高的波动性。Basak（1995，2002）研究了投资组合保险的稳定性作用，即风险溢价和波动率的减少。

杨宝峰和刘海龙（2005）介绍了四种基于期权理论的动态投资组合保险策略：期权复制保险策略（SCO）、固定组合策略（CM）、固定比例投资组合保险策略（constant proportion portfolio insurance，CPPI）和时间不变投资组合保险策略（time invariant portfolio protection，TIPP）。研究结果表明，在股市先跌后涨和先涨后跌两种市场走势下，CPPI 和 TIPP 都能达到保本的目的，CPPI 比较适用于牛市，TIPP 比较适用于先涨后跌和先涨后震荡的市场。

允许行为人检测投资组合保险引发的交易，即通过市场增加有关投资组合保险策略交易的知识，这种方法被称为阳光交易（sunshine trading），即投资者在交易前几个小时预先宣布他的交易意图。阳光交易有利于减少投资组合保险策略对交易稳定性的破坏。Admati 和 Pfleiderer（1991）认为，预先宣告交易意图对均衡有两种可能的影响：第一，因为确定某些交易者是无信息的，预先宣告交易意图改变了市场信息不对称的特征；第二，预先宣告交易意图能协调市场上流动性的供给和需求。在 Admati 和 Pfleiderer 的模型中，假设流动性交易者预先宣布他们指令的规模，同时宣布他们的性质（非信息），这样，这些行为人可以享有更低的交易成本，但是这对知情交易者和不预先宣布交易的流动性交易者的效应是模棱两可的，在很多情形下这两种交易者的交易成本上涨。预先宣布增加了价格的信息量，但是对波动性的作用是模棱两可的。Admati 和 Pfleiderer 研究了预先宣告交易意图对价格分布的影响，并且价格揭示信息量的大小。Vayanos（1999）认为，大额交易者由于流动性而交易，其行为可以最小化交易价格冲击。假设流动性冲击是私人信息，而不是关于基本变量的私人信息，在竞争市场上大额交易者则会缓慢进行交易。Vayanos（2001）认为，在有做市商（market maker）和噪声交易者的市场中，大额交易者也可能首先采用激进交易，然后反转他的需求。

1.2.2.4 实证分析

Gompers 和 Metrick（2001）分析了机构投资者的资产需求特征，并且用此需求特征来解释股票价格和收益，发现从 1980 到 1996 年大机构投资者在美国股票市场上的份额增加了近一倍，大机构投资者持有股票使大公司的股票价格上升了 50%，这一现象有助于解释为什么最近小公司股票溢价减少。Lakonishok 等（1992），Keim 和 Madhavan（1995）论证了机构投资者的交易策略不一致，特别是养老基金，机构投资者通常采用反向策略和动量策略。Lakonishok 等（1992）通过 769 只免税基金的数据，研究基金交易对股价的影响，集中分析基金管理者交易的两个效应：羊群效应（与其他管理者同时买卖相同的股票）和积极反馈交易（购买过去业绩好的股票，出售过去业绩差的股票），这两种效应被认为是机构投资者破坏股价稳定的主要原因。Lakonishok 等发现，对于大盘股机构投资者之间的羊群效应很小，对于小盘股则存在一些羊群效应。另外，他们也发现机构投资者似乎既不采纳积极反馈交易策略，也不采纳消极反馈策略。在他们的研究中没有证据显示机构投资者交易策略具有破坏稳定的作用。Cai 等（2004）发现了机构投资者的积极反馈交易，即机构投者在收益为正时买进股票，收益为负时卖出股票。Lakonishok 等（1991）还发现，养老基金管理者采用的是反向策略，而且他们从事窗口粉饰（window dressing），即在季度末养老基金管理者出售业绩差的股票以粉饰投资利润。Werner（1999）发现，共同基金管理者对中等盘子的股票持有一般不存在羊群效应。另外，Werner（1999）发现管理者存在积极反馈交易，但是窗口粉饰效应很小；同时，他们还发现小盘股的持有羊群行为更加频繁。Grinblatt 等（1995），Nofsinger 和 Sias（1999）发现，共同基金管理者采用动量交易（特别是买进过去业绩好的股票），并存在羊群效应。采用动量策略的共同基金赚取的收益超过采用反向策略者。机构投资者影响收益的自相关性，即机构投资者对某一股票和投资组合所持的股权份额增加，则该股票和投资组合收益的每日自相关性随之增加。

在国内的相关研究中，宋军和吴冲锋（2001）使用个股收益率的分散度指标对我国证券市场的羊群行为进行实证研究，发现我国证券市场的羊群行为程度高于美国证券市场的羊群行为程度。通过对市场收益率处于极高和极低水平的回归系数的比较发现，在市场收益率极低时的羊群行为程度远高于在市场收益率极高时的羊群行为程度。孙培源和施东晖（2002）研究结果表明，在政策干预频繁和信息不对称严重的市场环境下，我国股市存在一定程度的羊群行为，并导致系统风险在总风险中占有较大比例。

1.2.3　基金管理的锦标赛体制研究

在基金管理市场中有句格言，基金管理不是为了管理金钱，而是为了吸引资金来管理。在基金管理的实践中，基金管理者的报酬并非基金业绩的函数，而是其所管理资产的函数，如管理基金总金额的一个固定百分比，即管理者的报酬与所管理的资金挂钩，这样管理资金就纳入基金管理者的目标函数中，基金管理者就会对吸引新资金感兴趣。从多期视角看，最终该类合同的报酬取决于基金的相对业绩，因为投资者根据基金管理者过去的相对业绩（超过某一基准的收益或业绩排名）分配他们的资金。投资者相信过去的业绩表明管理者的能力，基金市场是一场锦标赛，每个基金管理者为了取得投资者的财富而竞争。资金流入和基金过去业绩之间的联系已获验证，Chevalier 和 Ellison（1997）、Sirri 和 Tufano（1998）研究表明，共同基金的新投资流入量与该基金过去的业绩呈强正非线性关系，该函数为非对称凸函数，即投资业绩前几名的基金，投资者大规模注入资金；但是业绩差的基金，资金流出并没有那么大。对于接受将管理资产的一个固定比例作为报酬的管理者而言，这一效应是一个隐性激励机制：激励基金管理者有更好的业绩表现。上述效应因为基金业绩具有持续性（未来业绩与过去业绩显著相关）而得到强化，因为投资者根据基金过去的业绩来选择基金。隐性激励效应得到验证：Brown 等（1996）通过基金月度数据发现，上半年业绩表现较差的基金倾向于在下半年增加基金的投资组合风险，而业绩领先于市场的基金的行为则正好相反，新基金改变投资组合风险程度的激励超过老基金和过去惨遭重创的基金。Koski 和 Pontiff（1999）利用 Beta、收益率标准差等风险指标进行的实证检验也得出相同的结论。但是 Busse（2001）却对此持相反的态度，他利用基金日数据而非月数据重复了 Brown 等（1996）的检验，结果并没有发现业绩表现较差的基金倾向于增加基金的投资组合风险。在国内的研究中，史晨昱和刘霞（2005）通过比较赢家和输家两组样本在基金排名宣告期前后相对风险的变动量，来检验中国基金经理人风险调整行为的差异。研究结果表明，前期绩效较差的基金会增加本期投资组合的风险，新基金对投资风险的调整程度会比老基金大。丁振华（2006）通过我国开放式基金的周收益率数据没有发现年中业绩差的基金下半年增加基金组合的风险。

Chen 和 Pennacchi（2009）假设，风险厌恶的基金管理者的报酬与基金相对业绩成比例，业绩差要承担有限的罚金，同时管理者面临争夺资金的锦标赛。他们的研究表明在业绩差的情形下，管理者增加的不是该基金收益的波动性，而是大幅度偏离基准投资组合，即基金收益的跟踪误差增加了。Goriaev等（2003），Palomino（2005）的理论证明和实证研究发现，当管理者为资金而竞争，并关心自己在同行中的排名，也就是投资者根据业绩排名选择基金时，基金管理者存在风险改变的行为。对管理者而言，基于业绩排名的目标可能不同于超常收益目标。他们观测发现，对于名列排行榜前 10 名的管理者而言，这些管理者和名列第一基金的排名差距与这些管理者在该年度后期风险改名行为之间存在正相关关系。如果业绩用排名来度量且获胜者拥有一切，则年中业绩好的基金将要承担更大的风险。Basak 等（2008）假设，在基金管理的锦标赛中获胜者的报酬根据与其他管理者相比较的相对业绩来确定，这从理论上证明了年中业绩落后于基准组合（或同行业的平均水平）的基金下半年必然加大基金的风险，业绩好的基金为了保住领先位置变得更加保守。

Huberman 和 Kandel（1993）、Huddart（1999）研究发现，与所管理资产挂钩的报酬及与此相关的声誉效应会导致管理者选择一种投资组合，在给定私人信息下该组合为极端高风险组合，并激励管理者激进交易。但是，若报酬同时取决于基金业绩，则会减轻不佳的声誉效应，并降低投资者的福利损失。管理者可能预测投资者在分配资金时的反应，投资者也同样可能预测管理者的风险而改变选择，在均衡状态下，能力差的管理者将选择有风险的投资组合，投资者将避免业绩最好的基金，因为投资者认为业绩最好的基金风险太大。Palomino 和 Uhlig（2000）发现，一个好的基金管理者将选择低风险的投资组合。从动态视角看，基金管理者职位忧患可以充当协调基金管理者和投资者目标的一种隐性工具。Chevalier 和 Ellison（1999）、Khorana（1996）研究表明，管理者被"解职"（管理者被更换）的概率与其过去风险调整收益之间有负相关关系。该效应是不对称的，对于年轻的管理者来说，这一效应更大。与该证据相一致的是，年轻管理者承担非系统风险比年老管理者更小，并且会采取更加保守的行为（如羊群行为）。

此外，很多学者研究了基金管理者锦标赛中声誉对管理者的隐性激励。Heinkel 和 Stougton（1994）假设，管理者的业绩根据与同行相比较的相对业绩来度量，只有业绩好的基金管理者才能获得留任，并利用两期博弈模型（逆向选择模型和道德风险模型）分析了管理者的激励问题。他们的主要结论是在第一阶段委托方和代理方之间合同关系很弱，在此阶段对管理者的激励是解雇威胁而不是提供一个基于业绩的 PBF 合同，解雇威胁激励管理者努力战胜同行以期获得连任。如果获得连任，在第二阶段为了激励管理者，则应该提供一个强 PBF 合同。Farnworth（2003）强调了声誉在多期委托投资组合管理中的作用，他的研究认为，声誉开始很重要，当管理者声誉非常好时则显性激励变得很有必要。Lynch 和 Musto（2003）认为，业绩差的基金其管理人员和投资方法在下一个周期将被更换。因此，对于某些基金管理者来说，业绩好可能代表着有更多私人信息，声誉成为管理者的隐性激励。

1.2.4 资产定价与一般均衡

上述研究均假设资产价格和收益是给定的，即假定在道德风险出现时标准的 CAPM 模型和 APT 模型仍然成立，而 CAPM 模型和 APT 模型均假设投资者直接管理个人的资产，在 Sharpe 等推导 CAPM 模型时，资本市场个人投资者直接持有 90% 以上的公司股票，这一假设是成立的，但是现在发达国家资本市场 50% 以上的金融资产由机构投资者持有，投资主体机构化，市场存在明显的代理问题，因此建立标准的 CAPM 模型的假设已不成立（Allen，2001）。投资者和管理者为了使自己的福利最大化而选择的报酬合同显然对资产的均衡产生重要的影响。在委托投资组合管理研究中，一个重要的研究方向是从一般均衡理论出发研究投资者和管理者之间的代理关系是否对资产的价格和波动产生影响。但这方面的研究不够深入，处于刚起步阶段，这个方向的研究主要可以分为三类。

第一类，研究在管理者的业绩度量和报酬中引入基准组合对资产定价的影响。这个方向最重要的研究之一是 Roll（1992），他认为，若管理者的业绩根据外生给定的基准组合来度量，则当基准组合不是均值方差有效的投资组合时，管理者根据报酬合同选择的投资组合不是均值方差有效的投资组合。基于 Roll 的研究思想，Brennan（1993）假设管理者的报酬合同基于某种外生给定的基准指数（如市场指数），并在一个单期均值方差经济中研究了股票的均衡期望收益。他发现均衡期望收益具有两因素模型的特征，这两个因素为市场组合和基准组合，并且他的研究表明，除非委托方知道股票的期望收益且能选择最优的基准组合，否则均衡期望收益不是有效期望收益。在 Brennan（1993）研究的基础上，Gomez 和 Zapatero（2003）假设市场上只有两类投资者，一类喜好绝对收益，一类喜好相对收益，管理者的业绩根据外生给定的基准组合来度量，在此假设的基础上他们得出了两因素 CAPM，他们的实证研究表明，近年来基准组合的风险在市场中被定价。Stutzer（2003）研究了引入基准组合的资产均衡定价，认为当管理者企图获得超基准组合收益时，在均衡定价中基准组合成为风险变量。在国内的研究中，曾勇等（2000）研究了考虑相对风险后基准组合对均衡定价的影响，认为除非市场平均的基准组合与市场证券组合具有相同的风险证券组合结构，否则 CAPM 模型不成立。当 CAPM 模型不成立时，证券的风险报酬不仅取决于其对市场证券组合风险的贡献，而且取决于其对平均基准组合风险的贡献。

第二类，研究管理者的报酬合同对资产定价的影响。Cuoco 和 Kaniel（2011）发现，不同的报酬合同对基金管理者的资产选择有显著的影响。对称的报酬合同对基准组合中股票的均衡价格产生显著的正面影响，对均衡夏普比例产生显著的负面影响，对均衡波动率没有显著的正面影响。非对称的报酬合同使非基准组合中的股票（该股票与基准组合中的股票相似）有更高的价格、更大的波动率和更低的夏普比例。与对称的报酬合同相比，非对称的报酬合同意味着更多的交易，管理者的资产配置战略对相对业绩的变化更敏感。Diao（2003）研究了非对称的报酬合同对均衡资产定价的影响，发现非对称的报酬合同导致风险和收益之间的负相关关系。该研究建模的假设是市场无卖空限制，该假设与委托投资组合管理中委托方经常限制管理者的投资对象不符。Arora 等（2006）在假设管理者管理基金组合存在成本的基础上分析了管理者的报酬合同与资产均衡价格的关系。

Cornell 和 Roll（2005）认为，投资者给管理者的指令及报酬合同对资本市场的均衡产生影响，如果所有的资产都委托给专业人员进行管理，则个人的偏好和信念将完全被代理人的目标函数所取代。随着委托投资的增加，未来的资产定价理论不仅要描述收益和风险，而且要解析专业管理者的目标函数。Cornell 和 Roll 假设市场中只有两个代表性的管理者，一个积极管理者和一个消极管理者，他们都是风险中性的，消极管理者只投资基准组合，积极管理者与消极管理者具有相同的基准组合，但积极管理者的报酬结构基于相对业绩和跟踪误差。在这一假设下，Cornell 和 Roll 导出了一种委托代理关系下的资产定价模型，该模型的前提是所有的资产由专业管理者进行管理，没有考虑个人投资者对资产价格的影响。Ou-Yang（2005）在相对报酬合同下研究了存在多个代理人道德风险时的 CAPM 模型的形式，他的研究表明，在存在道德风险时 CAPM 模型的线性关系仍然成立，他定义的 β 系数仍然是个别股票收益与市场收益的协方差和市场收益的方差之比，但是个别股票收益和市场收益都是根据管理者报酬调整后的收益。该研究考虑的是公司内部的道德风险问题，而不是金融市场的道德风险和资产定价问题。

第三类，研究代理问题出现后市场均衡问题，即均衡价格如何实现问题。Berk 和 Green（2004）对委托投资组合管理中的一般均衡问题进行了研究。他们研究的出发点是基金管理中的两个重要的实证结论：一是积极管理的基金的收益不能战胜消极管理的指数基金的收益；二是管理者的相对业绩不能根据以前的业绩进行预测。Berk 和 Green（2004）认为，只要考虑委托投资组合管理对一般均衡的影响，这些实证结论就很容易解释。在 Berk 和 Green 的模型中，假设管理者对未来资产的价格预测有超过一般人的能力，且每个管理者的能力不同，资产流向有突出业绩的基金管理者，委托方通过理性学习知道管理者的能力，当市场达到均衡时 Berk 和 Green 通过模型得出所有的委托方获得的超额收益为零，这正好解释了上述实证的结论。

Dasgupta 和 Prat（2006）研究了在机构投资者占主要地位的金融市场中当大部分管理者关心其声誉时市场均衡的特征。Dasgupta 和 Prat 将美国共同基金的主要特征加入委托代理模型和资产定价中，发现当市场均衡时，声誉使没有私人信息的管理者冒充有私人信息的管理者进行交易，信息在价格中得不到充分体现，噪声交易使市场交易量偏高。Prat（2005）研究了当管理者关心其声誉时动态金融市场的均衡特征，认为即使通过无限次的交易，资产价格都不可能收敛到其真实价值，这种金融市场信息是无效的。他解释的原因是，管理者关心其声誉是一种内在激励，该激励使管理者的行为墨守成规（conformist manner），从而导致信息无效，产生羊群行为。当价格的涨跌很激烈时，关心声誉的代理人通过墨守成规的交易可以使市场达到均衡。如果不关心声誉的交易者拥有市场能力（market power），每项资产所含有的内在声誉或成本将导致资产定价的系统错误。

与上述研究过分强调代理问题和基准组合导致均衡资产定价偏差不同，Kapur 和 Timmerman（2005）从一般均衡的角度就委托投资组合管理中的代理问题对资产价格的影响作了解释。在假设管理者的报酬与基金的绝对收益和相对于其竞争者的收益之间存在线性关系的基础上，Kapur 和 Timmerman 认为，同投资者直接投资相比，委托投资组合管理导致对风险资产的需求大大增加。Kapur 和 Timmerman 认为这主要有两个原因：一是管理者的报酬合同导致了管理者和投资者的风险分担，所以管理者和投资者都愿意承担比单独投资者更大的风险；二是基金管理者比投资者有更多的信息，间接地降低了资产的风险。管理者在投资组合选择时是否存在羊群行为取决于管理者的参与约束是否是紧的。Kapur 和 Timmerman 的研究的一个重要结论是委托投资组合管理降低了资产溢价，这与近来大量实证的结论一致。Claus 和 Thomas（2001）、Fama 和 French（2002）等发现，近年来资产的风险溢价在降低，这些文献不属于本书的综述范围，不多叙述。

1.3 PBF 合同及其研究现状

1.3.1 PBF 合同的概述

委托投资组合管理中的基于绩效的报酬结构是指投资管理者的报酬不仅依赖于其管理的资产的规模而且依赖于其投资收益。PBF 合同中最关键的问题是管理者的绩效如何度量。根据管理者的绩效度量方法的不同，委托投资组合管理中采用的 PBF 合同主要有两种类型：第一类 PBF 合同中管理者的报酬基于基金组合和基准组合（或同行业基金的平均水平）的相对业绩；第二类 PBF 合同中管理者的报酬基于基金组合的绝对业绩。最简单的 PBF 合同由两部分组成：基础费率和一个基于超基准组合的奖励费率。根据对超基准组合的业绩进行的奖励比例和对低于基准组合的业绩进行的处罚比例是否对等，PBF 合同可以分为对称的合同和非对称的 PBF 合同。对称的 PBF 合同对管理者的奖励和惩罚程度相同，而非对称的合同对管理者的奖励和惩罚的程度不同。

对称的 PBF 合同可以表示为

$$F = m_0 + m(\widetilde{R}_p - \widetilde{R}_b) \tag{1-14}$$

其中，m_0 = 基础费率，即不依赖于管理者业绩的部分；m = 基金收益高于（低于）基金组合收益而对管理者进行奖励（惩罚）的比例；$\widetilde{R}_p = 1 +$ 评估期内（如一年）基金组合的收益率；$\widetilde{R}_b = 1 +$ 评估期内基准组合的收益率。

非对称的 PBF 合同可以表示为

$$F = \begin{cases} m_0 + m(\widetilde{R}_p - \widetilde{R}_b) & \widetilde{R}_p - \widetilde{R}_b \geq 0 \\ m_0 + \dfrac{m}{c}(\widetilde{R}_p - \widetilde{R}_b) & \widetilde{R}_p - \widetilde{R}_b < 0 \end{cases} \tag{1-15}$$

其中，$c \in (1, +\infty)$ 为合同不对称的程度，当 $c > 1$ 时，对管理正的相对业绩的奖励要大于对负的相对业绩的惩罚，尤其是当 $c \to +\infty$ 时，合同不对称程度最大，此时对管理者不进行惩罚，PBF 合同为

$$F = m_0 + \max[0, m(\widetilde{R}_p - \widetilde{R}_b)] \tag{1-16}$$

这种只对超基准组合的业绩进行奖励而当基金收益低于基准组合收益时对管理者不进行惩罚的报酬结构又叫做激励费（incentive fee），被广泛应用于对冲基金管理者的报酬合同中，有部分共同基金也采用了这种报酬结构。在非对称 PBF 合同下，奖励部分可以看作给了管理者一个欧式看涨期权，此时 PBF 合同具有图 1-1 的特点。

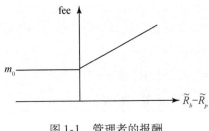

图 1-1 管理者的报酬

1.3.2 PBF 合同的历史和管制

在美国国会通过投资顾问条例（*the Investment Advisers Act*）和投资公司条例（*the Investment Company Act*）之前，基于绩效和其他基于激励的报酬结构被广泛应用于共同基金管理者的报酬合同中。1940 年，美国国会通过投资顾问条例禁止所有注册的投资顾问采用基于业绩的报酬合同，但共同基金的管理者享受注册豁免条款，可以采用基于绩效的报酬结构。此时的 PBF 合同的一个特点就是对基金的超基准组合业绩给予很高的奖励，而当业绩低于基准组合或其初始值时却不给予处罚，有时即使给予处罚但处罚的强度低于奖励的强度，也就是说 PBF 合同是不对称的。1970 年美国国会修改了投资顾问条例第203 条，要求共同基金的管理者到美国证券交易委员会（the Securities and Exchange Commission）注册，从这时起，不对称的 PBF 合同在基金管理中被禁止。但从 20 世纪 70 年代开始，美国投资顾问们崇拜基于绩效的报酬合同，于是 1985 年 11 月 14 日美国证券交易委员会修改了 1940 年颁布的投资顾问条例第 205 条，允许对基金管理者的报酬合同采用不对称的 PBF 合同，1986 年 8月美国劳动部（the Department of Labor）同意对 ERISA-governed 养老基金采用不对称的 PBF 合同，此后 PBF 合同受到理论界和实务届的广泛关注。根据Elton 和 Gruber（2003）的研究，到 1999 年，美国大概有 1.7% 的债券和股票型基金采用基于业绩的报酬结构，但他们管理的资产却占全部债券和股票型基金所管理的资产的 10.5%，并且采用基于业绩的报酬结构的基金普遍好于不采用基于业绩的报酬结构的基金。

在我国的证券投资基金的管理中，基金安顺、基金玉龙、基金普丰、基金兴和及基金天元都采用过基于业绩的报酬结构，但 2001 年证监会禁止基金采用 PBF 合同。

1.3.3　PBF 合同的基本条款

Dabanzo 和 Nesbitt（1987）认为，虽然 PBF 合同缺少统一的格式，但在设计 PBF 合同时，一般应具有如下五个基本条款。

1）基础费率 m_0。一般来说，PBF 合同中的基础费率要低于基于资产的合同中管理者的分享比例。基础费率 m_0 的确定要考虑基金的管理成本、研发费用、员工薪水及同行业其他类似基金基础费率等因素。

2）对管理者进行奖励或惩罚的比例系数 m。当管理者投资组合收益超过基准组合收益时对管理者的超额业绩进行奖励的比例，当管理者投资组合收益低于基准组合收益时则对管理者进行处罚。m 可以设定为一个固定值，也可以设定为浮动值，即根据管理者投资组合收益与基准组合收益相对值的大小分区间设定 m 的大小。

3）最大费率。当超基准组合收益超过某一值时，管理者的报酬不再提高。设置最高费率的目的是为了控制管理者进行资产选择时的风险。当设置了最大费率时，一般的 PBF 合同具有下面的形式，它们的性质如图 1-2 和图 1-3 所示。

$$F = m_0 + m\{\min[\max(0,\ \widetilde{R}_p - \widetilde{R}_b - H),\ (\hat{m} - m_0)/m]\}$$

$$= m_0 + m[\max(0,\ \widetilde{R}_p - \widetilde{R}_b - H) - \max(0,\ \widetilde{R}_p - \widetilde{R}_b - H$$

$$- (\hat{m} - m_0)/m] \tag{1-17}$$

其中，H 为奖励的突破点，即当超基准组合收益超过 H 时，超过部分和管理者分享；$\hat{m}$ 为费率的最大值（$\hat{m} > m_0$），即当超基准组合收益超过 $\hat{m}$ 时，管理者的报酬不再提高。具体地讲，H 为基金收益超过基准组合收益的部分，可以大于零也可以小于零，当超基准组合收益超过 H 时，管理者获得奖励，$Q = \dfrac{\hat{m} - m_0}{m}$ 为当超基准组合收益超过这一值时，管理者的费率为固定值（上界）

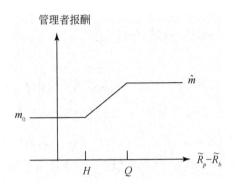

图 1-2　存在最高分享比例限制的报酬结构（*H*>0）

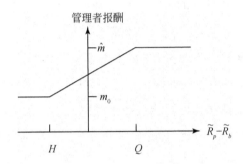

图 1-3　存在最高分享比例限制的报酬结构（*H*<0）

$\hat{m}$，其中 $Q>0$，否则管理者只持有基准组合，就可以有高的报酬率。实践中可以设置多个突破点，在每一个业绩区间 m 的值可以设置不同。

4）基准组合的选择。Bailey（1990）认为，基准组合是公平有效的 PBF 合同中的一个重要组成部分。基准组合必须反映基金的投资风格和市场风险，基准组合中不能包含管理者的私人信息，否则该基准组合不能对管理者的业绩进行公正的评价。关于基准组合的研究作者在书中进行了详细评述。

5）业绩评估时间的长度。评估时间长度太短，不能如实反映管理者的管理能力，短时期内的相对业绩的表现不能说明是运气还是管理者努力或偷懒的结果。美国证券交易委员会没有规定业绩评估周期的具体时间长短，但要求对管理者的业绩评估的时间长度至少为一年。

1.3.4　PBF 合同的经济学解释

Holmstrom（1979）认为，当产出不是努力的充分统计量（sufficient statistic）时，将其他可观测的变量写入合同是有价值的。这是因为通过使用其他可观测变量所包含的信息量，委托人可以排除更多的外生因素对推断的干扰，使代理人承担较小的风险（假设代理人是风险厌恶的），从而可以节约代理成本。

在 PBF 合同中，管理者的报酬不仅依赖于基金收益 $\tilde{R}_p$，也依赖于基准组合的收益 $\tilde{R}_p$。基金的收益除了受该基金管理者的行为和特有的外生因素影响外，也受到市场因素的影响，基金的收益并不是充分统计量，基准组合的收益也包含着管理者行为的有价值的信息。例如，一只基金的收益低可能是由于管理者没有积极去搜集信息，也可能是由不利的外部因素造成的（如证券市场整体处于熊市），但如果基准组合的收益也很低，则该基金的收益低更可能是不利的外部因素造成的；如果基金组合的收益较高，该基金的收益低更可能是管理者不努力的结果。通过把基准组合的收益引入对管理者的奖惩合同，可以剔除更多的外部不确定性因素的影响，使该管理者的报酬与其个人努力的关系更为密切，调动管理者努力工作的积极性。因此，基金管理者的报酬不应该只依赖于该基金的收益，而应该部分地依赖于基准组合的收益。

1.3.5　PBF 合同的研究现状

1.3.5.1　PBF 合同的激励作用研究

PBF 合同之所以受到管理者和投资者的青睐，是因为投资者认为与传统的基于资产的报酬结构相比，PBF 合同能够使管理者的报酬与证券投资组合的业绩目标相一致，将基金管理人的技能（选择股票与选择时机）与市场整体趋势相区分，更加直接地奖励基金管理人的积极管理技能，同时防止投资者为平庸的收益而支付很高的报酬。但对于 PBF 合同的激励作用也有不少学者持否定的观点。

　　Admati 和 Pfleiderer（1997）研究了 PBF 合同是否有助于解决委托投资组合管理中的合同问题。他们认为，PBF 合同在基金业界很流行，近来的讨论主要集中在如何选择基准组合上，但很少有人关注两个重要的问题：PBF 合同是否比其他合同好？如果是，那么结果是怎样产生的？他们从理论上探讨了 PBF 合同对业绩评价及激励管理者的影响。他们考查了应用基准组合是否会导致基金经理为投资者选择最优投资组合，基准组合是否有助于解决因投资者把投资决策权授予基金经理而可能产生的各类合同问题。通过分析，他们对 PBF 合同的作用提出了强烈的质疑。他们发现：①PBF 合同与投资者和管理者之间的最优风险分担并不一致；②PBF 合同和投资者获得最优投资组合的目标不一致；③PBF 合同减弱了用于驱使经理人作出努力的激励效果，它不但不能加强激励，而且在很多案例中实际上减弱了激励；④PBF 合同对甄别经理人的好坏没有作用，它不是一个评价经理人信息质量的充分统计量，没有增加投资者评价经理人技能的能力；⑤PBF 合同中的基准组合为市场类型的组合，导致管理者的信息价值的大幅度受损，给投资者带来的损失有时候超过 100%；⑥当因为经理人风险容忍度不确定而对经理人的资产选择产生约束时，PBF 合同对评价经理人的偏好没有作用，即 PBF 合同不能协调管理者与投资者的偏好。曾勇等（2000）研究认为，PBF 合同虽能减少管理者错误信号所造成的损失，但其代价是不利于管理者充分利用其获取的有价值信息选择符合投资者风险偏好的证券组合，与直觉相悖，PBF 合同无助于激励管理者尽力获取有价值的信息，该结论与 Admati 和 Pfleiderer（1997）的结论相同。

　　在某些约束条件下，有些学者对 PBF 合同的激励作用持肯定的观点。如曾勇等（2004）进一步研究了投资管理者风险偏好未知情况下 PBF 合同对管理者个人信息价值利益的影响。他们的研究结果表明，与管理者风险偏好已知的情况不同，只要存在投资者对风险偏好估计不准确的风险，就应该采用一定结构的 PBF 合同。Gomez 和 Sharma（2006）研究认为，在假设限制管理者卖空时，PBF 合同可引导管理者增加努力，即管理者的努力是其报酬对基金业绩敏感度的一个增函数，Agarwal 和 Gomez（2012）的研究也有相同结论。盛积良和马永开（2005）研究认为，在考虑管理者的信息成本时，线性 PBF 合同能激励管理者努力工作，获取私人信息。盛积良和马永开（2007）研究认为，在管理者具有市场能力时，线性 PBF 合同具有激励作用，但他们没有求解最优 PBF 合同。Sheng 和 Yang（2010）进一步求解了管理者具有市场能力时PBF 合同的最优形式。Li 和 Tiwari（2009）发现，期权型的 PBF 合同可以克服管理者对私人信息获取投资不足问题。刘京军和梁建峰（2009）认为，PBF合同应包括固定费用、代理成本及超额投资收益。Cvitanić 等（2009）研究认为，在动态委托代理关系下，管理者的最优报酬合同为非线性的。Dybvig 等（2010）认为，在资产选择限制的条件下，最优报酬合同为引入基准组合的线性 PBF 合同。Kyle 等（2011）将信息获取模型化为内生变量，认为线性 PBF合同可以激励管理者去努力获取信息。盛积良和马永开（2012）、Sheng 等（2012）研究认为，在风险约束下 PBF 合同可以激励管理者。

在实证研究方面，Elton 和 Gruber（2003）采用美国 1990 ~ 1999 年共同基金的数据，发现采用基于绩效的报酬合同的基金比不采用该报酬合同的基金有更好的选股能力和更低的管理费用，从而能获取更高的收益。他们认为，基于绩效的报酬合同的激励作用使采用这种报酬合同的基金比不采用报酬合同的基金更能聘用到好的管理者，从而该基金有更好的选股能力和更多的现金流入。

1.3.5.2 非对称 PBF 合同的期权价值

Margrabe（1978）研究了非对称 PBF 合同-激励费（incentive fee）的期权价值，业绩报酬的奖金形式可以视作基金管理人可以选择不同的证券投资组合的期权，这一期权是由 m 个基金管理人的投资组合与基准投资组合所组成的交换期权，基金管理人的奖金是基金投资组合资产净值的增长率与证券市场组合平均收益率之差的期权。激励费用的交换期权与 Black-Scholes 公式定义的期权有两方面的不同：首先，它的期权价值不仅取决于投资组合的风险，而且取决于投资组合与基准组合的净风险。净风险等价于一个由此基金投资组合的多头和基准投资组合的空头组成的假想投资组合的风险。因此，为给期权费用定价，除了估计投资组合的方差之外，必须估计基准组合的方差和二者的相关系数。其次，这一定价没有考虑无风险利率，因为收益的度量是相对于基准组合的收益，所以令基准组合的相对收益为零。Margrabe（1978）给出了如下计算激励费价值的公式：

$$V_p = m \left[X_1 \Phi(d_1) - X_2 \Phi(d_2) \right] \tag{1-18}$$

$$d_1 = \frac{\ln\left(\dfrac{X_1}{X_2}\right) + \dfrac{1}{2}(\sigma_1^2 - 2\rho\sigma_1\sigma_2 + \sigma_2^2)T}{\sqrt{\sigma_1^2 - 2\rho\sigma_1\sigma_2 + \sigma_2^2}\sqrt{T}} \tag{1-19}$$

$$d_2 = d_1 - \sqrt{\sigma_1^2 - 2\rho\sigma_1\sigma_2 + \sigma_2^2}\sqrt{T} \tag{1-20}$$

其中，V_p 为激励费的价值；m 为当基金收益超过基准组合收益时，管理者对超过部分的分享比例；X_1 和 X_2 分别为基金组合和基准组合的价值；σ_1 和 σ_2 分别为基金组合和基准组合的标准差；ρ 为基金组合和基准组合之间的相关系数；T 为业绩度量周期；$\Phi(x)$ 为标准正态分布的累计分布函数。

Krizman（1987），薛刚等（2000）应用交换期权分析了投资基金业绩报酬的价值。他们认为，业绩报酬的价值及与之相关的基金管理费的确定取决于以下几个因素：

1）基金所管理的资产价值。基金所管理的资产越多，业绩报酬的价值越高，且两者之间为正比关系。

2）业绩报酬的计提比例。其计提比例越高，业绩报酬越有价值，两者也是正比关系。

3）基金投资组合的标准差和基准投资组合的标准差。基金投资组合的标准差增大，则业绩报酬增大。同样，基准投资组合的标准差增大，业绩报酬也相应增大。

4）基金投资组合与基准投资组合的相关系数。两者之间的相关系数越大，业绩报酬的价值越低；反之，二者的相关系数越小，业绩报酬的价值越高。

5）计提业绩报酬的时间长度。业绩报酬的价值与度量时间长度正相关。当业绩度量时间增加，业绩报酬也相应增加。

1.3.5.3 PBF 合同对管理者资产选择的影响研究

Starks（1987）认为，在资产选择方面对称 PBF 合同比非对称 PBF 合同好，因为对称 PBF 合同能使管理者的风险偏好与投资者的风险偏好相一致，从而激励管理者选择投资者偏好的投资组合。在非对称 PBF 合同的期权特性对管理者资产选择影响的研究中，Grinblatt 和 Titman（1989）认为，非对称 PBF 合同的期权性质使得管理者选择加大基金波动率（风险）的投资策略。但是在假设管理者是风险厌恶的基础上，Carperter（2000）得出了与 Grinblatt 和 Titman 不同的结论，如果管理者不能为其报酬套期保值，则期权型的合同不一定导致更大的风险，Ross（2004）的研究得出了相似的结论。Panageas 和 Westerfield（2009）认为，由期权型 PBF 合同导致的管理者对风险的偏好行为是有限的，因为期权存在放大效应。

在 PBF 合同与管理者风险选择的研究中，Basak 等（2006）的研究认为，外生基准约束能克服 PBF 合同的逆风险激励问题，投资者可以通过基准和基金的组合实现自己满意的投资收益。Basak 等（2007）研究认为，在 PBF 报酬合同下管理者为了获得超基准组合的业绩而产生风险转嫁行为是有限的，管理者是加大还是减少投资组合的风险取决于其风险容忍的大小。Basak 等（2008）假设，管理者的报酬根据与其他管理者相比较的相对业绩来确定，从理论上证明了年中业绩落后于基准组合（或同行业的平均水平）的基金下半年必然加大基金的风险，业绩好的基金为了保住领先位置变得更加保守。Alexander 和 Baptista（2008）发现，在 Roll（1992）的 TEV 模型中加入 VaR 约束使积极的投资管理者选择更加有效的资产组合。Binsbergen 等（2008）研究了分散投资情况下 PBF 合同对管理者资产选择的影响，认为基准组合设计可以改善 PBF 合同的激励。Hugonnier 和 Kaniel（2010）研究了在考虑资金的动态流动时共同基金的投资组合策略，发现基金的费率大小与其风险之间存在正相关性。

在国内的相关研究中，王明好等（2004）研究认为，基金管理费率不对称程度增加，基金风险加大。史晨昱和刘霞（2005）通过比较赢家和输家两

组样本在基金排名宣告期前后相对风险的变动量，来检验中国基金经理人风险
调整行为的差异，研究结果表明，前期绩效较差的基金会增加本期投资组合的
风险，新基金对投资风险的调整程度会比老基金更大。丁振华（2006）通过
我国开放式基金的周收益率数据，没有发现年中业绩差的基金下半年增加基金
组合的风险。方毅和张屹山（2006）认为，为了保护投资者的利益应从总风
险约束和基准组合的选择这两方面对基金管理者的行为进行限制。盛积良和马
永开（2008）假设，基金管理者的报酬合同为 PBF 合同，研究 PBF 合同不对
称与资金流动不对称对开放式基金风险承担行为的影响，发现 PBF 合同不对
称程度和流动不对称程度对基金风险承担行为的影响正好相反，两类不对称的
同时作用使任何一类不对称减轻了另一类不对称对基金风险承担行为的影响，
提高基金管理者的收益分享比例不能使基金承担更多风险，而流动量的增加可
以使基金管理者选择更多高风险资产。

1.3.5.4 PBF 合同对资产价格的影响

随着越来越多的金融资产通过委托方式进行投资，投资主体机构化，金融
市场存在明显的代理问题，由管理者的报酬合同导致的投资者和管理者目标的
不一致将对金融资产的价格产生深远的影响，研究报酬合同的结构对资产价格
的影响越来越重要。例如，根据 Cuoco 和 Kaniel（2011）统计的资料到 2004 年
年底，在美国共同基金市场中，采用 PBF 合同的基金已占基金总数的35.5%；
另外在美国基金市场中，对冲基金管理着 1 万亿美元的金融资产，而对冲基金大
部分采用非对称的 PBF 合同。即使共同基金不采用显性的 PBF 合同，但 Brown
等（1996），Sirri 和 Tufano（1998）及 Chevalier 和 Ellison（1997）的实证研究发
现，新资金流入业绩好的基金，业绩成为基金管理者的隐性激励。

不少学者对 PBF 合同如何影响资产的均衡价格和波动率进行了研究。
Allen 和 Gorton（1993）认为，投资管理者为投资者提供资产管理服务，他们
分享资产价格上升的收益，但对资产价格下跌的风险却只承担有限责任，这种
不对称的 PBF 报酬结构类似于一个基于资产组合的看涨期权。不对称的报酬
使得管理者脱离市场的基本面而进行无信息的交易，这种无信息的交易使得市

场存在短期的投机利润，资产价格出现泡沫。随后金融学者开始沿着 CAPM 的建模方法，企图通过模型解释机构投资者对资产定价的影响。特别是 2007～2008 年的金融危机使相关领域的学者们认识到研究机构投资者对资产定价影响的重要性，此后金融学家直接以解释机构投资者与资产定价、金融危机的关系为研究目标，从不同角度进行建模。相关研究可以归纳为三类。

第一类，在一个有两类投资者的静态均值方差经济体中建模。Brennan (1993) 第一个尝试将机构投资者引入资产定价模型，假设管理者的报酬基于相对业绩，且其效用函数为常绝对风险厌恶型，通过一个静态的均值方差模型，他认为如果基准组合是外生给定的（如标准普尔 500 指数），则股票的均衡期望收益与该股票和非基准组合成份股的协方差之间存在线性关系。在定价模型中，只有目标股票和非基准组合成份股的协方差作为定价因素，除非投资者了解期望收益的结构，并且选择了最优基准组合，否则均衡期望收益不是有效的。由于 1933～1990 年的数据不支持模型的预测结果，Brennan (1993) 的研究没有引起广泛关注。Gomez 和 Zapatero（2003）、Cornell 和 Roll（2005）、Brennan 和 Li（2008）在 Brennan（1993）研究的基础上，假设委托投资组合的管理者的报酬合同为 PBF 合同，建立了两因素 CAPM 模型，这两个模型为市场组合和基准组合，Petajist（2009）也有相似研究。Leippold 和 Rohner（2010）将机构投资作为内生变量建模，研究认为机构投资降低了市场的风险升水；当考虑相对业绩时，与基准组合高度相关的股票有更低的收益率，他们的实证研究支持了模型预测的结果。

第二类，建立一般均衡模型，分析机构投资者及 PBF 合同对资产定价的影响。Berk 和 Green（2004）对委托投资组合管理中的一般均衡问题进行了研究。他们研究的出发点是基金管理中的两个重要的实证结论：一是积极管理的基金的收益不能战胜消极管理的指数基金的收益；二是管理者的相对业绩不能根据以前的业绩进行预测。Berk 和 Green 认为，只要考虑委托投资组合管理对一般均衡的影响，这些实证结论就很容易解释。在他们的模型中，假设管理者对未来资产的价格预测有超过一般人的能力，且每个管理者的能力不同，资产流向有突出业绩的基金管理者，委托方通过理性学习知道管理者的能力，当市场达到均衡时他们通过模型得出所有的委托方获得的超额收益为零，这正好解释了上述实证的结论。Kapur 和 Timmerman（2005）在假设管理者的报酬与基金的绝对收益和相对于其竞争者的收益之间存在线性关系的基础上，他们认为同投资者直接投资相比，委托投资组合管理导致对风险资产的需求大大增加。他们认为这主要有两个原因：一是管理者的报酬合同导致了管理者和投资者的风险分担，所以管理者和投资者都愿意承担比单独投资者更大的风险；二是基金管理者比投资者有更多的信息，间接降低了资产的风险。管理者在资产组合选择时是否存在羊群行为取决于管理者的参与约束是否是紧的。他们研究的一个重要结论是委托资产组合管理降低了资产溢价。Arora 等（2006）假设管理者管理基金组合存在成本，研究了管理者的最优合同与资产均衡价格的关系，发现采用线性合同使股票的风险升水降低。Cuoco 和 Kaniel（2011）研究了对称和非对称 PBF 合同对资产价格的影响，分析了 PBF 合同与资产价格的关系，认为对称合同与基准组合中股票的均衡价格显著负相关，与均衡夏普比例显著负相关，与均衡波动率没有显著的正相关关系。非对称合同使非基准组合中的股票有更高的价格、更大的波动率和更低的夏普比例。与对称合同相比，非对称合同意味着更多的交易，管理者的资产配置战略对相对业绩的变化更敏感。

第三类，研究相对业绩与资金流动的凸关系对资产价格的影响。Kaniel 和 Kondor（2011）将代理投资引入 Lucas 交换经济中，他们将经济体中的投资者分为两类：一类投资者直接管理自己的资产；另一类投资者把资产委托给专业基金管理者进行管理。第二类投资者的比例根据专业基金管理者的投资业绩来确定，即基金管理者的业绩越好，市场上第二类投资者的比例越高，他们用资金流动与投资业绩的函数关系来描述第二类投资者的比例。资金流动与业绩之间的凸关系意味着基金的平均业绩在衰退时好于市场平均业绩，在扩张时正好相反。当市场上代理投资的比例较低时，所有基金采用相同的交易策略，而当市场上代理投资的比例很高时，基金采用不同的交易策略，基金通过借款持有高杠杆的头寸，从横截面看，基金收益变得分散，市场上的借贷增加，委托资产比例与夏普比例之间存在反 U 形的关系。Vayanos 和 Voolley（2012）研究了资产流动对资产价格的影响，基金管理者投资业绩的好坏导致资金在基金间的流动，资金流动的惯性及理性价格的调整不能充分反映未来资金流动导致基金的惯性交易；资金流动使价格偏离基本面，导致基金的反转交易。除了惯性交易和反转交易外，资金流动还产生了共同运动，领先-落后影响和放大效应，这些影响使资产价格的变化放大，并且管理者对商业风险的关心加大了价格波动。Basak 和 Pavlova（2012）认为，机构投资者关心其相对于某确定指数（如基准组合）的业绩，他们发现机构投资者热衷于提高组合的杠杆，倾向于选择基准组合的成份股，提高基准组合中股票的价格，同时机构投资者相对于个人投资者对风险资产有更高的需求，这样就提高了整个风险资产的价格。机构投资使整个市场的夏普比例出现反周期性，机构投资者交易的股票与基准组合成份股高度相关，产生了资产类效应，机构通过杠杆融资购买指数成份股，Basak 和 Pavlova（2012）的模型对金融危机期间去杠杆化的金融政策提供了理论解释。

还有其他一些文献研究机构投资者对业绩的追求与资产价格的关系，如 Garcia 和 Vanden（2009）认为，基金管理的资产规模大小内生化由代理人信息质量决定，基金行业的相互竞争使市场价格更能反映信息，并且降低了股票的风险升水。Guerrieri 和 Kondor（2010）认为，投资者根据基金过去的业绩修正对管理者能力的认识，并以此决定管理者的去留，投资者的这一选择导致管理者对职业生涯的关心。Guerrieri 和 Kondor 研究认为，对职业生涯的关心影响基金的资产配置，引起反周期的"声誉升水"，放大了资产价格波动。Dasgupta 等（2010）研究了机构投资者的羊群行为对资产价格的影响。

此外，有些学者从资本约束的角度研究机构投资者对资产价格影响。例如，He 和 Krishnamaurthy（2012a）假设，机构投资者的效用函数为常绝对风险厌恶型，且经济体中只有一种股票，并建立了一个动态资产定价模型，在该模型中，机构投资者资产选择受合同摩擦的约束，在坏状态（如危机）时，机构投资者受到严格约束，股票的夏普比例增加。He 和 Krishnamaurthy（2012b）还建立了一个两因素资产定价模型解释金融中介机构的资本在资产定价中扮演重要角色。Brunnermeier 和 Sannikov（2012）假设，机构投资者由于道德风险问题其资本受到某种约束，并研究了金融摩擦对资产价格的影响。

　　在国内的研究中，陈国进和吴锋（2002）、蔡庆丰和李超（2002）、张亦春和蔡庆丰（2004）研究了机构投资及其报酬合同对资产价格的影响。吴晓亮和刘亮（2010）研究了基金投资者和基金管理者之间的委托代理问题对资产价格的影响，在不限制基金资产投资范围的假设下，推导了一个类似于CAPM 模型的两因素资产定价模型。蔡庆丰（2011）研究了代理投资对现代金融体系的影响。

2 风险约束的代理投资 PBF 合同研究

2.1 引　言

最近几十年，代理投资业务迅猛发展。投资者之所以把投资决策权委托给专业投资管理者，是因为专业投资管理者有更多技能去搜集、解释和处理有关资产收益和风险的信息。委托投资产生的代理问题使投资者和管理者的利益可能产生冲突，所以从保护自身利益出发，投资者有必要通过合同设计来诱导管理者的投资行为，激励管理者去搜集更多私人信息，减少代理成本。

激励合同是代理投资研究中的热点问题之一。Bhattacharya 和 Pfleiderer (1985) 开创性地证明了存在甄别管理者类别并能使管理者如实报告其预测能力和私人信息的报酬合同，但此最优报酬合同为资产收益的二次函数，而不是线性合同。Stoughton (1993) 发现线性报酬合同不能激励管理者去努力获取私人信息，但该问题可以通过 Bhattacharya 和 Pfleiderer (1985) 的非线性合同成功克服，对于风险容忍度大的投资者来说，非线性合同是渐近最优的。Gomez 和 Sharma (2006) 将卖空限制引入 Stoughton (1993) 的模型中，发现在卖空限制下线性合同能对管理者起到激励作用，Agarwal 等 (2012) 的研究也有相同结论。Palomino 和 Prat (2003) 认为当管理者控制投资组合的风险时，在两期框架下最优激励合同为奖金合同 (bonus contract)，而在多期框架下最优合同为线性的。在 PBF 合同的研究中，Admati 和 Pfleiderer (1997) 及曾勇等 (2000) 认为，线性 PBF 合同对管理者没有激励作用。但 Dybvig 等 (2010) 认为，在资产选择限制的条件下线性 PBF 合同能够激励管理者努力工作，Ou-Yang (2003) 发现，动态委托投资组合管理中的最优合同为对称 PBF 合同，即固定报酬再加一个依赖于超基准组合收益的奖金或惩罚。

上述文献对线性合同的激励作用的研究有两种不同的结论，但这些研究均没有对管理者投资组合进行风险约束。在代理投资中，管理者最大化自己的期望效用，并且其对风险的选择可能不同于投资者对风险的选择，这就出现双方目标不一致的情况，为了保护自身利益，投资者在设计激励合同时应对管理者资产选择进行风险约束，如 Roll（1992）的跟踪误差约束，Jorion（2003）的总风险约束、Basak 和 Shapiro（2001）、Alexander 和 Baptista（2004）、Alexander 和 Baptista（2008）、姚海祥和李仲飞（2009）的 VaR 约束及张茂军等（2012）的 CVaR 约束等。Jorion（2003）及方毅和张屹山（2006）从理论上证明了总风险约束能控制管理者的投资行为，保护投资者的利益，实践中总风险约束也被广泛应用。因此，本章借鉴 Stoughton（1993）、Gomez 和 Sharma（2006）的分析框架，将总风险约束引入 Stoughton（1993）的委托代理模型，研究基于业绩的线性合同对管理者的激励作用。当投资者将总风险约束写入管理者的报酬合同时，线性合同能激励管理者去努力搜集信息。风险厌恶的管理者的期望效用和最优努力水平是其分享比例的增函数，说明线性合同不但可以使风险在投资者和管理者之间进行最优配置，而且可以激励管理者努力工作。本章进一步论证表明，总风险约束下的管理者努力的边际成本要小于不存在总风险约束时管理者努力的边际成本，风险约束导致管理者的信息价值损失。在 VaR 约束下，也有相似结论。本章的研究从一个侧面解释线性合同在代理投资实务中被广泛采用的理论原因。此外，我们的研究不同于 Jorion（2003）、方毅和张屹山（2006）及张茂军等（2012）的研究，他们研究风险约束对管理者风险选择行为的影响，而本章研究风险约束对管理者激励的影响。

2.2　模型假设

假设 2-1　在一个经济体中有两个代表性的代理人：一个投资者和一个管理者。他们交易两种资产：一种风险资产和一种无风险资产，无风险资产的收益率假设为零。当管理者获得风险资产的私人信息时，风险资产的收益为 $\tilde{y} =$

$\tilde{x}+\tilde{z}$，其中，$\tilde{z}$ 为噪声项；$\tilde{x}$ 与 $\tilde{z}$ 不相关。假设 $\tilde{x}$ 服从标准正态分布，即 $\tilde{x} \sim N(0, 1)$①，$\tilde{z}$ 服从正态分布 $\tilde{z} \sim N(0, \sigma_z^2)$，$\sigma_z^2 < \infty$。$\sigma_z^2$ 越大说明管理者的信息越不准确，即管理者付出的努力越低。假设 ρ 表示管理者的努力水平，为了反映管理者的努力程度，我们假设 $\sigma_z^2 = \rho^{-1}$，此时管理者的信息精度为 $\dfrac{\rho}{1+\rho}$，信息精度是管理者努力水平的递增的凹函数。当管理者获得私人信息后，即 $\tilde{y} = y$，管理者根据该信息用贝叶斯法则修正风险资产收益的分布，此时风险资产的条件均值和条件方差分别为 $E(\tilde{x} \mid y) = \dfrac{\rho}{1+\rho} y$ 和 $\mathrm{VaR}(\tilde{x} \mid y) = \dfrac{1}{1+\rho}$，即风险资产的条件分布为 $\tilde{x} \mid y \sim N\left(\dfrac{\rho}{1+\rho} y, \dfrac{1}{1+\rho}\right)$。管理者为资产价格的接受者（price taker），即管理者的资产选择不会影响市场的均衡价格，假设管理者投资组合中，风险资产和无风险资产的持有比例分别为 $\theta(y)$ 和 $1-\theta(y)$。

假设 2-2 投资者把资产的投资决策权委托给管理者，同时向管理者提供一个基于投资业绩的线性合同 $\beta_0 + \beta \widetilde{W}$，其中，$\beta_0$，$\beta > 0$ 为投资者提供合同时设置的参数；$\widetilde{W} = \theta(y) \tilde{x}$ 为期末管理者投资组合的投资收益，初始投资额假设为 1 个单位。

假设 2-3 参考 Stoughton（1993）的研究，假设管理者的努力成本为 $V(r, \rho)$，其中，r 为管理者的绝对风险厌恶系数，且 $V_\rho'(r, \rho) > 0$，$V_{\rho\rho}''(r, \rho) \geq 0$，$V(r, 0) = 0$，$V_r'(r, \rho) \geq 0$。$V(r, \rho)$ 可以理解为努力的负效用，在努力程度相同时，r 越大，因努力产生的负效用越大。

假设 2-4 根据 Gomez 和 Sharma（2006）的研究，为了保证管理者最优努力的存在，假设 $\dfrac{V_{\rho\rho}''(r, \rho) \rho}{V_\rho'(r, \rho)} > \dfrac{\rho}{1+\rho}$，即管理者努力的边际成本必须递增足够快，管理者的信息精度存在上界。

假设 2-5 管理者具有常绝对风险厌恶型效用函数，即当管理者的绝对风险厌恶系数为 r 时管理者的效用函数为

---

① 将风险资产的期望收益设定为某个不为零的常数，不改变本章的结论。

$$U_A(\widetilde{W}_A) = -\exp\{-r\widetilde{W}_A + V(r,\rho)\} \tag{2-1}$$

其中 $\widetilde{W}_A = \beta_0 + \beta_0\theta(y)\tilde{x}$ 为管理者的期末财富，管理者没有初始财富，其所有财富来自其管理报酬收益。

2.3 不存在风险约束时管理者最优努力水平

为了比较风险约束对 PBF 合同激励效应的影响，我们参考 Stoughton（1993）和 Gomez 和 Sharma（2006）的研究，分析管理者的资产选择不存在风险约束时管理者的效用函数和最优努力水平。在上述假设下，投资者的最优决策模型为

$$\max_{\beta_0,\,\beta} E[U_B(\widetilde{W}_B)]$$

$$\text{s. t.}\quad \widetilde{W}_A = \beta_0 + \beta\widetilde{W} \tag{2-2}$$

$$\widetilde{W}_B = \widetilde{W} - (\beta_0 + \beta\widetilde{W}) \tag{2-3}$$

$$\widetilde{W} = \theta(y)\tilde{x} \tag{2-4}$$

$$\theta(y) \in \text{argmax} E[U_A(\widetilde{W}_A)\,|\,\tilde{y}=y] \tag{2-5}$$

$$\rho \in \text{argmax} E[U_A(\widetilde{W}_A)] \tag{2-6}$$

$$E[U_A(\widetilde{W}_A)] \geqslant -1 \tag{2-7}$$

其中，$E[U_B(\widetilde{W}_B)]$ 为投资者的期望效用；式（2-2）和式（2-3）分别表示期末管理者和投资者的财富；式（2-4）为管理者投资组合的收益；$\theta(y)$ 为管理者投资组合中风险资产的比例；式（2-5）为管理者的最优资产选择；式（2-6）和式（2-7）分别为激励相容约束和参与约束，不失一般性，管理者保留效用设为 -1。

管理者付出努力水平 ρ，获得私人信息 $\tilde{y}=y$，此时管理者的最优化问题为

$$\max_\theta E[-\exp\{-r(\beta_0 + \beta\theta\tilde{x}) + V(r,\rho)\}\,|\,\tilde{y}=y]$$

其中，θ 为决策变量，该最优问题的确定性等价问题为

$$\max_\theta \beta\theta\frac{\rho}{1+\rho}y - V(r,\rho) - \frac{r}{2}(\beta\theta)^2\frac{1}{1+\rho}$$

一阶条件为

$$\frac{\rho}{1+\rho}y - r\theta\frac{\beta}{1+\rho} = 0$$

管理者的最优风险资产选择为

$$\theta(y) = \frac{\rho}{r\beta}y$$

为了求解管理者的最优努力水平，我们需要计算管理者的期望效用函数。由式（2-1）得管理者的条件期望效用为

$$E[U_A(\widetilde{W}_A)|\tilde{y} = y] = \exp\left\{-\frac{\rho^2}{2(1+\rho)}y^2\right\}\exp\{-r\beta_0 + V(r, \rho)\}$$

管理者的无条件期望效用为

$$E[U_A(\widetilde{W}_A)] = \frac{-1}{\sqrt{1+\rho}}\exp\{-r\beta_0 + V(r, \rho)\} \qquad (2\text{-}8)$$

式（2-8）表明，管理者的期望效用与收益分享比例 β 无关。将式（2-8）关于努力水平 ρ 求导，得管理者的最优努力水平的一阶条件为

$$V'_{\rho}(r, \rho) = \frac{1}{2(1+\rho)} \qquad (2\text{-}9)$$

式（2-9）表明，管理者的努力水平是其风险厌恶系数 r 的函数，与收益分享比例 β 无关，即不存在风险约束时，β 的边际效用为零，线性合同没有激励作用的结论。

2.4　存在总风险约束时管理者期望效用

在 Jorion（2003）的研究的基础上，假设投资者对管理者投资组合的总风险约束为 σ_T^2，如果管理者接受委托投资组合管理合同，付出努力水平为 ρ，获取私人信息为 $\tilde{y}=y$，管理者投资组合中风险资产的最优持有比例为 θ，则此时管理者投资组合收益的方差为 $\frac{\theta^2}{1+\rho}$，管理者投资组合的总风险约束为

$$\frac{1}{1+\rho}\theta^2 \leqslant \sigma_T^2 \qquad (2\text{-}10)$$

该约束不同于 Gomez 和 Sharma（2006）的卖空限制约束，卖空限制约束 $|\theta| \leqslant k_0$，k_0 为常数，与管理者的努力程度 ρ 无关。在式（2-10）中，因为管理者的资产选择是其努力水平 ρ 的函数，管理者越努力，则管理者投资组合的方差越小，从而可以部分削弱总风险约束对风险资产选择的限制。

总风险约束式（2-10）等价于

$$\theta + \sigma_T \sqrt{1+\rho} \geqslant 0 \tag{2-11}$$

$$\theta - \sigma_T \sqrt{1+\rho} \leqslant 0 \tag{2-12}$$

将总风险约束加入上述投资者的最优决策模型，此时管理者最优资产选择式（2-5）式为

$$\theta(y) \in \operatorname*{argmax}_{\substack{\theta + \sigma_T \sqrt{1+\rho} \geqslant 0 \\ \theta - \sigma_T \sqrt{1+\rho} \leqslant 0}} E\left[U_A(\widetilde{W}_A) \mid \tilde{y} = y \right] \tag{2-13}$$

假设 $\lambda_1 \geqslant 0$ 和 $\lambda_2 \geqslant 0$ 分别为不等式约束式（2-11）和式（2-12）相应的拉格朗日乘子，构造拉格朗日函数

$$L(\theta; \lambda_1, \lambda_2) = \beta\theta \frac{\rho}{1+\rho} y - \frac{r}{2}(\beta\theta)^2 \frac{1}{1+\rho}$$
$$+ \lambda_1(\theta + \sigma_T\sqrt{1+\rho}) - \lambda_2(\theta - \sigma_T\sqrt{1+\rho}) \tag{2-14}$$

由 Kuhn-Tucker 条件可知，在最优化点有 $\lambda_1(\theta + \sigma_T\sqrt{1+\rho}) = 0$ 和 $\lambda_2(\theta - \sigma_T\sqrt{1+\rho}) = 0$。在条件 $\tilde{y} = y$ 下，式（2-13）有三种可能的解。

1）当 $\lambda_2 = 0$ 时，即资产选择的上界不受约束，此时

$$\frac{\partial L}{\partial \theta} = \beta \frac{\rho}{1+\rho} y - r\theta\beta^2 \frac{1}{1+\rho} + \lambda_1 = 0 \tag{2-15}$$

$$\frac{\partial L}{\partial \lambda_1} = \theta + \sigma_T\sqrt{1+\rho} = 0 \tag{2-16}$$

解方程组式（2-15）和式（2-16），并且记 $l = \dfrac{\sqrt{1+\rho}}{\rho}$，得

$$\lambda_1 = -\frac{\rho\beta}{1+\rho}(y + r\beta l\sigma_T), \quad \theta = -\sigma_T\sqrt{1+\rho}$$

2）当 $\lambda_1 = 0$ 时，即资产选择的下界不受约束，可以解得

$$\lambda_2 = \frac{\rho\beta}{1+\rho}(y - r\beta l\sigma_T), \quad \theta = \sigma_T\sqrt{1+\rho}$$

3）当 $\lambda_1 = 0$ 且 $\lambda_2 = 0$ 时，即资产选择不受总风险约束时，$\theta = \dfrac{\rho}{r\beta}y$。将最优

资产选择 θ 表示为私人信息 y 的函数，注意到 $\lambda_1 = -\dfrac{\rho\beta}{1+\rho}(y+r\beta l\sigma_T) \geqslant 0$ 等价

于 $y \leqslant -\sigma_T r\beta l$，$\lambda_2 = \dfrac{\rho\beta}{1+\rho}(y-r\beta l\sigma_T) \geqslant 0$ 等价于 $y \geqslant \sigma_T r\beta l$，我们有

$$\theta(y) = \begin{cases} -\sigma_T\sqrt{1+\rho}, & y < -\sigma_T r\beta l \\[2mm] \dfrac{\rho y}{r\beta}, & |y| \leqslant \sigma_T r\beta l \\[2mm] \sigma_T\sqrt{1+\rho}, & y > \sigma_T r\beta l \end{cases} \tag{2-17}$$

根据条件分布 $\tilde{x}\,|\,y \sim N\left(\dfrac{\rho}{1+\rho}y, \dfrac{1}{1+\rho}\right)$，当 $y < -\sigma_T r\beta l$ 时，

$$E[U_a(\widetilde{W}_a\,|\,y)] = -\exp(-r\beta_0 + V(a, \rho))\exp\left\{-\frac{1}{l}\sigma_T r\beta\left(y - \frac{\sigma_T r\beta l}{2}\right)\right\}$$

类似地进行计算，得到 $|y| \leqslant \sigma_T r\beta l$ 及 $y > \sigma_T r\beta l$ 时管理者的条件期望效用，即

$$E[U_A(\widetilde{W}_A\,|\,y)] = -\exp\{-r\beta_0 + V(r, \rho)\} \times$$

$$\begin{cases} \exp\left\{\dfrac{1}{l}\sigma_T r\beta\left(y + \dfrac{\sigma_T r\beta l}{2}\right)\right\}, & y < -\sigma_T r\beta l \\[3mm] \exp\left\{-\dfrac{\rho^2}{2(1+\rho)}y^2\right\}, & |y| \leqslant \sigma_T r\beta l \\[3mm] \exp\left\{-\dfrac{1}{l}\sigma_T r\beta\left(y - \dfrac{\sigma_T r\beta l}{2}\right)\right\}, & y > \sigma_T r\beta l \end{cases} \tag{2-18}$$

为了计算管理者的无条件期望效用，并且讨论期望效用值与收益分享比例 β 之间的关系，我们引入自由度为 1 的 χ^2 分布，其概率分布函数为 $\Phi(x) = \int_0^x \varphi(t)\mathrm{d}t$，密度函数为

$$\varphi(t) = \begin{cases} \dfrac{1}{\sqrt{2\pi}}t^{-1/2}\mathrm{e}^{-t/2}, & t > 0 \\[3mm] 0, & \text{其他} \end{cases}$$

根据 $\tilde{y} \sim N(0, 1+\rho^{-1})$，令 $k = \sigma_T^2 r^2\beta^2$，由式（2-18）得到管理者的无条件期望效用为

$$E[U_A(\widetilde{W}_A)] = -\exp\{-r\beta_0 + V(r, \rho)\} \times h(\rho \mid \beta) \qquad (2\text{-}19)$$

其中，

$$h(\rho \mid \beta) = \frac{1}{\sqrt{1+\rho}}\Phi\Big[\frac{k(1+\rho)}{\rho}\Big] + \exp\Big\{\frac{k(1+\rho)}{2}\Big\}\Big(1 - \Phi\Big[\frac{k(1+\rho)^2}{\rho}\Big]\Big)$$

$$(2\text{-}20)$$

h（$\rho \mid \beta$）表示式（2-20）右边是 ρ，β 的函数，且 ρ 是 β 的函数。当总风险约束 $\sigma_T^2 \to +\infty$ 或管理者的风险厌恶系数 $r \to +\infty$ 时，h（$\rho \mid \beta$）$\to \dfrac{1}{\sqrt{1+\rho}}$，无风险约束时管理者的期望效用是式（2-19）的极限形式。

对式（2-20）关于收益分享比例 β 求导，注意到

$$\frac{1}{\sqrt{1+\rho}}\varphi\Big[\frac{k(1+\rho)}{\rho}\Big] = \exp\Big\{\frac{k(1+\rho)}{2}\Big\}\varphi\Big[\frac{k(1+\rho)^2}{\rho}\Big]$$

直接计算得

$$\frac{\partial}{\partial\beta}h(\rho \mid \beta) = -2\sigma_T^2 r^2(1+\rho)\beta$$

$$\Big\{\varphi\Big[\frac{k(1+\rho)^2}{\rho}\Big] + \frac{1}{2}\Big(1 - \Phi\Big[\frac{k(1+\rho)^2}{\rho}\Big]\Big)\Big\}\exp\Big\{\frac{k(1+\rho)}{2}\Big\}$$

又因为当 $0<x<+\infty$ 时，$\varphi(x) - \dfrac{1}{2}(1 - \Phi(x)) = \dfrac{1}{2}\int_x^{+\infty}\dfrac{1}{\sqrt{2\pi}}e^{-t/2}t^{-3/2}dt > 0$，则当 $x = \dfrac{k(1+\rho)^2}{\rho}$ 时，

$$\varphi\Big[\frac{k(1+\rho)^2}{\rho}\Big] - \frac{1}{2}\Big(1 - \Phi\Big[\frac{k(1+\rho)^2}{\rho}\Big]\Big) > 0 \qquad (2\text{-}21)$$

根据式（2-21）有

$$\frac{\partial}{\partial\beta}h(\rho \mid \beta) < 0$$

最后由式（2-19）和式（2-21）得

$$\frac{\partial}{\partial\beta}(E[U_A(\widetilde{W}_A)]) > 0 \qquad (2\text{-}22)$$

根据式（2-22）有如下结论：

结论 2-1　在总风险约束下管理者的期望效用是收益分享比例 β 的增

函数。

结论 2-1 说明，风险约束改变了收益分享比例与管理者效用的关系。当 $|y| \leqslant \sigma_T r \beta l$ 时，管理者的最优资产选择不受风险约束的影响，此时 β 的边际效用为零，最优努力水平与合同无关。然而，当 $|y| > \sigma_T r \beta l$ 时，管理者希望在投资组合中持有或卖空的风险资产超过风险约束的限制，显然，收益风险比例 β 或管理者的风险厌恶系数 r 增加时，风险约束对管理者投资组合的影响减少。当总风险约束 $\sigma_T^2 \to +\infty$ 时，风险约束对管理者的约束消失，$h(\rho \,|\, \beta) \to \dfrac{1}{\sqrt{1+\rho}}$。

2.5　总风险约束对线性合同激励的影响

在本部分，我们进一步研究在总风险约束下，管理者的努力水平。对式 (2-20) 关于努力水平 ρ 求导，得

$$\frac{\partial}{\partial \rho} h(\rho \,|\, \beta) = -\frac{1}{2}\left(\frac{1}{1+\rho}\right)^{3/2} \Phi\left[\frac{k(1+\rho)}{\rho}\right] - k \exp\left\{\frac{k(1+\rho)}{2}\right\}$$
$$\times \left\{ \varphi\left[\frac{k(1+\rho)^2}{\rho}\right] - \frac{1}{2}\left(1 - \Phi\left[\frac{k(1+\rho)^2}{\rho}\right]\right) \right\} \quad (2\text{-}23)$$

由式 (2-21) 得

$$\frac{\partial}{\partial \rho} h(\rho \,|\, \beta) < 0 \quad (2\text{-}24)$$

根据管理者的期望效用式 (2-19)，管理者选择最优努力水平的等价目标函数为

$$\max_{\rho} - \exp\{V(r, \rho)\} h(\rho \,|\, \beta) \quad (2\text{-}25)$$

由最优化问题的一阶条件得

$$V_{\rho}'(r, \rho) = -\frac{h_{\rho}'(\rho \,|\, \beta)}{h(\rho \,|\, \beta)} \quad (2\text{-}26)$$

式 (2-26) 说明，管理者的最优努力水平 ρ 为其收益分享比例 β 的函数。当总风险约束 $\sigma_T^2 \to +\infty$ 或管理者的风险厌恶系数 $r \to +\infty$ 时，$\dfrac{\partial}{\partial \rho} h(\rho \,|\, \beta) \to \dfrac{1}{2}(1 +$

$\rho)^{-\frac{3}{2}}$，$V'_\rho(r, \rho) \rightarrow \dfrac{1}{2(1+\rho)}$，即式（2-9）是式（2-26）的极限。在式（2-9）

中，$V'_\rho(r, \rho)$ 与收益分享比例 β 无关。

为了分析总风险约束对管理者努力水平的影响，接下来我们进一步比较在总风险约束下的管理者努力的边际成本与不存在风险约束时管理者努力的边际成本之差，由式（2-9）和式（2-26）得

$$-\frac{h'_\rho(\rho \mid \beta)}{h(\rho \mid \beta)} - \frac{1}{2(1+\rho)}$$

$$= \frac{\exp\left\{\dfrac{k(1+\rho)}{2}\right\} g(\rho)}{\left(\dfrac{1}{1+\rho}\right)^{\frac{1}{2}} \Phi\left[\dfrac{k(1+\rho)}{\rho}\right] + \exp\left\{\dfrac{k(1+\rho)}{2}\right\}\left(1 - \Phi\left[\dfrac{k(1+\rho)^2}{\rho}\right]\right)}$$

$$\tag{2-27}$$

其中

$$g(\rho) = k\left(\Phi\left[\frac{k(1+\rho)^2}{\rho}\right] - \frac{1}{2}\left(1 - \Phi\left[\frac{k(1+\rho)^2}{\rho}\right]\right)\right)$$

$$- \frac{1}{2(1+\rho)}\left(1 - \Phi\left[\frac{k(1+\rho)^2}{\rho}\right]\right)$$

根据自由度为 1 的 χ^2 分布的概率分布函数和密度函数直接计算得

$$g(\rho) = \int_{\frac{k(1+\rho)^2}{\rho}}^{+\infty} \frac{1}{\sqrt{2\pi}} e^{\frac{-t}{2}}, \ t^{\frac{-1}{2}}\left[\frac{k}{2}\frac{1}{t} - \frac{1}{2(1+\rho)}\right] \mathrm{d}t$$

注意到 $t \in \left[\dfrac{k(1+\rho)^2}{\rho}, +\infty\right)$，所以有 $\dfrac{k}{2}\dfrac{1}{t} - \dfrac{1}{2(1+\rho)} \leqslant \dfrac{k}{2}\dfrac{\rho}{k(1+\rho)^2} -$

$\dfrac{1}{2(1+\rho)} < 0$，即 $g(\rho) < 0$，则

$$-\frac{h'_\rho(\rho \mid \beta)}{h'(\rho \mid \beta)} - \frac{1}{2(1+\rho)} < 0 \tag{2-28}$$

我们进一步通过数值方法分析 $g(\rho)$。首先固定 β 和 σ_T，在不同的风险厌恶系数 r 下，分析变量 ρ 与 $g(\rho)$ 的变化关系；其次固定 β 和 r，在不同的总风险约束 σ_T 下，分析变量 ρ 与 $g(\rho)$ 的变化关系。参数的取值范围参考 Jorion（2003）的研究，得到图 2-1 和图 2-2。

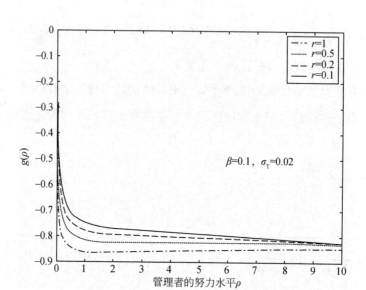

图 2-1　$g(\rho)$ 与努力水平 ρ 的关系

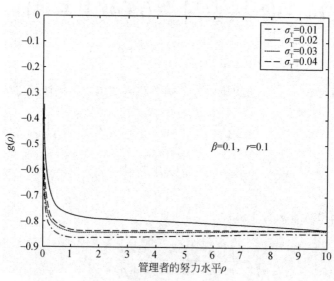

图 2-2　$g(\rho)$ 与努力水平 ρ 的关系

式（2-28）说明，总风险约束下管理者努力的边际成本小于不存在风险约束时管理者努力的边际成本。根据上述分析，我们有如下结论。

结论 2-2　在总风险约束下，管理者努力的边际成本是收益分享比例的函数，即线性合同可以影响管理者的努力水平，并且总风险约束下的管理者的努力水平小于不存在总风险约束时管理者的努力水平。

对结论 2-2 的一个合理的解释是，因为由式（2-17）可知，在总风险约束下，存在某一概率，管理者不能根据私人信息来构造最优投资组合，管理者对此约束的反应是降低努力水平，避免出现私人信息的浪费。这一结论表明，风险约束加剧了投资者和管理者之间的道德风险问题。

接下来进一步分析管理者的努力水平 ρ 和收益分享比例 β 的关系。ρ 与 β 满足式（2-26）所确定的隐函数，将隐函数式（2-26）两边关于 β 求导，并整理得

$$\frac{\partial \rho}{\partial \beta} = -\frac{V'_\rho(r,\ \rho)\dfrac{\partial h}{\partial \beta} + \dfrac{\partial}{\partial \beta}\!\left(\dfrac{\partial h}{\partial \rho}\right)}{V''_{\rho\rho}(r,\ \rho)h(\rho) + V'_\rho(r,\ \rho)\dfrac{\partial h}{\partial \rho} + \dfrac{\partial^2 h}{\partial \rho^2}} \tag{2-29}$$

直接判断 $\dfrac{\partial^2 h}{\partial \rho^2}$ 和 $\dfrac{\partial}{\partial \beta}\!\left(\dfrac{\partial h}{\partial \rho}\right)$ 的正负相当复杂，通过数值分析得到图 2-3 和图 2-4。

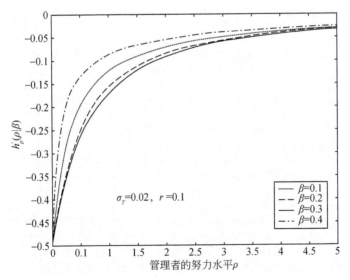

图 2-3　$h'_\rho\ (\rho\,|\,\beta)$ 与努力水平 ρ 的关系

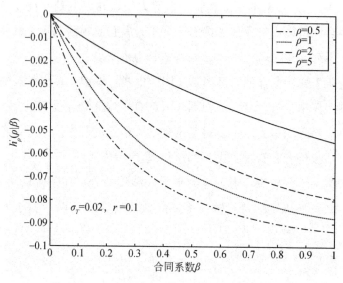

图 2-4 h'_ρ ($\rho \mid \beta$) 与合同系数 β 的关系

由图 2-3 和图 2-4 可知，$\dfrac{\partial h}{\partial \rho}$ 是管理者努力水平的增函数，即 $\dfrac{\partial^2 h}{\partial \rho^2} > 0$，$\dfrac{\partial h}{\partial \rho}$ 是

合同系数 β 的减函数，即 $\dfrac{\partial}{\partial \beta}\left(\dfrac{\partial h}{\partial \rho}\right) < 0$。当 $\dfrac{\partial h}{\partial \beta} < 0$，则

$$V'_\rho(r,\ \rho)\ \frac{\partial h}{\partial \beta} + \frac{\partial}{\partial \beta}\left(\frac{\partial h}{\partial \rho}\right)\ < 0 \tag{2-30}$$

在式（2-9）中记 $\dfrac{\partial h}{\partial \rho} = h'_\rho$ ($\rho \mid \beta$)，$\dfrac{\partial^2 h}{\partial \rho^2} = h''_{\rho\rho}$ ($\rho \mid \beta$)，则式（2-29）右边分式的

分母可以表示为

$$h(\rho \mid \beta)\left[V''_{\rho\rho}(r,\ \rho) + V'_\rho(r,\ \rho)\ \frac{h'_\rho(\rho \mid \beta)}{h(\rho \mid \beta)} + \frac{h''_{\rho\rho}(\rho \mid \beta)}{h(\rho \mid \beta)}\right] \tag{2-31}$$

根据假设 4，有 $V''_{\rho\rho}$ ($r,\ \rho$) $> \dfrac{1}{1+\rho} V'_\rho(r,\ \rho)$。根据式（2-26）和式（2-31）可得

$$V''_{\rho\rho}(r,\ \rho) + V'_\rho(r,\ \rho)\ \frac{h'_\rho(\rho \mid \beta)}{h(\rho \mid \beta)} = V''_{\rho\rho}(r,\ \rho)\ +$$

$$[V'_\rho(r,\ \rho)]^2 > V'_\rho(r,\ \rho)\left[\frac{1}{1+\rho} - V'_\rho(r,\ \rho)\right] \tag{2-32}$$

再根据式（2-26）和式（2-28）有 $0 < V'_\rho (r, \rho) < \dfrac{1}{2 (1+\rho)}$，于是

$$V'_\rho(r, \rho) \left[\frac{1}{1 + \rho} - V'_\rho(r, \rho) \right] > V'_\rho(r, \rho) \left[\frac{1}{1 + \rho} - \frac{1}{2(1 + \rho)} \right]$$

$$= \frac{1}{2(1 + \rho)} V'_\rho(r, \rho) > 0 \qquad (2\text{-}33)$$

因此，$V''_{\rho\rho} (r, \rho) + V'_\rho (r, \rho) \dfrac{h'_\rho (\rho \mid \beta)}{h (\rho \mid \beta)} > 0$，由式（2-30）得 $\dfrac{\partial \rho}{\partial \beta} > 0$，于是有如下结论：

结论 2-3 在总风险约束下，管理者的努力水平是收益分享 β 的增函数，线性合同可以激励管理者努力工作。

结论 2-3 表明，在总风险约束下，线性合同不仅可以在投资者和管理者之间进行风险分担，而且可以激励管理者努力工作，该结论不同于 Stoughton（1993）和 Admati 和 Pfleiderer（1997）的结论。结论 2-2 表明，在总风险约束下，管理者的努力水平虽然降低了，但提高收益分享比例 b，即加强对管理者的激励，管理者将获取更多信息，提高信息精度。信息精度越高，管理者投资组合的方差越小，总风险约束对资产配置的影响越小，管理者在资产选择时有更大的自由度，即扩大了资产选择集，管理者能更充分利用其私人信息。因此，提高管理者的收益分享比例，可以激励管理者去努力获取更多私人信息。

2.6 VaR 约 束

VaR 的含义是处于风险中的价值，是指在市场正常波动下，某投资组合的最大损失。更为确切的是，指在一定置信水平下，某投资组合在未来特定的一段时间内的最大可能损失，可以表示为

$$\text{Prob}(\Delta L \le - \text{VaR}) = 1 - \alpha \qquad (2\text{-}34)$$

其中，ΔL 为投资组合在持有期 Δt 内的损失；VaR 为置信水平 α 下处于风险中的价值。在代理投资中，由于 VaR 很好地度量了投资者关心的下跌风险（downside risk），因此从 20 世纪 90 年代开始，VaR 逐渐成为投资者对管理者

进行风险约束最常用的风险度量工具。

假设投资组合的收益率服从均值为 μ，标准差为 σ 的正态分布，则置信水平为 α 时 VaR 值计算公式为

$$VaR = Z_\alpha \sigma - \mu \tag{2-35}$$

其中，Z_α 是在置信水平为 α 时的标准正态分布的分位数。

假设投资者对管理者投资组合的风险约束为 $VaR \leqslant V_0$，则管理者资产选择的风险约束为

$$Z_\alpha \sigma - \mu \leqslant V_0 \tag{2-36}$$

管理者如果接受委托投资合同，付出努力水平 ρ，获得私人信息 $\tilde{y} = y$，管理者投资组合中风险资产的最优持有比例为 θ，则此时管理者投资组合收益的均值为 $\dfrac{\theta\rho}{1+\rho}y$，标准差为 $|\theta| \dfrac{1}{\sqrt{1+\rho}}$，管理者资产选择的 VaR 约束为

$$Z_\alpha \sigma - \mu = Z_\alpha |\theta| \frac{1}{\sqrt{1+\rho}} - \frac{\theta\rho}{1+\rho}y \leqslant V_0 \tag{2-37}$$

根据 Hull（2008）的研究，投资组合收益率的均值比其标准差要小得多，计算某投资组合的 VaR 值一般假设收益率的均值为零。在式（2-10）中，因为 $\tilde{y} \sim N(0, 1+\rho^{-1})$，略去 $\dfrac{\theta\rho}{1+\rho}y$，则 VaR 约束为

$$Z_\alpha |\theta| \frac{1}{\sqrt{1+\rho}} \leqslant V_0 \tag{2-38}$$

该约束不同于 Gomez 和 Sharma（2006）的卖空限制约束，卖空限制约束 $|\theta| \leqslant k$，k 为常数，与管理者的努力程度 ρ 无关，即 $|\theta| \leqslant k$ 是外生给定的。在式 (2-38) 中，管理者的资产选择是其努力水平 ρ 的函数，管理者越努力，则管理者投资组合的标准差越小，从而可以部分削弱 VaR 约束对风险资产选择的影响，此时 V_0 虽然是外生给定的，但管理者可以通过努力来控制投资组合的 VaR 约束。

在式（2-38）中，将不等式做简单变换，可以得到 $\dfrac{\theta^2}{1+\rho} \leqslant \left(\dfrac{V_0}{Z_\alpha}\right)^2$。因为 V_0 和 Z_α 一般是给定，所以约束（2-38）与约束（2-10）有相似形式。接下来的

讨论可以参照总风险约束下的讨论，研究发现，VaR 约束对管理者激励的影响与总风险约束有相同结论，本章不再赘述。

2.7　风险约束机制

PBF 合同导致管理者追求短期业绩而忽视长期风险的积累，投资者为了保证资金得到较好的投资回报，通常用一个基准组合作为标准，定期对投资管理者的业绩进行评估。在这种情况下，为了表现出好的业绩，在竞争中胜出，很多基金管理人员都想方设法使投资组合击败基准组合，获得更高的收益，进而纷纷采用积极投资策略。因为一些积极投资策略在长期的确能够为投资者带来高的收益，所以这一投资策略被广泛使用。经典的金融理论告诉人们：收益与风险总是相伴的。以高收益为目标的基金管理人员存在的内在冲动，使他们所负责的委托人的资产承担了更大风险，产生了委托代理问题。基金管理人员在技术上是专业人士，对组合及其相关工具最为了解。因此，在实际中如何有效地控制基金管理人员的冒险行为成为现代基金管理中的一个重要问题。

为控制基金管理人员的行为，使资产更安全，投资者和监督者通常对组合的跟踪误差加以限制。Roll（1992）提出 TEV 优化，基于跟踪误差进行积极组合管理，即在给定期望超额收益的前提下，使跟踪误差最小。在积极资产组合管理的业绩评价中，信息比也是基于 TEV 的，它揭示了基金管理人员获得收益的特定信息，使不同组合可横向比较，是使用最为广泛的评价指标之一。可 TEV 优化只考虑局部风险的变动，将导致总风险的增加高于跟踪误差，实际组合并不是最有效的。然而，由于易于操作，相对基准组合有一个明确比较，跟踪误差、信息比仍然是行业通行标准，而且对于大型基金，要求管理人员总是从总风险出发调整组合也不实际。另外，TEV 优化本身也具有一定效率，所以它仍被广泛使用。Jorion（2003）引入固定 TEV 优化，深入讨论了积极资产组合管理。Jorion 指出，增加总风险约束能控制管理人员行为，使组合更有效。方毅和张屹山通过对 TEV 优化和固定 TEV 优化的研究，发现 Jorion 的判断存在一定的问题，认为增加总风险约束是有效的。方毅和张屹山

（2006）认为，为了保护投资者的利益应从总风险约束和基准组合的选择两方面对基金管理者的行为进行限制。Alexander 和 Baptista（2008）发现，在 TEV 模型中加入 VaR 约束可以使积极的投资管理者选择更加有效的资产组合。Basak 和 Shapiro 等（2006）研究认为，外生基准约束能克服 PBF 合同的逆风险激励问题，投资者可以通过基准和基金的组合实现自己满意的投资收益。

方毅和张屹山（2006）认为，对资产组合增加总风险约束，总是能够有效地提高组合效率，控制由投资资金的所有权和管理权分离所产生的委托代理问题。"能够提高效率"是非常有意义的，也是很有趣的。这就好像一个悖论，因为总风险控制有成本，增加约束的直接后果是代理人不能完全利用自己手中所掌握的资源，这将会导致目标函数减少并带来损失，这样一来又怎么可以提高效率呢？当代理人的行为并不是最有效率的时候（现实中的大多数情况都是如此），委托人对其加上适当的"紧箍咒"，会使目标函数有所降低，但这个"紧箍咒"却与其他约束共同作用，无形中可能改善代理人的行为，即"适度的约束会带来更高的效率"。特别是在风险管理中，将总风险作为约束，在避免过大损失的同时还能提高效率，可以说是一举两得。可见，金融机构对代理人进行适当的总风险约束是有益的，它不仅符合稳健原则，能尽量避免由于巨大风险敞口使其遭受灭顶之灾；同时，还能更好地配置资源。因此，为控制总风险过大，付出相应的成本是值得的。

总风险控制有成本，增加的总风险约束越大，投资组合风险减少越多，与此同时，收益也随之相应减少得越多。方毅和张屹山（2006）通过一个拓展的信息比的引入，确定总风险约束，体现了一种均衡。一方面，这一约束是根据基金管理者的风险偏好决定的，考虑了基金管理者的行为特征；另一方面，这一约束又是根据增加总风险约束时单位风险减少的成本确定的，使成本和风险形成对比是投资者和监督者所能接受的，反映了他们的风险偏好。

基于成本、效率、基准组合、风险偏好的讨论，方毅和张屹山（2006）主张，为了防止委托人的资产承担更大风险，出现委托代理问题，监督者可以通过总风险约束和基准组合对基金管理者进行约束。其中，总风险约束根据自身和基金管理者的风险偏好确定；基准组合依据有效性选择。本章的研究发现，总风险和 VaR 约束下 PBF 合同能激励管理者。因此，我们建议投资者和监督者增加总风险约束以改善组合，从而对基金经理的行为加以限制，这样不仅让资产更加安全，也让资产的使用更加有效率。在这个过程中，应该选择一个相对有效的基准组合，这样可以减少对基金经理的监督成本，增强对基金风险控制。

2.8　本 章 小 结

首先本章假设，将总风险约束引入代理投资激励合同中，通过建模和数值分析研究线性合同的激励效应。在总风险约束下，提高收益分享比例，扩大了管理者的资产选择对象集，从而部分降低了风险约束对私人信息的利用和对资产选择的限制。风险厌恶的管理者的期望效用和最优努力水平是其风险分享比例的增函数，说明线性合同不但可以使风险在投资者和管理者之间进行最优分担，而且可以激励管理者努力获取私人信息并提高管理者的福利。总风险约束下的管理者的努力水平低于不存在总风险约束下的努力水平，这一结论表明，总风险约束导致管理者信息价值的损失。其次，我们分析了 VaR 约束，发现 VaR 约束下 PBF 合同能激励管理者获取私人信息。最后，我们建议投资者和监督者增加总风险约束以改善组合，从而对基金经理的行为加以限制。

本章仅限于从理论上研究在风险约束下线性合同的激励作用，研究结论从一个侧面解释了代理投资实务中线性合同被广泛应用的原因，该结论也可用于我国私募基金的风险管理。本章没有考虑相对业绩导致的资金流动对合同激励作用的影响，这是值得继续研究的问题之一。

3 管理者具有市场能力的 PBF 合同研究

3.1 引　　言

在现代金融市场中，越来越多的投资基金的所有权和管理权相分离，投资者之所以把投资决策权委托给专业投资管理者，是因为管理者有更多技能去搜集和处理有关资产的信息。当管理者的努力和投资过程不能被观察时，投资者面临道德风险。因此，从自身利益出发，投资者有必要通过合同设计来诱导管理者的投资行为，激励管理者去搜集更多有关资产收益和风险的信息。

现有研究关于 PBF 合同激励作用的讨论有两种不同的结论。第一种结论认为线性 PBF 合同没有激励作用。例如，代理投资合同研究的开拓性文献——Bhattacharya 和 Pfleiderer（1985）的研究证明了存在使管理者如实报告其预测能力和私人信息的最优合同，该合同具有二次形式，而不是线性合同。基于 Bhattacharya 和 Pfleiderer（1985）的研究，Stoughton（1993）发现线性合同导致管理者努力付出（effort expendture）严重缺乏，但该投资不足问题可以通过二次合同成功克服，对于风险容忍度大的投资者来说，二次合同是渐近最优的。Admati 和 Pfleiderer（1997）及曾勇等（2000）都有相同结论。

在某些限制和约束下，不少学者得出了与上述研究相反的结论。Gomez 和 Sharma（2006）认为卖空限制下的线性 PBF 合同能激励管理者，且激励作用优于二次合同，Agarwal 等（2012）也有相同结论。Li 和 Tiwari（2009）发现期权型的 PBF 合同可以克服管理者对私人信息获取投资不足问题。刘京军和梁建峰（2009）认为 PBF 合同应包括固定费用、代理成本及超额投资收益。Cvitanić等（2009）研究认为在动态委托代理关系下，管理者的最优报酬合同为非线性的。Dybvig 等（2010）认为在资产选择限制的条件下最优报酬合同为引入基准组合的线性 PBF 合同。Kyle 等（2012）将信息获取模型化为内生变量，认为线性 PBF 合同可以激励管理者去努力获取信息。盛积良和马永开（2012）、Sheng 等（2012）分别研究了总风险约束与 VaR 约束下线性 PBF 合同的激励作用，发现在风险约束下，线性 PBF 合同能作用管理者努力获取私人信息。

在实践中，委托投资组合管理合同一般具有线性的特征，如固定比例的线性合同将管理者的报酬设定为管理者所管理的资产净值的某一比例，线性 PBF 合同将管理者的报酬设定为一个固定报酬加上一个依赖于管理者投资组合收益的奖励或惩罚。上述研究对线性合同的激励作用持有两种不同的观点，但这些研究均假设管理者是市场价格的接受者，即假设管理者的资产选择不会影响市场的均衡价格，模型中均衡价格是外生给定的。目前在发达金融市场机构中，投资者的交易已占主要地位，机构投资者的交易量和交易品种已影响到市场参与者的理性预期，投资管理者的私人信息影响市场的均衡价格。Gumbel（2005）认为，当管理者的交易数量大到能够影响市场的均衡价格时，相对业绩合同的激励作用不会因为管理者减少风险资产的交易而完全消失，但是他的模型没有引入管理者的信息且假设管理者的努力成本是固定的。因此，本章假设管理者具有市场能力（market power），并且假设管理者的努力成本是其努力水平的函数，进一步研究委托投资组合管理中线性 PBF 合同的激励作用，在PBF 合同中本章只考虑绝对业绩，即在合同中没有引入基准组合。

本章首先界定了管理者的市场能力；其次对 Kyle（1985）的价量模型作了简介；再次借鉴 Stoughton（1993）的分析框架，将线性合同和管理者的努力水平引入 Kyle（1985）的价量模型，着重分析投资管理者的风险分享比例、努力水平及信息对均衡价格的影响，进而研究线性合同对管理者的激励作用；最后求解了最优合同，并分析了最优合同的性质。

3.2 管理者的市场能力

管理者的市场能力，指管理者的资产交易在市场中占有主导地位，其资产交易的数量和品种能影响到市场参与者的理性预期，进而影响到市场的均衡价格。Kraus 和 Stoll（1972）、Scholes（1972）、Grier 和 Albin（1973）、Rabb（1976）、Dann 等（1977）实证研究了机构投资者的交易对价格的影响。Grinblatt 和 Ross（1985）证明了在投资者具有市场能力的证券市场存在理性预期均衡。

3.3 Kyle 价量模型

Kyle（1985）假设，市场有三类交易者：一个知情交易者、一个噪声交易者和一个做市商，他们交易一种风险资产和一种无风险资产。知情交易者具有风险资产收益的私人信息，噪声交易者随机交易，做市商根据市场的交易量来确定资产的价格。风险资产的收益 $\tilde{v}$ 服从均值为 p_0，方差为 $\sum_0$ 的正态分布，即 $\tilde{v} \sim N(p_0, \sum_0)$。噪声交易者的随机交易量 $\tilde{n}$ 服从均值为 0，方差为 σ_n^2 的正态分布，即 $\tilde{n} \sim N(0, \sigma_n^2)$，随机变量 $\tilde{v}$ 和 $\tilde{n}$ 相互独立。知情交易者的交易量为 $\tilde{q}$，资产的价格为 $\tilde{p}$。首先，在 $\tilde{v}$ 和 $\tilde{n}$ 实现的前提下，知情交易者选择交易量 $\tilde{q}$，此时，知情交易者能观察到 $\tilde{v}$，但不能观察到 $\tilde{n}$。为了描述交易量 $\tilde{q}$ 和 $\tilde{v}$ 之间的关系，假设知情交易者的交易策略为 Q，则有 $\tilde{q} = Q(\tilde{v})$。其次，做市商设定价格 $\tilde{p}$，做市商在该价格 $\tilde{p}$ 上交易，使市场出清，此时，他能观察到市场的交易量 $\tilde{q} + \tilde{n}$，但不能区分单个交易量 $\tilde{q}$ 和 $\tilde{n}$ 的大小。假设做市商的定价机制为 P，则有 $\tilde{p} = P(\tilde{q} + \tilde{n})$。

知情交易者交易的利润记为 $\tilde{\pi}$，则 $\tilde{\pi} = (\tilde{v} - \tilde{p})\tilde{q}$，为了强调 $\tilde{\pi}$ 和 $\tilde{p}$ 对交易策略 Q 和定价机制 P 的关系，记 $\tilde{\pi} = \tilde{\pi}(Q, P)$，$\tilde{p} = \ddot{p}(Q, P)$。市场均衡下的 Q，P 定义如下：

1）利润最大。即对于任意的 Q' 和 v 有

$$E\{\tilde{\pi}(Q, P) \mid \tilde{v} = v\} \geq E\{\tilde{\pi}(Q', P) \mid \tilde{v} = v\}$$

2）市场效率。随机变量 $\tilde{p}$ 满足

$$\tilde{p}(Q, P) = E\{\tilde{v} \mid \tilde{q} + \tilde{n}\}$$

Kyle 证明了均衡存在且唯一，此时，Q 和 P 为线性函数，有

$$Q(\tilde{v}) = \beta(\tilde{v} - p_0), \quad P(\tilde{q} + \tilde{n}) = p_0 + \lambda(\tilde{q} + \tilde{n})$$

其中

$$\beta = \sqrt{\frac{\sigma_n^2}{\sum_0}}, \quad \lambda = \frac{1}{2\beta} = \frac{1}{2}\sqrt{\frac{\sum_0}{\sigma_n^2}}$$

3.4　管理者的资产交易与市场均衡价格

我们将合同和管理者的努力引入 Kyle（1985）的价量模型，研究合同和管理者的努力对管理者的交易及市场均衡价格的影响。假设在一个经济体中有三个代表性的代理人：一个投资者、一个管理者和一个做市商，他们交易一种风险资产和一种无风险资产。当管理者获得风险资产的私人信息时，风险资产的收益为 $\tilde{x} = \tilde{y} + \tilde{z}$[①]，其中，$\tilde{y}$ 与 $\tilde{z}$ 不相关，假设 $\tilde{y}$ 服从标准正态分布，即 $\tilde{y} \sim N(0, 1)$；$\tilde{z}$ 服从正态分布 $\tilde{z} \sim N(0, \sigma_z^2)$，$\sigma_z^2 < +\infty$，$\sigma_z^2$ 越大说明管理者的信息越不准确，即管理者付出的努力越低。假设 e 表示管理者的努力水平，为了反映管理者的努力程度，我们假设 $\sigma_z^2 = \frac{1}{e}$，即管理者的努力水平越高，则管理者的信息越准确。根据 Stoughton（1993）的定义，进一步定义管理者的信息精度为 $\frac{e}{1+e}$，即管理者越努力则其信息精度越高。

投资者把资产的投资决策权委托给管理者，同时向管理者提供一个线性合同 $\varphi(a, b)$，其中，$a, b > 0$ 为投资者提供合同时设置的参数。管理者付出努力 e，则可以观察到一个私人信息，与 Stoughton（1993）的研究一样，假设管理者努力的成本为 $V(r, e)$，其中，r 为管理者的绝对风险厌恶系数，且 $V_e'(r, e) > 0$，$V_e''(r, e) \geqslant 0$，$V(r, 0) = 0$，$V_r'(r, 0) \geqslant 0$。$V(r, e)$ 可以理解

---

①　需要说明的是，将风险资产的期望收益假设为零，是为了技术上处理方便，Gumbel（2005）、Gomez 和 Sharma（2006）的研究中也有类似处理，将风险资产的期望收益设定为某个不为零的常数，不改变本章的结论。

为努力的负效用，在努力程度相同时，r 越大，因努力产生的负效用越大。假设管理者具有常绝对风险厌恶型效用函数，即当管理者的绝对风险厌恶系数为 r 时管理者的效用函数为

$$E[U_A(\widetilde{W}_A)] = -\exp\{-r\widetilde{W}_A + V(r, e)\} \qquad (3\text{-}1)$$

其中，$\widetilde{W}_A$ 为管理者的期末财富，管理者没有初始财富，其所有财富来自其报酬收益。当管理者付出努力 e 时，其得到的货币化补偿为 $V(r, e)/r$，所以效用函数的指数部分为 $-r\widetilde{W}_A + V(r, e)$，这样假设是为了技术上处理方便，也为了使本章的结论与 Stoughton（1993）的结论具有可比性，Gomez 和 Sharma（2006）的研究中也有相同处理。

根据 Kyle（1985）的研究，为了使交易成功进行，假设市场上存在噪声交易者，噪声交易者的资产需求为随机变量 $\tilde{n} \sim N(0, \sigma_n^2)$，并且 $\tilde{y}$、$\tilde{z}$ 及 $\tilde{n}$ 之间相互独立。如投资管理者的资产需求为 t，则市场的总需求为 $T = t + \tilde{n}$，在获得市场需求的信息后，做市商把资产价格设定为资产的期望价值，即 $p = E(\tilde{x}/T)$，假设做市商依据线性定价原则设定一个单一的市场出清价格，即 $\tilde{p} = \lambda(t + \tilde{n})$，其中，$\lambda$ 为回归系数，反映价格对订单流 T（市场总的交易量）的敏感度。

在上述假设下，管理者交易的资产利润为 $\tilde{\pi}(t) = t(\tilde{x} - \tilde{p})$，当管理者获得风险资产收益的私人信息 $\tilde{y} = y$ 时，管理者所交易的资产利润为

$$\tilde{\pi}(t) = t(y + \tilde{z} - \tilde{p}) = t(y + \tilde{z} - \lambda(t + \tilde{n})) \qquad (3\text{-}2)$$

不失一般性，假设线性合同的具体形式为

$$\varphi(a, b) = a + b\tilde{\pi}(t) \qquad (3\text{-}3)$$

此时管理者的期末财富为

$$\widetilde{W}_A = a + bt(y + \tilde{z} - \lambda(t + \tilde{n})) \qquad (3\text{-}4)$$

则投资管理者需要解决的最优化问题为

$$\max_t E[-\exp(-r(a + bt(y + \tilde{z} - \lambda(t + \tilde{n})) + V(r, e)))] \qquad (3\text{-}5)$$

该问题的确定性等价问题为

$$\max_t CE = a - V(r, e) + bty - b\lambda t^2 - \frac{r}{2}b^2 t^2\left(\frac{1}{e} + \lambda^2\sigma_n^2\right) \qquad (3\text{-}6)$$

根据一阶最优条件得

$$t = \frac{ey}{2e\lambda + rb(1 + e\lambda^2\sigma_n^2)} \qquad (3-7)$$

令

$$\beta = \frac{e}{2e\lambda + rb(1 + e\lambda^2\sigma_n^2)} \qquad (3-8)$$

则管理者的最优交易量为 $t = \beta y$。

在获得市场的订单流 $T = \tilde{i} + \tilde{n}$ 后，做市商设定资产的价格等于其条件期望值，即 $p = E(\tilde{x} | \tilde{i} + \tilde{n})$，根据引理 3-1（见本章附录）可得

$$p = \frac{\mathrm{Cov}(\tilde{y} + \tilde{z}, \beta\tilde{y} + \tilde{n})}{\mathrm{VaR}(\beta\tilde{y} + \tilde{n})}(\beta\tilde{y} + \tilde{n}) \qquad (3-9)$$

其中

$$\frac{\mathrm{Cov}(\tilde{y} + \tilde{z}, \beta\tilde{y} + \tilde{n})}{\mathrm{VaR}(\beta\tilde{y} + \tilde{n})} = \frac{\beta}{\beta^2 + \sigma_n^2} \qquad (3-10)$$

令

$$\lambda = \frac{\beta}{\beta^2 + \sigma_n^2} \qquad (3-11)$$

则市场均衡价格为

$$p = \lambda(\beta\tilde{y} + \tilde{n}) \qquad (3-12)$$

本部分得出的市场均衡价格与 Kyle（1985）及 Subrahmanyan（1991）的研究有相似的形式，该均衡价格是管理者合同及努力水平的函数。从式（3-8）、式（3-11）可知，β，λ 与 b，e 之间的关系满足五次方程，要求解它们之间的显性关系十分困难。我们采用数值分析的方法来分析 β，λ 与 b，e 的关系，得到图 3-1 ~ 图 3-4，并有如下结论。

1）管理者的交易量是合同系数 b 的减函数。这是因为管理者是风险厌恶的，合同中系数 b 越大，则管理者承担的风险越大，风险厌恶的管理者减少风险资产的交易量，以减少承担的风险，同时交易量是风险厌恶系数 r 的减函数（图 3-1）。

2）交易量是信息精度的增函数，管理者掌握的信息越多，则交易量越大（图 3-2）。

3）价格对订单流 T（交易量）的敏感度 λ 是管理者努力水平的增函数，

信息是管理者努力程度的增函数，则 λ 是管理者信息的增函数。这一结论与 Subrahmanyan（1991）的结论相似（图 3-3）。

4）价格对订单流 T（交易量）的敏感度 λ 是合同系数 b 的减函数（图 3-4）。

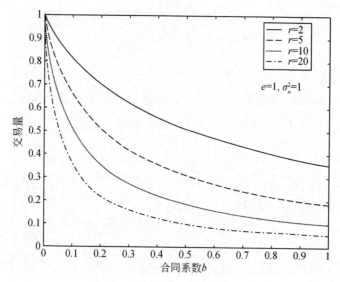

图 3-1　交易量与合同系数 b 的关系

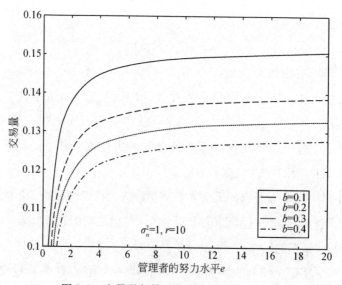

图 3-2　交易量与管理者努力水平 e 的关系

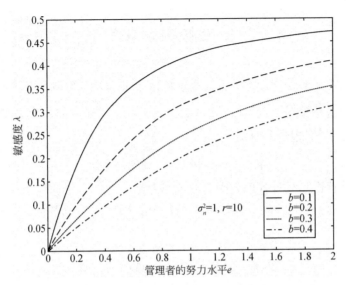

图 3-3　敏感度与努力水平 e 的关系

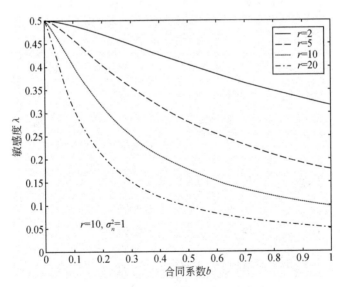

图 3-4　敏感度与合同系数 b 的关系

3.5 管理者的效用和风险激励

本节在 3.4 节的基础上研究均衡价格变化时合同对管理者努力和福利的影响。当管理者获得风险资产的私人信息 $\tilde{y} = y$ 时，管理者的最优风险资产的需求量为 t，此时管理者的财富为

$$\widetilde{W}_A = a + b\beta\tilde{y}(\tilde{x} - \lambda(\beta\tilde{y} + \tilde{n})) \tag{3-13}$$

直接计算得到投资管理者的期望效用为

$$E[U_A(\widetilde{W}_A)] = -(|\Sigma||M|)^{-1/2}\exp\{-ra + V(r, e)\} \tag{3-14}$$

其中

$$\Sigma = \begin{pmatrix} 1 + 2rb\beta(1 - \beta\lambda) & rb\beta & -rb\beta\lambda \\ rb\beta & e & 0 \\ -rb\beta\lambda & 0 & \dfrac{1}{\sigma_n^2} \end{pmatrix}, \quad M = \begin{pmatrix} 1 & 0 & 0 \\ 0 & e^{-1} & 0 \\ 0 & 0 & \sigma_n^2 \end{pmatrix} \tag{3-15}$$

将 Σ 和 M 代入行列式 $|\Sigma||M|$ 并化简得

$$|\Sigma||M| = 1 + 2rb\beta(1 - \beta\lambda) - r^2b^2\beta^2(1 + e\lambda^2\sigma_n^2)e^{-1} \tag{3-16}$$

由式（3-8）和式（3-11）可得

$$\frac{\dfrac{e}{\beta} - 2e\lambda}{rb} = 1 + e\lambda^2\sigma_n^2 \tag{3-17}$$

将式（3-17）代入式（3-16）并化简得

$$|\Sigma||M| = 1 + rb\beta \tag{3-18}$$

将式（3-18）代入式（3-14）得管理者的期望效用为

$$E[U_A(\widetilde{W}_A)] = \frac{-1}{\sqrt{1 + rb\beta}}\exp\{-ra + V(r, e)\} \tag{3-19}$$

在式（3-19）中常数项 e^{-ra} 与管理者的决策无关，所以管理者选择最优努力水平的目标函数为

$$\max_\rho \frac{-1}{\sqrt{1 + rb\beta}}\exp\{V(r, e)\} \tag{3-20}$$

由最优化的一阶微分条件得

$$\frac{1}{2}(1 + rb\beta)^{-3/2}\left(rb\frac{\mathrm{d}\beta}{\mathrm{d}e}\right) - (1 + rb\beta)^{-1/2}V'_e(r, e) = 0 \qquad (3\text{-}21)$$

由式（3-8）和式（3-11）可得

$$\frac{\mathrm{d}\beta}{\mathrm{d}e} = \frac{rb\beta^2}{e^2(1 - 2\lambda^2(\sigma_n^2 - \beta^2)(1 + rb\lambda\sigma_n^2))} \qquad (3\text{-}22)$$

最后由（3-21）和式（3-22）得

$$\frac{1}{2(1 + rb\beta)}\frac{r^2b^2\beta^2}{e^2(1 - 2\lambda^2(\sigma_n^2 - \beta^2)(1 + rb\lambda\sigma_n^2))} = V'_e(r, e) \qquad (3\text{-}23)$$

式（3-23）说明，管理者的最优努力水平 e 是其报酬结构参数 b 的函数，即在考虑管理者的资产选择对均衡价格产生影响时，线性合同可以影响管理者的努力水平。该结论不同于 Stoughton（1993）的研究，在他的研究中认为，线性合同与管理者努力的边际成本无关。

因为 β，λ 均是关于合同系数 b 的隐函数，所以很难确定式（3-22）左边与合同系数 b 的关系。我们通过数值计算的方法来确定合同系数 b 与 $V'_e(r, e)$ 的关系，令 $\sigma_n^2 = 1$，在管理者的风险容忍度 $r = 2$ 和 $r = 5$ 的情况下，我们得到如表 3-1 所示的管理者的努力水平与合同系数 b 的关系。

表 3-1　管理者的努力水平与合同系数 b 的关系

$\sigma_n^2 = 1$							
$r = 2$				$r = 5$			
b	β	λ	$V'_e(r, e)$	b	β	λ	$V'_e(r, e)$
0.1	0.8	0.487 805	0.013 590	0.1	0.67	0.46 242	0.059 215
0.2	0.7	0.469 799	0.041 805	0.2	0.52	0.40 932	0.135 704
0.3	0.6	0.441 176	0.069 566	0.3	0.43	0.36 290	0.189 173
0.4	0.55	0.422 265	0.100 748	0.4	0.36	0.31 870	0.212 103

由表 3-1 可知，$V'_e(r, e)$ 是合同系数 b 的增函数，即增加管理者的分享比例能使管理者的努力的边际成本增加。由前面的假设可知，边际成本的增加意味着努力水平的提高，说明增加线性合同的系数能激励管理者的努力水平，即提高管理者的收益分享比例可以激励管理者努力工作。

从式（3-22）可知，管理者的期望效用中含有合同参数 a、b，说明管理者的期望效用与合同有关。令管理者的努力水平 $e=1$，$\sigma_n^2=1$，努力的成本为 $V(r,e)=re^2$，通过数值分析得到管理者的期望效用与合同系数 b 的关系，如图 3-5 所示。

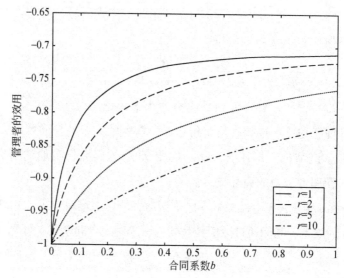

图 3-5　管理者的等价效用与合同系数 b 的关系

图 3-5 说明，在考虑管理者的资产选择对均衡价格产生影响时，管理者的期望效用是 b 的增函数，即在线性合同中提高管理者的风险分享比例能提高管理者的福利，这说明福利最大化的管理者愿意接受一个高风险分享比例的合同。这一结论不同于 Stoughton（1993）、Admati 和 Pfleiderer（1997）的结论，在他们的研究中认为，在提供线性合同时，管理者的期望效用与合同参数的选择无关。

3.6　最优合同

本节在对合同激励和管理者效用函数分析的基础上进一步求解管理者具有市场能力的线性合同的具体形式。在前面的假设下，委托方需要解决的问题为

$$\max_{a,b} E\left[U_B(\widetilde{W}_B)\right]$$

$$\text{s. t.} \quad \widetilde{W}_A = a + b\widetilde{\pi}(t) \tag{3-24}$$

$$\widetilde{W}_B = \widetilde{\pi}(t) - (a + b\widetilde{\pi}(t)) \tag{3-25}$$

$$\widetilde{\pi}(t) = t(y + \widetilde{z} - \widetilde{p}) \tag{3-26}$$

$$t \in \text{argmax} E[U_A(\widetilde{W}_A)] \tag{3-27}$$

$$E[U_A(\widetilde{W}_A)] \geqslant U(W_0) \tag{3-28}$$

其中，$U_B(\widetilde{W}_B)$ 为委托人即投资者的效用；式（3-24）为管理者的报酬，式（3-25）为投资者的投资收益，式（3-26）为资产的利润，即管理者的业绩，式（3-27）为管理者的激励相容约束，式（3-27）为管理者的参与约束，W_0 为管理者的保留工资。

根据前面的计算，管理者的参与约束可以表示为

$$- (|\Sigma||M|)^{-1/2} \exp\{-ra + V(r, e)\} \geqslant -\exp(-rW_0) \tag{3-29}$$

管理者的激励相容约束为

$$- (|\Sigma||M|)^{-1/2} \exp\{-ra + V(r, e)\}$$
$$\geqslant -\exp(-ra + V(r, 0)) = -\exp(-ra) \tag{3-30}$$

职业经理人市场的竞争使管理者只能获得保留效用，因此在式（3-29）中取等号，同时在激励相容约束中对于投资者来说 a 最优值是使等号成立，所以由式（3-29）和式（3-30）得

$$a = W_0 \tag{3-31}$$

式（3-31）说明，投资者提供合同时，合同中常数项等于管理者的保留工资。

下面进一步求合同中 b 的值。由式（3-18）和式（3-29）得

$$1 + rb\beta \geqslant \exp(2V(r, e)) \tag{3-32}$$

由上一节的计算可得

$$\widetilde{\pi}(t) = \beta\widetilde{y}(\widetilde{x} - \lambda(\beta\widetilde{y} + \widetilde{n})) \tag{3-33}$$

式（3-33）的期望值为

$$E[\widetilde{\pi}(t)] = \beta\left(1 - \frac{\beta^2}{\beta^2 - \sigma_n^2}\right) = \frac{\sigma_n^2}{\beta^2 - \sigma_n^2}\beta \tag{3-34}$$

委托方的期望效用为

$$E[U_B(\widetilde{W}_B)] = \frac{\sigma_n^2}{\beta^2 - \sigma_n^2}\beta - b\beta\frac{\sigma_n^2}{\beta^2 - \sigma_n^2} - a \tag{3-35}$$

显然委托方的效用是 $b\beta$ 的减函数，委托方要使效用最大，必须使 $b\beta$ 最小，即在式（3-32）中取等号，有

$$1 + rb\beta = \exp(2V(r,\ e)) \tag{3-36}$$

将式（3-11）代入式（3-8）得

$$\beta = \frac{e}{2e\dfrac{\beta}{\beta^2 + \sigma_n^2} + rb\left(1 + e\left(\dfrac{\beta}{\beta^2 + \sigma_n^2}\right)^2 \sigma_n^2\right)} \tag{3-37}$$

将式（3-37）代入式（3-36）得

$$b^4 \left(\sigma_n^2\right)^2 - b^2 \sigma_n^2 r\xi^3 \frac{1 + 2e^{-1}}{1 - r\xi e^{-1}} - \xi^4 \frac{1 + r\xi e^{-1}}{1 - r\xi e^{-1}} = 0 \tag{3-38}$$

其中

$$\xi = \frac{e^{2V(r,\ e)} - 1}{r} \tag{3-39}$$

求解关于 b^2 方程（3-38）得

$$b^2 = \frac{\sigma_n^2 r\xi^3 \dfrac{1 + 2e^{-1}}{1 - r\xi e^{-1}} + \sqrt{\left(\sigma_n^2 r\xi^3 \dfrac{1 + 2e^{-1}}{1 - r\xi e^{-1}}\right)^2 + 4 \left(\sigma_n^2\right)^2 \xi^4 \dfrac{1 + r\xi e^{-1}}{1 - r\xi e^{-1}}}}{2 \left(\sigma_n^2\right)^2}$$

$$\tag{3-40}$$

为了书写简洁，令

$$\vartheta = e^{2V(r,\ e)} - 1 \tag{3-41}$$

当 $\vartheta = e^{2V(r,e)} - 1 < e$ 时，由式（3-40）得

$$b = \frac{\vartheta}{r} \sqrt{\frac{\vartheta(1 + 2e^{-1}) + \sqrt{\vartheta^2(1 + 4e^{-1}) + 4}}{2e^{-1}(1 - \vartheta e^{-1})}} \tag{3-42}$$

当 $\vartheta = e^{2V(r,e)} - 1 \geqslant e$ 时，无实根，即不存在满足管理者激励相容约束（3-28）的合同。

在式（3-42）中，b 随着管理者努力成本的增加而增加，说明努力成本大的管理者希望得到一个高的收益分享；同时也说明当 b 确定后，只有努力成本较低的管理者才会接受这个合同，因为只有努力成本低才能保证保留效用得到满足。该合同可以分离出管理者的类型，即接受该合同的是低成本型的，否则是高成本型的。

3.7　本 章 小 结

　　本章假设管理者具有市场能力，其资产交易影响资产的均衡价格，通过建模和数值分析研究委托投资组合管理中线性 PBF 合同的激励作用。与以前研究结论不同的是，在管理者的资产选择影响市场的均衡价格时，线性合同能激励管理者去努力搜集信息。风险厌恶的管理者的最优努力水平是其风险分享比例的增函数，说明线性合同不但可以使风险在投资者和管理者之间进行最优分担，而且可以提高管理者的努力水平，同时提高管理者的风险分享比例，提高管理者的福利。该研究结论表明，管理者愿意接受一个高风险分享比例的合同，同时更加努力地工作，这正是投资者所希望出现的结果。本章还求解了最优合同，在最优合同中，常数项为管理者的保留收益，风险分担比例随着管理者努力成本的增加而增加，说明努力成本大的管理者希望得到一个高的收益分享；同时也说明当风险分担比例确定后，只有努力成本较低的管理者才会接受这个合同，因为只有努力成本低的管理者才能使自己的保留效用得到满足。这说明该合同可以分离出管理者的类型，即接受该合同的是低成本型的，否则是高成本型的。

3.8　本 章 附 录

　　引理3-1　假设 (X, Y) 为服从正态分布的二维连续性随机变量，则有：

$$E(X|Y) = E(X) + \frac{\text{Cov}(X, Y)}{\text{VaR}(Y)}(Y - E(Y))$$

$$\text{VaR}(X|Y) = \text{VaR}(X) - \frac{(\text{Cov}(X, Y))^2}{\text{VaR}(Y)}$$

　　证明　假设随机变量 $(X, Y) \sim N(\mu_1, \sigma_1^2; \mu_2, \sigma_2^2, \rho)$，即 $E(X) = \mu_1$，$\text{VaR}(X) = \sigma_1^2$，$E(Y) = \mu_2$，$\text{VaR}(Y) = \sigma_2^2$，$Cov(X, Y) = \rho\sigma_1\sigma_2$，则有：

$$f(x,\ y) = \frac{1}{2\pi\sigma_1\sigma_2\sqrt{1-\rho^2}}\exp\Big\{-\frac{1}{2(1-\rho^2)}\Big[\frac{(x-\mu_1)^2}{\sigma_1^2}$$

$$-2\rho\frac{(x-\mu_1)(y-\mu_2)}{\sigma_1\sigma_2}+\frac{(y-\mu_2)^2}{\sigma_2^2}\Big]\Big\}$$

$$其中(x,\ y)\in R^2$$

$$f_Y(y) = \frac{1}{\sqrt{2\pi}\sigma_2}\exp\Big\{\frac{(y-\mu_2)^2}{\sigma_2^2}\Big\},\ y\in(-\infty,\ +\infty)$$

已知 $Y = y$ 的条件下，随机变量 X 的条件概率密度为

$$f_{X|Y}(x|y) = \frac{f(x,\ y)}{f_Y(y)}$$

$$= \frac{1}{\sqrt{2\pi(1-\rho^2)}\sigma_2}\exp\Big\{-\frac{1}{2(1-\rho^2)\sigma_1^2}\Big[x-\Big(\mu_1+\frac{\rho\sigma_1}{\sigma_2}(y-\mu_2)\Big)\Big]^2\Big\}$$

条件数学期望：

$$E(X|Y=y) = \int_{-\infty}^{+\infty} xf_{X|Y}(x|y)dx = \mu_1 + \frac{\rho\sigma_1}{\sigma_2}(y-\mu_2)$$

即有：

$$E(X|Y) = E(X) + \frac{\mathrm{Cov}(X,\ Y)}{\mathrm{VaR}(Y)}(Y-E(Y))$$

条件方差为

$$\mathrm{VaR}(X|Y=y) = \int_{-\infty}^{+\infty} x^2 f_{X|Y}(x|y)dx - [E(X|Y=y)]^2 = (1-\rho^2)\sigma_1^2$$

即有

$$\mathrm{VaR}(X|Y) = \mathrm{VaR}(X) - \frac{(\mathrm{Cov}(X,\ Y))^2}{\mathrm{VaR}(Y)}$$

证毕

4 考虑信息成本的代理投资 PBF 合同研究

4.1 引　言

在标准的代理问题中，Holmstrom 和 Milgrom（1987）的经典文献认为线性合同最优的，因为线性合同能够很好地解决风险分担和管理者的激励问题，并且增加管理者的收益分享比例可以激励管理者按照委托方的利益努力工作。但在委托投资组合管理中，Stoughton（1993）、Admati 和 Pfleiderer（1997）认为，线性 PBF 合同不能激励管理者的努力工作，即出现所谓的收益分享比例和努力程度无关的结果（irrelevance result），管理者永远为了自己的利益而行动，合同不能促使管理者行为顾及投资者的福利。Admati 和 Pfleiderer（1997）、曾勇等（2000）认为，即使在线性合同中引入基准组合（此时该合同为相对业绩的 PBF 合同）也不能对管理者产生激励作用。针对 Stoughton（1993）的研究没有考虑资产选择约束，Gomez 和 Sharma（2006）研究了卖空限制下的最优合同问题，发现此时线性 PBF 合同能对管理者起到激励作用，并且线性合同比二次合同有更好的激励作用。Ou-Yang（2003）发现，动态委托投资组合管理中的最优合同为对称 PBF 合同，即固定报酬再加一个依赖于超基准组合收益的奖金或惩罚。Dybvig 和 Farnsworth 等（2011）认为，在资产选择限制的条件下线性 PBF 合同能够激励管理者努力工作。Palomino 和 Part（2003）认为，当管理者控制投资组合的风险时，在两期框架下最优合同是奖金合同（bonus contract），而在多期框架下最优合同为线性 PBF 合同。曾勇等（2004）进一步研究了投资管理者风险偏好未知情况下 PBF 合同对管理者个人信息价值利益的影响，他们的研究结果表明，与管理者风险偏好已知的情况不同，只要存在投资者对风险偏好估计不准确的风险，就应该采用一定结构的 PBF 合同。

上述研究对线性 PBF 合同的激励作用仍没有确定性的结论，但在委托投资组合管理的实践中，线性 PBF 合同被广泛应用，如共同基金（mutual fund）广泛采用对称的 PBF 合同，对冲基金（hedge fund）一般采用非对称的 PBF 合同。本章注意到上述研究没有考虑管理者获取信息的成本问题，因此本章研究考虑信息成本的委托投资组合管理合同。

本章第二部分假设管理者的信息成本为超基准收益的二次函数，研究接受线性 PBF 合同（相对业绩）的管理者的资产选择；第三部分分析管理者报酬的特征，并进而分析 PBF 合同的激励作用；第四部分对最优合同进行求解；第五部分分析最优合同的特征。基准组合是 PBF 合同的重要条款之一，因为基准组合反映投资者的资产配置战略，是管理者业绩度量的标准，基准组合的质量直接影响管理者在合同谈判中讨价还价的能力，而现有文献很少研究基准组合对 PBF 合同设计的影响。因此，本章第六部分假设管理者的信息成本由努力成本来衡量，分析基准组合的收益和方差对 PBF 合同的影响。最后为本章小结。

4.2　管理者最优资产选择

假设市场中有 n 种风险证券，一种无风险证券，各风险证券的收益率为 $\tilde{r}_i$（$i=1, 2, \cdots, n$），无风险利率为 r_f，投资管理者的证券组合收益率为 $\tilde{r}_p$，其均值为 $\bar{r}_p$，基准组合收益率为 $\tilde{r}_b$，其均值为 $\bar{r}_b$。各风险证券在证券组合和基准组合中的投资比例分别为 w_i 和 w_{bi}，则 $\tilde{r}_p = r_f + w^T(\tilde{r} - r_f R_n)$，$\tilde{r}_b = r_f + w_b^T(\tilde{r} - r_f R_n)$，$w$ 和 $\tilde{r}$ 分别为风险证券的投资比例向量和收益率向量，R_n 为分量全为 1 的列向量。假设允许卖空且贷款无限制。假设线性 PBF 合同的结构为①

$$\widetilde{R}_p = c_1 \tilde{r}_p + c_2(\widetilde{R}_p - \tilde{r}_b) \tag{4-1}$$

其中，c_1, c_2（$\geqslant 0$）为预先设定的常数，c_1 和 c_2 的选择参考曾勇等（2004）

---

① 本假设与 Admati 和 Pfleiderer（1997）、曾勇等（2000）、Das 和 Sundaram（2002）的研究相同。

的研究。c_2 越大，说明当业绩低于基准组合的收益时，管理者受到的惩罚越大。c_1 与 c_2 的相对大小取决于投资者对管理者能力的估计，投资者对管理者能力估计越高，信任度越大，c_1 相对于 c_2 越大，反之，c_2 相对于 c_1 越大。本章 4.4 节将研究 c_1，c_2 的设定。

我们假设管理者的信息成本是管理者投资组合超额收益率 $\tilde{r}_p - \tilde{r}_b$ 期望的函数，并且取下面的形式：

$$C(E(\tilde{r}_p - \tilde{r}_b)) = \frac{(E(\tilde{r}_p - \tilde{r}_b))^2}{\hat{\theta}} \tag{4-2}$$

其中，$\hat{\theta}$（>0）为常数，$\hat{\theta}$ 可以看做是管理者对信息成本的承受能力，$\hat{\theta}$ 越大说明管理者对信息成本的承受能力越强；$\hat{\theta}$ 也可以看做是管理者获取信息的能力，$\hat{\theta}$ 越大说明管理者获取信息的能力越强，从而在获取相同信息时，比 $\hat{\theta}$ 小的管理者所用的成本要低。

我们假设投资管理者具有均值方差型的效用函数，管理者的效用函数为

$$U = E(\widetilde{R}_p) - \frac{\mathrm{VaR}(\widetilde{R}_P)}{\tau} - \frac{(E(\tilde{r}_p - \tilde{r}_b))^2}{\hat{\theta}} \tag{4-3}$$

其中，τ（>0）为管理者的风险容忍度。由式（4-1）可以求得

$$E(\widetilde{R}_p) = c_1 r_f + c_1 w^T(\bar{r}_c - r_f R_n) + c_2(w^T - w_b^T)(\bar{r}_c - r_f R_n) \tag{4-4}$$

$$\mathrm{VaR}(\widetilde{R}_p) = (c_1 + c_2)^2 w^T \sum{}_c w + c_1 w_b^T \sum{}_c w_b - 2c_2(c_1 + c_2) w^T \sum{}_c w_b \tag{4-5}$$

将式（4-4）、式（4-5）及式（4-2）代入式（4-3），并对管理者效用函数关于 w 求导，得管理者的最优证券组合的一阶最优条件为

$$\frac{\partial U}{\partial w} = (c_1 + c_2)(\bar{r}_c - r_f) - \frac{2\big[(c_1 + c_2)^2 \sum{}_c w - c_2(c_1 + c_2) \sum{}_c w_b\big]}{\tau}$$

$$- \frac{2(\bar{r}_c - r_f R_n)^T(\bar{r}_c - r_f R_n)(w - w_b)}{\hat{\theta}}$$

$$= 0 \tag{4-6}$$

其中，$\bar{r} = E(\tilde{r})$，$\sum = (\sigma_{ij})_{n \times n}$，$\sigma_{ij} = \mathrm{Cov}(\tilde{r}_i, \tilde{r}_j)$。$\tilde{r}_c$ 为投资管理者拥有除市

场信息外的个人信息时所确定的证券收益率向量，$\bar{r}_c$ 为相应的均值，$\sum_c$ 为相应的各证券收益率之间的协方差。

求解式（4-6）得

$$w = V^{-1}(\hat{\theta}c_2(c_1 + c_2)\sum_c + \tau(\bar{r}_c - r_f R_n)^T(\bar{r}_c - r_f R_n))w_b$$

$$+ V^{-1}\frac{\tau\hat{\theta}(c_1 + c_2)}{2}(\bar{r}_c - r_f R_n) \qquad (4\text{-}7)$$

其中

$$V = \hat{\theta}(c_1 + c_2)^2\sum_c + \tau(\bar{r}_c - r_f R_n)^T(\bar{r}_c - r_f R_n) \qquad (4\text{-}8)$$

在式（4-7）中，当 $\theta \to +\infty$ 时，即管理者信息成本 $\dfrac{(E(\tilde{r}_p - \tilde{r}_b))^2}{\hat{\theta}} \to 0$ 时

$$w = \frac{c_2}{c_1 + c_2}w_b + \frac{1}{(c_1 + c_2)}\frac{\tau}{2}\sum_c^{-1}(\bar{r}_c - r_f R_n) \qquad (4\text{-}9)$$

这正好是 Admati 和 Pfleiderer（1997）、曾勇等（2000）的研究结果，即他们的结论是不考虑管理者信息成本时管理者的最优证券组合的比例向量。

4.3 管理者报酬结构与风险激励

把管理者组合证券的投资比例向量 w 代入管理者的报酬结构式（4-1）得

$$\widetilde{R}_p = c_1 r_f + (\bar{r} - r_f R_n)^T V^{-1}[c_1\tau(\bar{r}_c - r_f R_n)^T$$

$$\times (\bar{r}_c - r_f R_n)w_b + \tau\hat{\theta}(c_1 + c_2)^2(\tilde{r}_c - r_f R_n)] \qquad (4\text{-}10)$$

式（4-12）说明，当考虑管理者的信息成本时管理者的风险收益不但与其掌握的信息及自身的风险偏好有关，而且和 c_1，c_2，及 w_b 有关。说明在管理者获取信息存在成本的前提下，基于绩效的报酬结构能对管理者起到激励作用。

如果设定 $c_1 = 0$，即相对于基准组合收益率对称的奖励和惩罚（symmetrical fulcrum fee），则在式（4-9）中有

$$w = w_b + \frac{\tau\hat{\theta}c_2}{2}(\hat{\theta}c_2^2\sum_c + \tau(\bar{r}_c - r_f R_n)^T(\bar{r}_c - r_f R_n))^{-1}(\widetilde{R}_c - r_f R_n)$$

$$(4\text{-}11)$$

管理者的风险收益为

$$\widetilde{R}_p = \frac{\tau\hat{\theta}c_2^2}{2}\,(\bar{r} - r_f R_n)^T\,(\hat{\theta}c_2^2 \sum_c + \tau\,(\bar{r}_c - r_f R_n)^T(\bar{r}_c - r_f R_n))^{-1}(\tilde{r}_c - r_f R_n)$$

(4-12)

此时管理者的报酬与 c_2 有关，而与基准组合的比例向量 w_b 无关。

从上面的分析我们得出结论：在考虑管理者信息成本时，基于绩效的线性报酬结构能对管理者起到激励的作用，即常数 c_1、c_2 会影响管理者的资产配置和管理者的报酬。本章接下来研究如何选择最优的 c_1、c_2，即投资者和管理者之间的最优分享比例。

4.4　投资者最优合同选择

现在我们假设在时期为 0，−1 的两期经济体中，有一个投资者和多个投资管理者，并假设他们都是风险厌恶的，W_0 为投资者的初始财富。假设投资者把所有的初始财富交给管理者进行管理，投资者和管理者之间存在典型的委托—代理关系，投资者提供给管理者的 PBF 合同的结构为

$$\widetilde{R}_p = c_1\tilde{r}_p + c_2(\tilde{r}_p - \tilde{r}_b)$$

(4-13)

则 1 期末投资者的财富总额为

$$\widetilde{W} = W_0(\tilde{r}_p - (c_1\tilde{r}_p + c_2(\tilde{r}_p - \tilde{r}_b)))$$

(4-14)

$$= W_0((1 - c_1 - c_2)\tilde{r}_p + c_2\tilde{r}_b)$$

(4-15)

投资管理者投资组合收益率采用与 Golec（1992）相似的形式，即有

$$\tilde{r}_p = \tilde{r}_b + I + (I\delta)^{\frac{1}{2}}\tilde{\varepsilon}$$

(4-16)

其中，I 为管理者拥有的私人信息所带来的收益率；δ 为管理者投资组合的信息率；$\tilde{\varepsilon}$ 为随机项。并且有

$$E(\tilde{\varepsilon}) = 0, \quad \mathrm{VaR}(\tilde{\varepsilon}) = \sigma_\varepsilon^2, \quad \mathrm{Cov}(\tilde{r}_b, \tilde{\varepsilon}) = 0,$$

$$E(\tilde{r}_b) = \bar{r}_b, \quad \mathrm{VaR}(\tilde{r}_b) = \sigma_b^2$$

当管理者投资组合收益率 $\tilde{r}_p$ 与基准组合收益率 $\tilde{r}_b$ 相比增加 I 时，相应的风险增加 $I\delta\sigma_\varepsilon^2$。

假设投资者具有均值方差型的效用函数，则投资者的效用函数为

$$U^P = E(\widetilde{W}) - \frac{\tau_1}{2}\text{VaR}(\widetilde{W}) \tag{4-17}$$

其中

$$E(\widetilde{W}) = W_0((1 - c_1 - c_2)I + (1 - c_1)\bar{r}_b) \tag{4-18}$$

$$\text{VaR}(\widetilde{W}) = W_0^2((1 - c_1 - c_2)^2 I\delta\sigma_\varepsilon^2 + (1 - 2c_1 + c_1^2)\sigma_b^2) \tag{4-19}$$

管理者的收益为

$$\varphi = W_0(c_1\tilde{r}_p + c_2(\tilde{r}_p - \tilde{r}_b)) \tag{4-20}$$

假设投资管理者也具有均值方差型的效用函数，则投资管理者的效用函数为

$$U^a = E(\varphi) - \frac{\tau_2}{2}\text{VaR}(\varphi) - C(\tilde{r}_p - \tilde{r}_b) \tag{4-21}$$

其中

$$E(\varphi) = W_0((c_1 + c_2)I + c_1\bar{r}_b) \tag{4-22}$$

$$\text{VaR}(\varphi) = W_0^2((c_1 + c_2)^2 I\delta\sigma_\varepsilon^2 + c_2^2\sigma_b^2) \tag{4-23}$$

$$C(\tilde{r}_p - \tilde{r}_b) = \frac{k}{2}(E(\tilde{r}_p - \tilde{r}_b))^2 \tag{4-24}$$

τ_1，τ_2 分别为投资者和管理者的风险厌恶度（假设管理者之间具有相同的厌恶度）；$C(\tilde{r}_p - \tilde{r}_b)$ 为管理者的信息成本，其中，k（>0）为常数，竞争使管理者只能获得保留效用（本文将保留效用正规化为零）。投资者在向管理者提供合同时，需要解决的问题是

$$\max_{c_1, c_2} U^P = E(\widetilde{W}) - \frac{\tau_1}{2}\text{VaR}(\widetilde{W})$$

$$\text{s. t.} \begin{cases} E(\phi) - \dfrac{\tau_2}{2}\text{VaR}(\phi) - C(\tilde{r}_p - \tilde{r}_b) = 0 \\[2mm] I \in \text{argmax}E(\phi) - \dfrac{\tau_2}{2}\text{VaR}(\phi) - C(\tilde{r}_p - \tilde{r}_b) \end{cases} \tag{4-25}$$

其中，第一个约束为管理者的参与约束；第二个约束为激励相容约束，模型
(4-25) 的意义是管理者选择私人信息使自己的效用最大，投资者向管理者提供合同使自己的效用最大。

应用一阶方法求解模型（4-25），管理者效用函数最大化的一阶条件为

$$\frac{\partial U^a}{\partial I} = W_0(c_1 + c_2) - \frac{\tau_2}{2}W_0^2(c_1 + c_2)^2\delta\sigma_\varepsilon^2 - kI = 0 \qquad (4\text{-}26)$$

求解模型，构造拉格朗日函数

$$L(c_1, c_2; \lambda) = U^p + E(\varphi) - \frac{\tau_2}{2}\text{VaR}(\varphi) - C(\tilde{r}_p - \tilde{r}_b) + \lambda\frac{\partial U^a}{\partial I} \quad (4\text{-}27)$$

其中，λ 为拉格朗日乘子（具体求解过程见附录）。

4.5　最优合同分析

对上述拉格朗日函数求解得

$$c_1 = \frac{\tau_1}{\tau_1 + \tau_2} \qquad\qquad (4\text{-}28)$$

$$c_2 = \frac{\lambda + W_0\tau_1 I\delta\sigma_\varepsilon^2}{W_0\left[I\delta\sigma_\varepsilon^2(\tau_1 + \tau_2) + \lambda\tau_2\delta\sigma_\varepsilon^2\right]} - \frac{\tau_1}{\tau_1 + \tau_2} \qquad (4\text{-}29)$$

其中，拉格朗日乘子 $\lambda > 0$（Holmstrom，1979）已证明诱使管理者搜集更多私人信息的影子价格为正。

如果不存在道德风险，即在模型（4-25）中没有激励相容约束，则

$$c_1 = \frac{\tau_1}{\tau_1 + \tau_2}, \ c_2 = 0 \qquad\qquad (4\text{-}30)$$

式（4-30）表示，管理者对风险资产的分配比例正好等于管理者风险容忍度占社会总容忍度的比例，管理者的分享比例为 $\dfrac{1/\tau_2}{1/\tau_1 + 1/\tau_2}$，投资者的分享比例为 $\dfrac{1/\tau_1}{1/\tau_1 + 1/\tau_2}$，这一结论正好和 Wilson（1968）的结论一致。

由于道德风险的存在，投资者不能观察到管理者的私人信息，管理者对投资组合收益 $W_0\tilde{r}_p$ 的分享比例至少为 $\dfrac{\tau_1}{\tau_1 + \tau_2}$，另外投资者为了分享管理者私人信息获取的收益需对管理者提供补偿 $c_2(\tilde{r}_p - \tilde{r}_b)$。我们可以把 $c_2(\tilde{r}_p - \tilde{r}_b)$ 看做是投资者对管理者的激励成本。c_2 的取值与初始财富及投资者和管理者的风险厌

恶都有关。

如果从管理者的期望收益 $E(\phi) = W_0((c_1 + c_2)I + c_1\bar{r}_b)$ 的角度来考虑，则对基准组合收益 $W_0\bar{r}_b$ 分享比例为 c_1，因为对于基准组合管理者和投资者拥有相同的信息，管理者的分配比例正好等于管理者风险容忍度占社会总容忍度的比例。对管理者的私人信息收益部分 W_0I 的分享比例为 $c_1 + c_2$，由式（4-28）和式（4-29）得

$$c_1 + c_2 = \frac{\lambda + W_0\tau_1 I\delta\sigma_\varepsilon^2}{W_0[I\delta\sigma_\varepsilon^2(\tau_1 + \tau_2) + \lambda\tau_2\delta\sigma_\varepsilon^2]} > c_1 \qquad (4-31)$$

显然，管理者对自己私人信息获取的收益要求有更高的分享比例。这说明投资者在设计合同时，为了激励管理者的努力，对管理者的超额收益应给予更高的分享比例。

4.6　基准组合对 PBF 合同设计的影响

4.6.1　基准组合

Bailey（1990）认为，基准组合（benchmark）是投资管理者投资过程中的消极代表，在缺乏积极管理时基准组合应包括投资管理者投资组合的显著的和持久的特点，即基准组合应包括投资管理者选择的典型证券，反映投资管理者的投资专长。对基准组合的需求始于 20 世纪 70 年代，当时在投资管理服务市场，容易识别的投资风格已被广泛接受，但利用市场组合评价投资管理者对投资者和投资管理者双方都不公平，因为市场组合不能准确地反映投资管理者的个别投资风格。在学术界利用市场组合作为业绩评价的基准受到怀疑，但又没有一个很清晰的概念来取代市场组合，寻找一个能被投资者和管理者都能接受的明确定义的基准最终涉及同行评价，而基准组合被证明更能胜任同行评价这项工作。基准组合被看做是划分投资者和管理者责任的一种方法，投资者对基准组合负责，管理者对超额业绩负责。有了基准组合，投资者能清楚地知道如何评价管理者。基准组合为业绩提供了一个准确的度量方法，同时投资者用

它来控制多个管理者的总风险，监督管理者的积极风险（active risk）。基准组合在投资者与管理者之间建立了一种量化的沟通渠道，在投资者和管理者的委托—代理关系中，基准组合被用来设计激励费用，即报酬结构。

在我国由于市场原因基准组合在实际应用中受到限制，仅有部分学者在研究基于基准组合的投资组合决策方法，如马永开和唐小我（2001；2004）研究了引入基准组合的证券投资组合决策模型。随着我国证券市场的发展，投资者特别是机构投资者对基准组合的构造技术及应用必将产生越来越大的需求，尤其是国内外学术界和业界提出的风险管理方法——风险预算技术（risk budgeting），更离不开基准组合。

4.6.1.1　基准组合的性质

基准组合有两个最基本的性质：①反映系统风险；②具有可投资性。因为基准组合是投资管理者投资过程的消极代表，在缺乏私人信息时，投资管理者复制基准组合应获得市场收益，因此基准组合必须反映系统风险；基准组合如果不具有可投资性，则增加了投资管理者向投资者讨价还价的能力。国外学者的早期文献就基准组合的性质做了大量研究。

早期基准组合的构建和使用者一般把管理者的投资风格的代表作为基准组合。Kritzman（1987）认为，投资风格就是基准组合。Grinold 和 Rudd（1987）、Fridson 和 Martin（1992）认为，正常投资组合（normal portfolio）反映了管理者代表性的投资风格的本质，它为业绩评估提供了一个基准，他们提出的正常投资组合实际上就是基准组合。Divecha 和 Grinold（1989）研究了计划发起者（plan sponsors-投资者）、投资管理者、顾问公司对基准组合的看法。他们认为，正常投资组合是资产和投资权重的目录表，正常组合和其他投资组合的区别在于其应用方式的不同。Rennie 和 Cowley（1990）研究认为，基准组合是用来反映投资管理者个别风格的按惯例构造的投资组合。我们认为，投资风格是个模棱两可的概念，风格能反映管理者的风险偏好，但他们的研究只是从某个侧面说明基准组合的性质。Bailey 等（1988）对基准组合的性质作了全面研究，他们认为基准组合的性质是：①清晰，基准组合中的成份股的名称和权重应明确；②可投资性，使放弃积极管理而简单持有基准组合的消极管理成为可能；③可度量性，基准组合的收益能以一个常用的方法来计量；④适应性，基准组合应与投资管理者的投资风格或偏好一致；⑤反映现行的投资观点，基准组合的成份股应该被投资管理者现有的投资知识所认识（不管这种认识是正面的、负面的或是中性的）⑥事先指定，基准组合的构建应先于评估。Tierney 和 Winston（1991）认为，基准组合应由管理者的实际投资的证券组成，但不应反映管理者在证券选择时的技能。这些学者的研究主要是定性分析，并没有提出衡量基准组合优劣的标准。

针对当时早期研究者多关心基准组合的作用，很少有人关注基准组合的质量的状况，Bailey（1992）提出了评价管理者基准组合的 8 个标准：①基准组合中的证券应与管理者投资组合中的证券相匹配，即基准组合应尽可能多地覆盖实际的投资组合中的证券，并且认为一个能被接受的基准组合覆盖率应达到 80% ~ 90%；②低交易量，即在每一个调整周期，基准组合的交易量低，每一个季度的换手率应在 15% ~ 20%；③用基准组合来定义的积极管理的头寸为正，即某证券在管理者投资组合中的权重与其在基准组合中的相应权重之差在统计上应显著大于零；④基准组合的资产配置比例应具有可投资性；⑤用基准组合测度的积极管理的收益率的方差应小于用市场指数测度的积极管理的收益率的方差；⑥管理者投资组合的超额市场回报率与基准组合对市场的超额回报率显著正相关；⑦管理者投资组合对基准组合的超额市场回报率与基准组合对市场的超额回报率的相关系数应趋于零；⑧管理者投资组合的风格应与用多因素风险模型定义的基准组合的风格相近。基准组合质量的研究对基准组合的构建、监督和比较有重要的应用价值，Bailey 为基准组合质量研究提供了一个分析框架，但没有提出衡量基准组合质量的数量方法。

Bailey 和 Tierney（1995）研究认为，基准组合具有某种正交特征。他们把基金组合（P）分解为基准组合（B）和积极管理的组合（A），其中，基准组合不应包含管理者的私人信息。用 M 代表市场组合研究得出 $\mathrm{Cov}(B, A) = 0$，$\mathrm{Cov}(A, M) = 0$，即超基准组合的业绩与基准组合的业绩不相关，超基准组合的业绩与市场组合的业绩不相关，其中，市场组合可以看作是由无利害关系的第三方提供的另一个基准组合。他们进一步推导得出 $\beta[P, B] = 1$，$\beta[P, M] = \beta[B, M]$，其中

$$\beta[P, B] = \mathrm{Cov}(P, B)/\mathrm{VaR}(B)$$
$$\beta[P, M] = \mathrm{Cov}(P, M)/\mathrm{VaR}(M)$$
$$\beta[B, M] = \mathrm{Cov}(B, M)/\mathrm{VaR}(M)$$

该研究为评价基准组合的质量提供了统计检验方法，并解释了在基准组合中持有现金头寸的原因，但他只提出了理论方法，没有实证研究。

4.6.1.2 基准组合的功能

基准组合在投资组合管理中有两个基本功能：①业绩评价；②风险控制。在早期的相对业绩评价中多用同行比较，但由于业绩差的投资管理者一般会被解雇，只有那些业绩好的管理者才能继续留在投资服务市场，所以用同行的平均业绩来度量管理者的绩效缺乏代表性。基准组合是投资管理者投资过程的消极代表，用基准组合来度量管理者的业绩能够很好地反映管理者的私人信息，即私人信息可以用相对于基准组合的超额业绩来度量。同时，基准组合还可以度量管理者的投资风险，如跟踪误差和信息率，近年来开始有学者研究基准组合在风险预算中的应用。

（1）业绩评价

基准组合在业绩评价中的应用的早期研究主要集中于如何用基准组合甄别投资风格及设定基于绩效的报酬结构，后来主要研究在业绩评价中如何选择基准组合，研究结果发现业绩评价对基准组合的选取具有敏感性。

Grinold 和 Rudd（1987）认为，正常投资组合反映了投资管理者代表的投资风格的本质，它为业绩评价提供了一个基准。同时，他们研究了基准组合在设定激励费用中的作用，并且认为投资者和管理者相互同意并经常调整的基准组合能抓住投资风格，管理者投资组合在一定时期内相对稳定，投资者可以利用基准组合来判断管理者是否违约，是否缺少私人信息，是否获得超额收益。Divecha 和 Grinold（1989）认为，基准组合最原始和最重要的作用是业绩评估，但基准组合也有其他作用。投资者用它来控制管理者投资组合的总风险并

监督管理者的积极投资策略；管理者用它保证投资的质量、设计激励费用及开发新的基金产品；顾问公司通过构建和维护基准组合来沟通投资者和管理者。Bailey（1990）研究了基于绩效的报酬结构，他们认为恰当的基准组合是公平有效的基于绩效的报酬结构中的一个组成部分，在基于绩效的报酬结构中选择基准组合而不是市场组合。Rennie 和 Cowhey（1990）研究了基准组合在业绩评价中的应用，认为基准组合是评价管理者业绩的有效的方法，因为基准组合提供了收益和风险来源的有关信息。但基准组合与其他评估方法一样容易被误用和错误解释，所以投资者、投资管理者和顾问公司在基准组合应用方面应加强合作。Tierney 和 Winston（1990；1991）研究了用基准组合如何表示管理者风格问题，他们认为，管理者风格有利于投资者选择管理者和业绩评价。大的养老金有多个投资经理，每个投资经理都有自己的投资风格，基金投资者的任务是了解投资管理者的投资技能，甄别和选择投资管理者，然后合理搭配各个投资管理者的资金，使投资管理者的持仓符合基金的总目标，基准组合为这一过程提供了标准。Leibowitz（1993；1995）认为，基准组合有两方面作用：①可以清楚地表达基金的关键目标；②可以评价投资管理者的业绩和控制投资管理者投资组合的比例。Graec（1997）认为，基准组合有四个主要功能：①资产分类、投资风格分类、投资战略分类的标准；②使资产配置成为可能；③业绩评估；④消极投资的工具。

上述研究定性地分析了基准组合在业绩评价及管理者报酬结构中的作用，为了寻求合适的基准组合对基金业绩进行评价，并判别不同基准组合对业绩评价结果的影响，国外学者做了大量的实证研究，主要分为两类：一类基于CAPM 模型，采用单因素基准组合（市场组合）；另一类基于 APT 模型，采用多因素基准组合。基于 CAPM 模型的研究有 Treynor（1965）、Shape（1966）、Jensen（1969），Kim 模型（1978）等，他们使用的基准组合是市场组合。基于 APT 模型，采用多因素基准组合的研究很多。Grinblatt 和 Titman（1989）用八组合基准（P8）和詹森侧度实证分析发现，如果用总收益来度量业绩，则超常业绩实际上是存在的，尤其是对一些积极成长型的基金、成长基金及一些净资产价值很小的基金，但这些基金的费用很高，如果扣除各种费用，只考虑实际收益，则不表现出超常收益。1992 年，Grinblatt 和 Titman 采用 CRSP 等权重指数、CRSP 价值权重指数、Lehmann 和 Modest 十因素基准组合（F10）、Grinblatt 和 Titman 八组合基准（P8）实证分析得出：基金的业绩具有持续性。1994 年，他们采用与 1992 年的研究相同的四类基准组合实证分析得出：对于同一基准组合，采用不同的评价方法结果基本相同；对于同一评估方法，采用不同的基准组合结果不同；并且认为，以前的研究表明这些基准组合均方差无效。Daniel 等（1997）利用 DGTW 基准组合研究了基金的业绩。以上实证研究发现，基金业绩评价对基准组合选取具有敏感性，如何选择合适的基准组合来对基金业绩进行评价仍是以后研究的热点。

当然也有部分学者对基准组合在业绩评价及激励管理者中的作用持否定态度。如 Admati 和 Pfleiderer（1997）认为，基准组合调整补偿（benchmark-adjusted compensation）在基金业界很流行，近来的讨论主要集中在如何选择基准组合，但很少有人关注两个重要的问题：基准组合调整补偿是否比其他补偿方式好？如果是，那么结果是怎样产生的？他俩从理论上探讨了基准组合调整补偿对业绩评价及激励管理者的影响，具体地说，他们考察了应用基准组合是否会导致基金经理为投资者选择最优投资组合，基准组合是否有助于解决因投资者把投资决策权授予基金经理而可能产生的各类合同问题。通过分析，他们对基准组合调整补偿的作用提出了强烈质疑，他们发现：①基准组合调整补偿通常与最优风险分担不一致；②基准组合调整补偿和为投资者获得最优投资组合的目标不一致；③基准组合调整补偿减弱了用于驱使经理人作出努力的激励效果，它不但不能加强激励，在很多案例中实际上减弱了激励；④基准组合调整补偿对甄别经理人的好坏没有作用，它不是一个评价经理人信息质量的充分统计量，没有增强投资者评价经理人技能的能力；⑤当因为经理人风险容忍度不确定而对经理人的资产选择产生约束时，基准组合调整补偿对评价经理人的偏好没有作用。

（2）风险控制

基准组合在风险管理中有不可替代的作用，尤其是在机构投资者的管理中其作用更为突出。大的基金一般有多个管理者，每个管理者都有自己的投资风格，基金计划发起者可以用基准组合来选择管理者，然后根据管理者以前的投资业绩在管理者中分配资金。由于基准组合能反映系统风险，投资者为每一个管理者指定一个基准组合，则投资者可以很好地控制系统风险。管理者的投资风险一般用跟踪误差，即管理者投资组合与基准组合的误差 $r_p - r_B$ 来度量。由于跟踪误差没有考虑风险与超额收益的关系，因此在理论和实务界用信息率来度量风险。

在西方，近几年风险预算技术在机构投资者中的应用开始流行。风险预算的思想是了解投资管理者是如何产生价值的，产生积极收益的风险源是什么，如何产生机构投资者的风险规划并在投资者之间进行配置和管理（MeNee，2002）。基准组合是风险预算技术的基础。Andrew 和 Laura（2000）、Lee 和 Lam（2001）、Barton 等（2000）研究了基准组合在风险预算中的应用。Rahl（2002）认为，在风险预算中投资管理者的业绩是相对于基准组合的业绩，管理者投资组合的风险是由基准组合的风险来度量的。目前的研究大部分只是介绍基准组合在风险预算中的作用，对在风险预算中的多个基准组合的相关性及各个基准组合与整个基金基准组合的关系少有研究。

4.6.1.3　基准组合的构建方法

国外学者对基准组合的构建做了大量研究，这方面的文献主要有两类：一类是从概念上提出谁应该参加基准组合的构建和维护，提出基准组合的构建思想和步骤；另一类根据业绩评价的需要，基于 CAPM 模型和 APT 模型研究构建了单因素基准组合和多因素基准组合。

Divecha 和 Grinold（1989）研究认为，尽管计划发起者有构建基准组合的冲动，并且随着基准组合应用的增加，特别是基准组合在激励费用中的应用，管理者也开始构建自己的基准组合，但实际构建基准组合的是顾问公司，因为由第三方构建的基准组合可以保证公平性。他们认为管理者自己会故意构建容易超越的基准组合，从而减少努力去获取私人信息，因此而损害投资人的利益。然而，Bailey 和 Tierney（1993）的研究却认为，管理者应该拥有基准组合。他们的研究回答了谁该拥有基准组合和管理者是否会故意构造容易超越的基准组合。他们认为，信息率是度量管理者最好的指标，而不是与基准组合相比的超额收益，如经理人构建一个容易超越的基准组合而获得高超额收益，但同时超额收益的方差增大，则信息率没有变化。超额收益的激烈变化增加了管理者的商业风险——在低收益时增加了经理人被解雇的风险，所以管理者不会构建一个容易超越的基准。Bailey 和 Tierney（1993）提出可四点建议：①投资管理者应创建自己的基准组合并把它介绍给现有的和潜在的客户；②管理者应向客户证实基于特殊标准的基准组合的有用性；③客户应该监督管理者的真实投资和基准组合的调整；④经理人和客户在基准组合的构建和相对于基准组合的投资战略方面应有良好的沟通。

没有一个明确的标准用来构建管理者的基准组合，只有一些指导性的方法，但这些方法弹性很大，容易导致混淆、具有争议甚至错误的结果。构建基准组合的关键是基准组合不能包含管理者的私人信息。Rennie 和 Cowley（1990）认为，构建一个可以接受的基准组合的关键是理解和定义管理者由于打赌而面临的风险，打赌不应该反映在基准组合中，即不能反映私人信息，否则管理者的洞察力（私人信息）不能得到适当的评价。Baily（1992）提出的基准组合的 8 个标准对构建基准组合也有很强的指导意义。

对基准组合的构建的一般过程国外学者也有研究。Kritzman（1987）认为，构建一个基准组合可以简单地分为三步：第一步，决定投资特征，通过业绩的回归分析来决定公司的相关投资特征，其中业绩可以认为与公司收益有关；第二步，区别积极管理（风格投资）和消极管理（随意投资）；第三步，决定基准组合，基准组合中应持有那些具有某种特征的证券。其中，风格投资在某一时间内对某种特征的证券的持仓是稳定的；随意投资在某一时间内对某种特征的证券的持仓是变化的。Rennie 和 Cowhey（1990）研究了基准组合的构造过程。首先定义成份股的范围，其次确定成份股的权重。在定义成份股范围时应与投资管理者充分讨论。先从市场可供交易的股票中得到管理者的可投资集，再确定管理者的购买清单，最后确定管理者的组合即基准组合的成份股。得到基准组合的成份股后确定每个成份股的权重，他们特别强调了历史真实组合头寸在构建基准组合中的作用，因为历史的真实头寸反映了管理者的投资过程。

为准确反映投资管理者的业绩，理论研究者们基于 CAPM 模型和 APT 模型构建了多种基准组合。早期的基金业绩评价研究主要是基于 CAPM 理论框架下进行的（如 Jensen 模型），选择的基准组合是市场组合，如 S&P500、CRSP 等权重指数、CRSP 价值权重指数。因为市场组合只考虑市场这一因素，所以又称为单因素基准组合。但是 Roll（1978；1980；1981）研究认为，CAPM 模型假设所有的投资者有相同的信心和信息，所以用 CAPM 作为评价业绩的基准逻辑上是矛盾的，用 CAPM 度量的超常业绩只有在市场组合无效时才出现。Richard（1986）的研究认为，单因素基准组合无效并偏离证券市场线。实证研究证明，市场组合均方差无效，CAPM 模型无法解释按照股票特征［如市值、市盈率（P/E），BE/ME，CF/P 及过去的收益等］进行分类的组合横截面收益的差异，所以后来的研究者用 APT 模型来代替 CAPM 模型，业绩的评价从单因素基准组合扩展到多因素基准组合。Lehmann 和 Modest（1987）是首次用 APT 模型构建基准组合的学者。Lehmann 和 Modest（1988）构建了十因素基准组合（10-factor benchmark，F10），但 F10 受幸存偏差（survivorship bias）的影响较大。Mark 和 Titman（1988）构建了八组合基准组合（P8），P8不受幸存偏差的影响。构建 P8 的基本思想是不同公司的特征和股票所含的因数相关，基于股票特征的组合可以作为这些因素的代表。P8 由四个基于规模的组合、三个基于分红的组合、一个最小历史收益组合所组成。Grinblatt 和 Titman（1989）用基金以前周期的证券组合为权重构造基准组合。French（1993）构造了三因素基准组合，这三个因素是市场因素、规模因素和账面－市场因素（book-to-value）。Carhart（1997）在三因素的基础上，增加了证券收益率的动量因素（momentum），构建了四因素基准组合。四因素基准组合能显著降低三因素基准的平均定价误差，能很好地描述横截面平均证券收益率的变动，但各因素和风险之间不一定相互关联。多因素基准组合虽能部分解决单因素基准组合评价业绩存在的问题，但因素的选取容易受个人主观判断的影响，并且无法完全解释资产收益的横截面差别，业绩评价结果对基准组合的选择敏感。

基准组合在传统的基于 CAPM 和 APT 型的业绩度量方法中被看做是外生选定的，不同的基准组合导致不同的业绩度量结果，即业绩度量对基准组合有敏感性,从而使业绩度量的结果出现偏差。为克服这一缺点,Grinblatt 和 Titman(1993)利用被评估的基金组合在上一期的持股比例作为权重构造基准组合(GT benchmark)。Daniel 等(1997)认为,GT 基准组合没有充分考虑基金规模(size)、账市比(book-to-market)及动量效应(momentum effects)等异常因素,但 Grinlatt 等(1995)的研究认为,大多数基金都利用动量投资策略作为选股标准,因此多数基金的业绩超过 GT 基准组合。Daniel 等(1997)将在 NYSE、AMEX 、Nasdaq 上市的股票按照规模、账市比 B/M 和前一年的收益分为 125 个消极组合(passive portfolios),并将这 125 个消极组合中与被评估的基金有相同特征的组合作为基准组合(DGTW characteristic-based benchmarks)。以上两种基准组合都以基金组合的持股比例数据来构造,使基准组合更能反映管理者的投资风格,并能克服基金业绩评价对基准组合敏感性的问题,而且 DGTW 考虑了交易成本,但数据的收集整理及计算费时费力。

在上述研究中,构建了最优基准组合并进行了实证分析,但没有考虑基准组合的引入对 CAPM 的影响,而 CAPM 的成立是设定基准组合的重要理论依据。

4.6.1.4　国内研究及应用现状

由于我国股票市场特别是机构投资者起步较晚,国内对基准组合的研究较少,基准组合设计技术几乎空白,人为构造的基准组合并不是真正意义上的基准组合,只是提出了基准组合的概念而已,构建的基准组合不具有可投资性,研究主要集中于基准组合在基金业绩评价中的应用。沈维涛、黄兴孪(2001)在对我国证券投资基金业绩的实证研究中拟合了一个涵盖沪、深两市证券和国债的市场基准组合:基准组合的 40% 随上海股票市场波动,40% 随深圳股票市场变动,另外的 20% 按年收益 4% 投资于国债。由此得出基准组合的周收益率为

$$R_{by} = 0.4 \times R_{shangnt} + 0.4 \times R_{shennt} + 0.2 \times \frac{0.04}{52}$$

其中,$R_{shangnt}$ 为上海证券综合指数周收益率;R_{shennt} 为深圳成交指数周收益率;52 为一年的周数。依据这个市场基准组合,他们实证研究得出,我国证券投

资基金的业绩能够优于市场，有证券选择能力，但不具备时机选择能力，并认为这在一定程度上反映了我国证券市场的效率还不够高。该研究没有考虑基金的投资类别，而用同一基准组合来度量不同投资风格的基金。吴冲锋等（2002）对证券投资基金业绩评价研究进行了述评，认为基准组合的演变是推进基金业绩评价研究不断发展的重要原因之一。薛刚等（2002）研究了交换期权与我国投资基金业绩报酬的价值，认为基准组合的标准差越大，业绩报酬越大；基金投资组合与基准组合的相关系数越大，业绩报酬的价值越低，反之，二者的相关系数越小，业绩报酬的价值越高。张文璋和陈向民（2002）利用单因素基准组合（single-factor benchmark，1F）、三因素基准组合（there-factor benchmark，3 F）、四因素基准组合（four-factor benchmark，4F）研究了证券投资的基金业绩，表明因素基准组合对业绩评价指标的影响是不同的，采用单因素基准组合与采用多因素基准组合（3F 或 4F）有较大区别，并得出三因素基准组合和四因素基准组合的差异很小，说明在三因素基础上加上动量因素对业绩评价指标的影响不大。张玲（2002）探讨了 ETFs 跟踪误差产生的原因，基准组合是 ETFs 设立的基础，因为 ETFs 的投资目标就是通过跟踪其基准组合，以期获得与基准组合相近的收益率。王晓国和王礼生（2003）以中信综指、中信成份指数、算术平均指数综指作为基准组合实证研究了我国证券投资基金的业绩，认为基金整体业绩优于市场业绩。吴启芳等（2003）选取沪综合 A 股指数（实际上是市场组合）作为基准组合对我国证券投资基金业绩的持续性进行了检验，认为基准组合对检验的结果影响很大。王晓国和王礼生（2003）对人为基准组合选择偏差导致基金业绩的误差进行了实证研究，选用的市场组合 R_m 为中信指数、中信综指（价值权重 VW）、中信指数（等权重 EW）和资产风格指数，构造的基准组合为 80%×市场组合+20%×现金存款（一年期），于是得出基准组合回报率 $R_P = 80\% \times R_m + 20\% \times R_f$（其中，$R_f$ 为无风险利率，指一年期人民币整存整取利率）。该研究认为在不同的基准组合下基金的总能力、证券选择能力和市场时机选择能力不同。他们的研究在国内首次把资产风格指数引入基金业绩评价。

　　国内只有少数学者研究相对于基准组合的证券组合投资理论。曾勇等（2000）研究了基准组合对组合证券选择和均衡资产定价的影响。结果表明，常用的基准组合（如市场证券组合或均值方差有效组合）不影响 CAPM 成立，但若市场平均的基准组合中风险证券的结构与市场证券组合不同，则市场平均的基准组合就成为定价变量，证券的风险报酬同时取决于其对市场证券组合和市场平均的基准组合的相应程度。曾勇等进一步研究了基准组合在投资者和投资管理者代理关系中的作用，结果表明，基于绩效的线性报酬结构虽能减少管理者错误信号所造成的损失，但其代价是不利于投资者充分利用其获取的有价值信息选择符合投资者风险偏好的证券组合。这一结论说明，基于绩效的线性报酬结构不利于激励管理者尽力获取有价值的信息，与 Shleifer 和 Vishny 关于有限套利行为的结论在思想上是一致的，即信息价值的损失。在基于绩效的线性报酬结构研究中，他们假设投资者完全理解管理者的风险偏好，但这在实际中是难以成立的。曾勇等（2004）研究了管理者风险未知情况下，线性 BPF 所造成的有价值信息损失问题。研究表明，与管理者风险偏好已知的情况不同，只要存在投资者对管理者风险估计不确定的风险，就应采用一定结构的 PBF，该研究进一步从最小化信息价值损失的角度，讨论了两种典型 PBF 结构的选择条件和相应的最佳结构设计。曾勇等的研究从理论上证明了基准组合的性质和作用。马永开和唐小我（2001）从跟踪误差的角度研究了基于市场基准的组合投资决策问题，提出了理论决策模型。该模型的建模基础是 Markowitz 的均值方差模型。由于证券市场有成千上万的投资工具，而使用该模型要估计两两证券收益之间的协方差，这给模型的使用带来了困难。马永开和唐小我（2004）研究了基于市场基准的多因素证券组合投资决策模型，该模型可以对管理者证券组合的超额收益的积极风险进行分解，并对不同的风险源进行控制。近年来在西方金融界兴起的风险预算技术倡导风险分解和分散控制，该研究真正体现了这一思想，是对基于市场基准的组合投资管理理论的拓展，对增加投资决策空间、增强投资决策的科学性和提高管理者证券组合的资产配置效率有重要的理论意义和应用价值。

　　在实务界，我国近期已批准设立交易所交易基金（ETFs），第一只交易所交易基金的基准组合是上交所 50 指数，交易所交易基金的推出必将促进我国对基准组合的研究和构建。

盛积良和马永开（2005）对基准组合的研究做了评述，本节通过建立委托代理模型研究基准组合的性质对设计 PBF 合同的影响，重点分析了当委托方把基准组合写入合同时基准组合收益的性质对合同的影响，为投资者选择基准组合提供参考。

4.6.2 委托代理模型

假设在一个经济体中有两类经济人——委托人（投资者）和代理人（管理者），并假设他们都是风险厌恶的，委托方有资金，但缺少投资知识和私人信息，管理者有私人信息但没有资金，委托方把资金委托给代理方进行管理，则委托方的投资组合收益分布受到代理方私人信息的影响，假设 $\tilde{r}_p$ 为管理者投资组合的随机收益，$\tilde{r}_b$ 为基准组合的随机收益，并且假设管理者投资组合的收益和基准组合的收益之间满足下列线性关系：

$$\tilde{r}_p = g(e) + \tilde{r}_b + \tilde{\varepsilon} \tag{4-32}$$

在式（4-32）中，e 为管理者的努力程度；$g(e)$ 为管理者私人信息的超基准组合的收益，且 $g'(e) > 0$，$g''(e) < 0$；$\tilde{\varepsilon}$ 为随机项。其中，$E(\tilde{\varepsilon}) = 0$，$VaR(\varepsilon) = \sigma_\varepsilon^2$，$Cov(r_b, \varepsilon) = 0$，$E(\tilde{r}_b) = \bar{r}_b$，$VaR(\tilde{r}_b) = \sigma_b^2$。

投资者把资产委托给管理者进行管理，在合同中指定基准组合，假设投资者提供给管理者的线性 PBF 合同为（PBF 合同没有固定的形式，本节为了研究基准组合性质对合同设计的影响，所以采用如下结构的 PBF 合同）

$$\varphi(e, \tilde{r}_b) = \eta_0 + \eta_1 \tilde{r}_b + \eta_2(\tilde{r}_p - \tilde{r}_b) \tag{4-33}$$

在式（4-33）中，管理者的激励合同由三部分构成：①固定项 η_0；②依赖于基准组合收益的部分 $\eta_1 \tilde{r}_b$；③依赖于超基准组合收益的部分 $\eta_2(r - r_b)$。投资者在提供合同时必须确定这三部分的权重 η_0、η_1、η_2，使合同达到最优。假设管理者具有均值方差型的效用函数，则管理者的效用函数为

$$U(e; \varphi) = E(\varphi) - \frac{\sigma^2(\varphi)}{\tau} - C(e) \tag{4-34}$$

其中，$C(e)$ 为管理者私人信息的成本函数，且满足 $C'(e) > 0$，$C''(e) > 0$；τ 为管理者的风险容忍度。为了计算的方便，假设管理者管理的资产的初始规模正规化为 1，这样假设并不失一般性，则投资者的净收益为

$$\tilde{p}_1 = \tilde{r}_p - (\eta_0 + \eta_1 \tilde{r}_b + \eta_2(\tilde{r}_p - \tilde{r}_b)) \tag{4-35}$$

假设投资者根据基准组合的收益来度量资产的价值，采用与 Ramakrishnan 和 Thakor（1984）相似的效用函数，在不考虑未来资产价值折现的情况下（如考虑资产价值折现不改变本节得出的相关结论），则投资者的效用函数为

$$V(\eta_0, \eta_1, \eta_2) = E(\tilde{p}_1) - \frac{\mathrm{Cov}(\tilde{p}_1, \tilde{r}_b)}{\sigma^2(\tilde{r}_b)} \tilde{r}_b \tag{4-36}$$

式（4-36）为投资者根据基准组合收益的期望值和风险来度量自己投资收益的效用。现假设市场上存在多个管理者，每个管理者有相同的偏好，竞争使管理者的保留效用为零，则投资者在提供合同时要解决的问题是

$$\max_{\eta_0, \eta_1, \eta_2} V(\eta_0, \eta_1, \eta_2)$$

$$\mathrm{s.\,t.} \begin{cases} U(e; \varphi) = 0 \\ e \in \mathrm{argmax} U(e; \varphi) \end{cases} \tag{4-37}$$

式（4-37）中的第一个约束为管理者的参与约束；第二个为激励相容约束。式（4-37）就是本节建立的基于 PBF 合同的投资者与管理者之间的单期委托代理模型。下面讨论当管理者的最优努力水平可以观察（第一最优合同）和不可以观察时，最优激励合同（第二最优合同）的特点。

4.6.3 管理者的努力程度可以观察

4.6.3.1 第一最优合同的求解

此时由于努力水平 e 可以观察，假设投资者观察到的管理者的努力水平为 e^*，则在均衡时管理者付出努力水平为 e^*，投资者提供合同

$$\varphi(e, \tilde{r}_b) = \eta_0 + \eta_1 \tilde{r}_b + \eta_2(\tilde{r}_p - \tilde{r}_b) \tag{4-38}$$

此时管理者的保留效用为零，即有

$$U(e;\ \varphi) = \eta_0 + \eta_1\bar{r}_b + \eta_2 g(e^*) - \frac{(\eta_1^2\sigma_b^2 + \eta_2^2\sigma_\varepsilon^2)}{\tau} - C(e^*) = 0 \quad (4\text{-}39)$$

由式 (4-38) 得

$$\eta_0 = -\eta_1\bar{r}_b - \eta_2 g(e^*) + \frac{(\eta_1^2\sigma_b^2 + \eta_2^2\sigma_\varepsilon^2)}{\tau} + C(e^*) \quad (4\text{-}40)$$

将式 (4-40) 代入式 (4-35) 中得

$$E(\tilde{p}_1) = [g(e^*) + \bar{r}_b] - \frac{(\eta_1^2\sigma_b^2 + \eta_2^2\sigma_\varepsilon^2)}{\tau} - C(e^*) \quad (4\text{-}41)$$

$$\text{Cov}(\tilde{p}_1,\ \tilde{r}_b) = 1 - \eta_2 \quad (4\text{-}42)$$

将 $E(\tilde{p}_1)$ 和 Cov $(\tilde{p}_1,\ \tilde{r}_b)$ 代入式 (4-36) 中得

$$V(\eta_0,\ \eta_1,\ \eta_2) = [g(e^*) + \bar{r}_b] - \frac{(\eta_1^2\sigma_b^2 + \eta_2^2\sigma_\varepsilon^2)}{\tau} - C(e^*) - (1 - \eta_1)\bar{r}_b$$

$$= g(e^*) - \frac{(\eta_1^2\sigma_b^2 + \eta_2^2\sigma_\varepsilon^2)}{\tau} - C(e^*) + \eta_1\bar{r}_b \quad (4\text{-}43)$$

此时 $V(\eta_0,\ \eta_1,\ \eta_2)$ 转化为 $\eta_1,\ \eta_2$ 的函数，为了得到最优合同，由一阶最优条件可知

$$\frac{\partial V}{\partial \eta_1} = 0, \qquad \frac{\partial V}{\partial \eta_2} = 0 \quad (4\text{-}44)$$

解之得

$$\eta_1 = \frac{\tau\bar{r}_b}{2\sigma_b^2}, \quad \eta_2 = 0 \quad (4\text{-}45)$$

将 $\eta_1,\ \eta_2$ 代入式 (4-44) 得

$$\eta_0 = -\frac{\tau\bar{r}_b^2}{4\sigma_b^2} + C(e^*) \quad (4\text{-}46)$$

则由式 (4-38) 可知投资者提供给管理者的最优线性合同为

$$\varphi = -\frac{\tau\bar{r}_b^2}{4\sigma_b^2} + C(e^*) + \frac{\tau\bar{r}_b}{2\sigma_b^2}\tilde{r}_b \quad (4\text{-}47)$$

由式 (4-36) 得到投资者的效用函数为

$$V(\eta_0, \eta_1, \eta_2) = g(e^*) - C(e^*) + \frac{\tau \bar{r}_b^2}{4\sigma_b^2} \tag{4-48}$$

下面我们对管理者努力程度 e 可以观察时的最优合同结果进行分析。

4.6.3.2　第一最优合同的特征

1）当基准组合收益的期望值 $\bar{r}_b$ 增加时，最优合同中对 $\bar{r}_b$ 的分享比例 η_1 增加。这是因为当基准组合的期望收益 $\bar{r}_b$ 增加时，管理者的资产配置倾向于基准组合，则基于 $\bar{r}_b$ 的报酬增加。为了使管理者的效用函数为零，则随着 $\bar{r}_b$ 的分享比例 η_1 增加，最优合同中常数项 η_0 减少。

2）随着基准组合收益的方差 σ_b^2 的增加，最优合同中 $\bar{r}_b$ 的分享比例 η_1 变小，而常数项 η_0 的值变大。这是因为管理者是风险厌恶的，随着 σ_b^2 的增加，管理者持有基准组合的风险增大，所以管理者在资产配置时会寻找风险更低的投资组合，则投资者提供给管理者的合同中 $\bar{r}_b$ 的分享比例 η_1 减少，而固定项 η_0 的值变大。这说明，如果此时基准组合的风险不能反映系统风险，则管理者在合同谈判中具有讨价还价的能力，即要求一个比较高的固定报酬 η_0。

3）$\eta_2 = 0$，说明此时最优合同与超基准组合收益无关。因为投资可以观察到管理者的努力程度 e^*，则投资者在设计合同时不给管理者的超基准组合收益提供报酬，即投资者将管理者的私人信息的价值完成占为己有，此时投资者在合同谈判中有完全的讨价还价能力，管理者只有在满足参与约束的要求下被动接受合同。

4）最优合同与管理者的努力成本 $C(e)$ 有关，努力成本 $C(e)$ 越大，则提供给管理者的报酬越大。这样合同对管理者有甄别能力，只有那些努力成本低到可以使保留效用不小于零的管理者才会接受这个合同。

5）管理者的风险容忍度 τ 对最优合同的影响。从式（4-47）可以看出，当 τ 增大时，管理者要求合同中固定项 η_0 减小，而风险收益项 $\bar{r}_b$ 的分享比例 η_1 增加。这说明，管理者风险容忍度越大，管理者越愿意承受基准组合收益带来的风险。

4.6.4 管理者的努力程度不可以观察

4.6.4.1 第二最优合同的求解

由式（4-34）可知管理者的期望效用为

$$U(e, \varphi) = \eta_0 + \eta_1 \bar{r}_b + \eta_2 g(e) - \frac{(\eta_1^2 \sigma_b^2 + \eta_2^2 \sigma_\varepsilon^2)}{\tau} - C(e) \qquad (4\text{-}49)$$

因为 e 不可观察，管理者选择 e 使得自己的期望效用达到最优，同时投资者在设计合同时也知道管理者会如此选择自己的最优努力水平，于是利用一阶最优条件得

$$\frac{\partial U}{\partial e} = \eta_2 g'(e) - C'(e) = 0 \qquad (4\text{-}50)$$

由式（4-50）得

$$\eta_2(e) = \frac{C'(e)}{g'(e)} > 0 \qquad (4\text{-}51)$$

此时投资者的效用函数为

$$V(\eta_0, \eta_1, \eta_2) = [g(e) + \bar{r}_b] - \frac{(\eta_1^2 \sigma_b^2 + \eta_2^2 \sigma_\varepsilon^2)}{\tau} - C(e) - (1 - \eta_1)\bar{r}_b$$

$$= g(e) - \frac{(\eta_1^2 \sigma_b^2 + \eta_2^2 \sigma_\varepsilon^2)}{\tau} - C(e) + \eta_1 \bar{r}_b \qquad (4\text{-}52)$$

投资者在提供合同时使自己的效用最大，根据一阶最优条件有

$$\frac{\partial V}{\partial \eta_1} = -\frac{2\eta_1 \sigma_b^2}{\tau} + \bar{r}_b = 0 \qquad (4\text{-}53)$$

求解式（4-53）得

$$\eta_1 = \frac{\tau \bar{r}_b}{2\sigma_b^2} \qquad (4\text{-}54)$$

将式（4-54）代入式（4-52）得

$$V(\eta_0, \eta_1, \eta_2) = g(e) - \frac{\eta_2^2 \sigma_\varepsilon^2}{\tau} - C(e) + \frac{\tau \bar{r}_b^2}{4\sigma_b^2} \qquad (4\text{-}55)$$

由式（4-55）可知，此时 $V(\eta_0, \eta_1, \eta_2)$ 只是 η_2 的函数，利用一阶最优条件得

$$\frac{\partial V}{\partial \eta_2} = g'_e(e)\frac{\partial e}{\partial \eta_2} - \frac{2\sigma_\varepsilon^2 \eta_2}{\tau} - C'_e(e)\frac{\partial e}{\partial \eta_2} = 0 \qquad (4\text{-}56)$$

由式（4-51）得

$$\frac{\partial e}{\partial \eta_2} = \frac{(g'_e(e))^2}{C''_e(e)g'_e(e) - C'_e(e)g''_e(e)} > 0 \qquad (4\text{-}57)$$

代入式（4-51）得

$$\eta_2 = \frac{g'_e(e)\dfrac{\partial e}{\partial \eta_2} - C'_e(e)\dfrac{\partial e}{\partial \eta_2}}{2\tau\sigma_\varepsilon^2} = \frac{\tau[(g'_e(e))^3 - C'_e(e)(g'_e(e))^2]}{2\sigma_\varepsilon^2[C''_e(e)g'_e(e) - C'_e(e)g''_e(e)]}$$

$$(4\text{-}58)$$

此时帕累托最优合同（第二最优合同）为

$$\varphi(e, \bar{r}_b) = \eta_0 + \frac{\tau\bar{r}_b}{2\sigma_b^2}\bar{r}_b + \frac{\tau[(g'_e(e))^3 - C'_e(e)(g'_e(e))^2]}{2\sigma_\varepsilon^2[C''_e(e)g'_e(e) - C'_e(e)g''_e(e)]}(\bar{r}_p - \bar{r}_b)$$

$$(4\text{-}59)$$

其中，η_0 由管理者的保留效用 $U(a, \varphi) = 0$ 给出。

在式（4-58）中，要保证 $\eta_2 > 0$，则必须有 $g'_e(e) - C'_e(e) > 0$，即努力的边际收益要大于努力的边际成本，此时管理者的收益会因为对超额分享比例 η 的提高而增加，否则情况正好相反。这说明这类 PBF 合同只对那些工作能力强的管理者才有激励作用，对于能力差的管理者最好选择是跟踪基准组合，只获取报酬 $\eta_0 + \dfrac{\tau\bar{r}_b}{2\sigma_b^2}\bar{r}_b$，否则将承担因为 $\dfrac{\tau[(g'_e(e))^3 - C'_e(e)(g'_e(e))^2]}{2\sigma_\varepsilon^2[C''_e(e)g'_e(e) - C'_e(e)g''_e(e)]}$ $(\bar{r}_p - \bar{r}_b) < 0$ 而带来的处罚，从而导致市场上基金管理者的羊群行为，即大部分管理者都投资基准组合。

4.6.4.2 第二最优合同的特征

1）当基准组合收益的期望值 $\bar{r}_b$ 增加时，最优合同中对基准组合收益 $\bar{r}_b$ 的分享比例 η_1 增加，而超基准组合的收益 $\bar{r}_p - \bar{r}_b$ 的分享比例 η_2 不受影响，说明

在基准组合的期望收益增加时，管理者持有基准组合，则基于 $\bar{r}_b$ 的报酬增加。另外，此时 η_0 应减少，因为要保证保留效用为零。

2）当基准组合收益的方差 σ_b^2 增加时，最优合同中对基准组合收益 $\bar{r}_b$ 的分享比例 η_1 增加，即最优合同中 $\bar{r}_b$ 的权重是 σ_b^2 的减函数，但超基准收益的权重 η_2 与 σ_b^2 无关；同时 η_0 增加，即当 $\bar{r}_b$ 的风险增加时，管理者要求更高的固定补偿。此时 σ_b^2 对第二最优合同的影响同第一最优合同，不再赘述。

3）随机项方差 σ_ε^2 越大，第二最优合同中超基准收益 $\bar{r}_p - \bar{r}_b$ 的分享比例 η_2 越小，但此时为了保证管理者的保留效用为零不一定要求 η_0 同时增加。由式（4-57）可知，η_2 越小管理者的努力程度降低，因为在式（4-57）中努力程度是 η_2 的增函数，而管理者的努力水平的下降，意味着努力成本的降低，所以此时管理者的期望效用因为努力成本的降低而增加，此时不一定要求 η_0 同时增加。

4.7　本章小结

本章首先假设管理者的信息成本是管理者超额收益的二次函数，分析了考虑管理者信息成本时线性 PBF 合同对管理者资产配置的影响及其激励作用，研究结论表明，当考虑管理者的信息成本时引入基准组合的 PBF 合同能对管理者起到激励作用，这一结论不同于以前的研究。其次建立了基于 PBF 合同的投资者与管理者之间的单期委托代理模型，分析了引入基准组合时委托投资组合管理合同的特点，得出了管理者和投资者之间的风险收益最优分享比例。如果不存在道德风险，管理者对风险资产的分配比例正好等于管理者风险容忍度占社会总容忍度的比例。由于道德风险的存在，投资者不能观察到管理者的私人信息，管理者对投资组合收益的分享比例增加。为了激励管理者的努力，对管理者的超额收益应给予更高的分享比例。最后本章分析了当委托方把基准组合写入合同时基准组合性质对合同的影响。当投资者把基准组合写入合同时基准组合必须满足：①基准组合要有可投资性，即基准组合可以被复制，因为如果基准组合不具有可投资性，不但达不到激励管理者的目的，而且增加了管理者向投资者讨价还价的能力，从而使合同成本增加；②基准组合要反映系统风险，如果不能反映系统风险，则达不到与管理者分享风险的目的，因为此时管理者要求更高的固定补偿。

4.8 本章附录

拉格朗日函数为：

$$
L(c_1, c_2; \lambda) = W_0(I + \bar{r}_b) - \frac{\tau_1}{2}W_0^2\big[(1 - c_1 - c_2)^2 I\delta\sigma_\varepsilon^2 + (1 - 2c_1 + c_1^2)\sigma_b^2\big]
$$

$$
- \frac{\tau_2}{2}W_0^2\big[(c_1 + c_2)^2 I\delta\sigma_\varepsilon^2 + c_2^2\sigma_b^2\big] - \frac{k}{2}(I^2 + I\delta\sigma_\varepsilon^2)
$$

$$
+ \lambda\big[W_0(c_1 + c_2) - \frac{\tau_2}{2}W_0^2\big[(c_1 + c_2)^2\delta\sigma_\varepsilon^2 - kI\big]
$$

对拉格朗日函数 $L(c_1, c_2; \lambda)$ 关于变量 c_1，c_2，λ 分别求一阶导数得：

$$
\frac{\partial L}{\partial c_1} = W_0^2\big[(\sigma_b^2 + I\delta\sigma_\varepsilon^2)(\tau_1 + \tau_2) + \lambda\tau_2\delta\sigma_\varepsilon^2\big]c_1 \tag{4-60}
$$

$$
+ W_0^2\big[I\delta\sigma_\varepsilon^2(\tau_1 + \tau_2) + \lambda\tau_2\delta\sigma_\varepsilon^2\big]c_2 - \tau_1 W_0^2(\sigma_b^2 + I\delta\sigma_\varepsilon^2) - \lambda W_0 = 0
$$

$$
\frac{\partial L}{\partial c_2} = W_0^2\big[(I\delta\sigma_\varepsilon^2(\tau_1 + \tau_2) + \lambda\tau_2\delta\sigma_\varepsilon^2\big]c_1 \tag{4-61}
$$

$$
+ W_0^2\big[I\delta\sigma_\varepsilon^2(\tau_1 + \tau_2) + \lambda\tau_2\delta\sigma_\varepsilon^2\big]c_2 - \tau_1 W_0^2(\sigma_b^2 + I\delta\sigma_\varepsilon^2) - \lambda W_0 = 0
$$

$$
\frac{\partial L}{\partial \lambda} = W_0(c_1 + c_2) - \frac{\tau_2}{2}W_0^2(c_1 + c_2)^2\delta\sigma_\varepsilon^2 - kI = 0 \tag{4-62}
$$

对拉格朗日函数 $L(c_1, c_2; \lambda)$ 关于变量 c_1，c_2，λ 分别求二阶导数及混合偏导得：

$$
\frac{\partial^2 L}{\partial c_1^2} = W_0^2\big[(\sigma_b^2 + I\delta\sigma_\varepsilon^2)(\tau_1 + \tau_2) + \lambda\tau_2\delta\sigma_\varepsilon^2\big]
$$

$$
\frac{\partial^2 L}{\partial c_2^2} = W_0^2\big[I\delta\sigma_\varepsilon^2(\tau_1 + \tau_2) + \lambda\tau_2\delta\sigma_\varepsilon^2\big]
$$

$$
\frac{\partial^2 L}{\partial c_1\partial c_2} = \frac{\partial^2 L}{\partial c_2\partial c_1} = W_0^2\big[I\delta\sigma_\varepsilon^2(\tau_1 + \tau_2) + \lambda\tau_2\delta\sigma_\varepsilon^2\big]
$$

$$\frac{\partial^2 L}{\partial \lambda^2} = 0$$

$$\frac{\partial^2 L}{\partial c_1 \partial \lambda} = \frac{\partial^2 L}{\partial c_2 \partial \lambda} = W_0 - \tau_2 W_0^2 (c_1 + c_2) \delta \sigma_\varepsilon^2$$

拉格朗日函数 $L(c_1,\ c_2;\ \lambda)$ 的海赛矩阵为正定矩阵即有：

$$H = \begin{vmatrix} \dfrac{\partial^2 L}{\partial c_1^2} & \dfrac{\partial^2 L}{\partial c_1 \partial c_2} & \dfrac{\partial^2 L}{\partial c_1 \partial \lambda} \\[3mm] \dfrac{\partial^2 L}{\partial c_2 \partial c_1} & \dfrac{\partial^2 L}{\partial c_2^2} & \dfrac{\partial^2 L}{\partial c_2 \partial \lambda} \\[3mm] \dfrac{\partial^2 L}{\partial \lambda \partial c_1} & \dfrac{\partial^2 L}{\partial \lambda \partial c_2} & 0 \end{vmatrix} > 0$$

所以上述模型存在最优解。由式（4-60）、式（4-61）、式（4-62）联立解方程组即可得 c_1，c_2 的值。

5 显性激励和隐性激励对基金 风险承担行为的影响

5.1 引　言

在现代金融市场中，越来越多的投资基金的所有权和管理权相分离，投资者之所以把投资决策权委托给专业投资管理者，是因为管理者有更多技能去搜集和处理有关资产的信息。当管理者的努力和投资过程不能被观察时，投资者面临道德风险，所以从自身利益出发，投资者有必要通过合同设计来引导管理者的投资行为，激励管理者去搜集更多有关资产收益和风险的信息。投资者和管理者签订的报酬合同成为管理者的显性激励。另外，在开放式基金和对冲基金市场，Chevalier 和 Ellison（1997）、Sirri 和 Tuffano（1998）研究发现，新的资金流入相对业绩好的基金，资金的净流动量对业绩差的基金不敏感，而对业绩好的基金敏感，即资金流动和业绩之间存在不对称的凸关系，业绩排行业前几名的基金有大量资金流入，而业绩差的基金其资金流出却很少。实务中基金管理者的报酬一般是其管理的资产的某一百分比，新资金的流入意味着基金规模的增加，管理者为了吸引到新资金的流入而相互竞争，相对业绩与资金流动的正相关关系成为管理者的一种隐性激励。在基金投资实践中，投资者关心的是基金的收益和风险，而隐性激励使管理者更关心资金的流动。为了在基金管理的锦标赛中获胜以吸引新资金的流入，基金管理者在业绩落后时有加大基金风险的冲动，投资者和管理者这种目标的不一致有可能使投资者的利益受到损害。因此，研究显性激励和隐性激励对基金的风险承担行为的影响十分重要。

现有文献对基金的风险承担行为的研究集中于隐性激励是否会使基金管理

者为了追求相对业绩而扭曲资产配置，主要有两种结论：第一种认为，开放式基金之间为了吸引新的投资者的锦标赛使年中业绩差的基金为了战胜对手而在下半年加大基金的风险，业绩好的基金其风险反而减少。例如，Goriaev 和 Palomino（2003）假设，管理者的报酬是其管理的资产的某一比率，通过研究两只不同业绩的基金之间的竞争行为，发现年中业绩差的基金在下半年基金的风险增加了。Li 和 Tiwari（2009）假设，市场存在三种资产（无风险资产、市场组合和一种特异资产），采用 Taylor（2003）的模型发现年中业绩落后的基金下半年持有更多特异资产，业绩好的基金变得更加保守。Basak 和 Pavlova（2008）发现，上半年业绩落后于基准组合（或同行业的平均水平）的基金下半年加大基金的风险，业绩好的基金为了保住领先位置产生"锁定（lock-in）效应"，即持有基准组合。Chen 和 Pennacchi（2009）发现，年中业绩落后的基金下半年增大的不是基金的整体风险而是跟踪误差。第二种结论与第一种结论恰好相反，Taylor（2003）及王明好等（2004）发现，年中业绩好的基金为了保住竞争优势以吸引新资金的流入在下半年持有风险资产的概率要大于年中业绩差的基金，即年中业绩好的基金其下半年的风险增加了。

　　近年来，PBF 合同在基金管理中被广泛采用，如共同基金一般采用对称的 PBF 合同，对冲基金（在我国为私募基金）采用非对称的 PBF 合同。PBF 合同中管理者的报酬不仅取决于基金的规模，而且取决于基金组合与基准组合（如市场组合）的相对收益，该合同激励管理者尽其所能获取私人信息以取得超过基准组合的业绩。Admati 和 Pleiderer（1997）、曾勇（2004）从不同角度研究了 PBF 合同的激励作用。Elton 和 Gruber（2003）发现，在美国市场采用 PBF 合同的基金，其业绩表现要好于不采用 PBF 合同的基金。本章将 PBF 合同引入 Taylor（2003）的模型，分析显性激励和隐性激励对开放式基金的风险承担行为。通过一个存在混合策略的博弈模型，我们发现，隐性激励使年中业绩好的基金为了赢得基金管理竞赛的胜利其持有高风险的资产概率要高于业绩差的基金，并且分析了风险资产与市场组合的收益率之差、两基金年中业绩之差、资产收益的波动率及资金流动量的大小和两种激励的强度对基金选择高风险资产的影响。

本章的研究不同于 Li 和 Tiwari（2009）、Taylor（2003）及王明好等（2004）的研究，他们的研究假设管理者的报酬是其所管理的资产的某一固定比例，该固定比例在他们的模型中实际上不影响管理者的资产选择，因而没有研究显性激励对基金风险承担的影响。我们的研究假设管理者的报酬合同为 PBF 合同，战胜基准组合是基金管理者的显性激励，在基金管理的锦标赛中获胜是基金管理者的隐性激励。因此，基金风险承担行为同时受到显性激励和隐性激励的影响。Chen 和 Pennacchi（2009）在管理者的报酬结构中引入了基准组合，但没有考虑隐性激励的对基金风险承担行为的影响。Basak 和 Pavlova（2008）假设，资金流动来自基金收益与基准组合收益之间的比较，而不是赢得基金管理的锦标赛，但没有研究业绩不同的基金之间的博弈行为。

5.2　模型的假设

1）在一个无摩擦的金融市场上有两种资产，资产 A（一种资产或投资组合）和基准组合 B（如市场组合），资产 A 和基准组合 B 的收益率分别为 $\tilde{r}_a$ 和 $\tilde{r}_b$，$\tilde{r}_a$ 和 $\tilde{r}_b$ 的均值和方差分别为 μ_a，μ_b 和 σ_a^2，σ_b^2；其中，$\mu_a > \mu_b$，$\sigma_a^2 > \sigma_b^2$。这一假设说明，资产 A 是比基准组合 B 风险高的资产，$\tilde{r}_a \sim N(\mu_a, \sigma_a^2)$，$\tilde{r}_b \sim N(\mu_b, \sigma_b^2)$，且资产 A 和基准组合 B 不相关，则 $\tilde{r}_a - \tilde{r}_b \sim N(\mu_a - \mu_b, \sigma_a^2 + \sigma_b^2)$。根据 Chen 和 Pennacchi（2009）的研究，基金组合可以分为两部分：一部分为投资基准组合 B；另一部分为投资资产 A。$\theta(0 \leqslant \theta \leqslant 1)$ 为基金组合中资产 A 的持有比例，θ 反映基金组合偏离基准组合的程度，即 θ 越大则基金承担的风险越大。在上述假设下，基金组合 P 的收益率为

$$\tilde{r}_p = \theta\tilde{r}_a + (1 - \theta)\tilde{r}_b \tag{5-1}$$

2）市场上只有两只基金[①]，基金 i 和基金 j，我们把一年分为两阶段，$t = 0$ 表示年初，$t = 1$ 表示年中，$t = 2$ 表示年末（图5-1）。$t = 0$ 时基金的初始资金规

[①]　市场上的基金按年中业绩是否高于全行业的平均业绩可以分为两类，本章为了研究两类基金之间的博弈行为，用两支基金来代表两类基金，丁振华（2006）的研究有相似假设。

模为 W_i^0 ，本章假设 $W_i^0 = 1$ ，这一假设并不影响本章的结论。在 $t = 1$ 时基金 i 实现一个收益率，记为 m_i ，在 $t = 1$ 到 $t = 2$ 基金管理者选择基金的投资组合使 $t = 2$ 时的报酬最大。对基金 j 有相同假设。将基金 i 和基金 j 的管理者分别记为管理者 i 和管理者 j 。

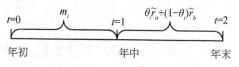

图 5-1　两阶段的划分及基金收益率

3）管理者的 PBF 合同（PBF）为

$$c_1 \widetilde{R}_p + c_2 (\widetilde{R}_p - \widetilde{R}_b) \tag{5-2}$$

其中，$\widetilde{R}_p$ 为基金组合从 $t = 0$ 到 $t = 2$ 的累积收益；$\widetilde{R}_b$ 为基金在 $t = 1$ 到 $t = 2$ 时投资基准组合时从 $t = 0$ 到 $t = 2$ 的累积收益，即有

$$\widetilde{R}_p = (1 + m_i)[1 + \theta_i \tilde{r}_a + (1 - \theta_i) \tilde{r}_b] \tag{5-3}$$

$$\widetilde{R}_b = (1 + m_i)(1 + \tilde{r}_b) \tag{5-4}$$

c_1 和 c_2 的选择参考曾勇等（2004）的研究。c_2 越大，说明当业绩低于基准组合的收益时，管理者受到的惩罚越大。c_2 与 c_1 的相对大小取决于投资者对管理者能力的估计，投资者对管理者能力估计越高，信任度越大，c_1 相对于 c_2 越大，反之，c_2 相对于 c_1 越大。本章用 $\eta = \dfrac{c_2}{c_1}$ 反映投资者对管理者的不信任程度，c_1 和 c_2 的大小反映了显性激励的强度。

5.3　模　　型

在上述假设下，管理者 i 的报酬收益为

$$
\begin{aligned}
C_i[\theta_i, \theta_j] = & c_1 \{ (1 + m_i)[1 + \theta_i \tilde{r}_a + (1 - \theta_i) \tilde{r}_b] + \omega \Pi_i(\theta_i, \theta_j) \} \\
& + c_2 \{ (1 + m_i)[1 + \theta_i \tilde{r}_a + (1 - \theta_i) \tilde{r}_b] - (1 + m_i)(1 + \tilde{r}_b) \}
\end{aligned}
$$

$$\tag{5-5}$$

其中,

$$\Pi_i(\theta_i, \theta_j) = \begin{cases} 1, & \dfrac{m_i + \theta_i \tilde{r}_a + (1 - \theta_i)\tilde{r}_b}{2} \geq \dfrac{m_j + \theta_j \tilde{r}_a + (1 - \theta_j)\tilde{r}_b}{2} \\ 0, & \text{其他} \end{cases}$$

$\Pi_i(\theta_i, \theta_j)$ 的值取决于基金 i 和基金 j 从 $t = 0$ 到 $t = 2$ 的平均收益的大小, 新资金流入平均值大的那只基金[①]。显性激励中管理者的报酬不仅取决于基金的规模, 而且取决于基金组合和基准组合的相对业绩, 而新资金的流入取决于基金 i 和基金 j 的业绩大小。管理者有两种途径来增加自己的报酬: 第一种途径通过资产配置来获得一个高累积收益, 从而使资产规模增加, 并且获得对超基准收益的部分进行分享; 第二种途径通过竞争获胜来吸引到新资金。新资金流入业绩好的基金, 其流动大小为 $\omega(\omega \geq 0)$, ω 可以是绝对大小, 也可以是相对大小, 本章取相对值, 即 ω 是新流入的资金与基金初始规模的比值, ω 的大小反映了隐性激励的强度。

式 (5-2) 说明, 管理者的报酬可以分为两部分: 第一部分为基金资产规模的某一比例, 其大小为

$$c_1\{(1 + m_i)[1 + \theta_i \tilde{r}_a + (1 - \theta_i)\tilde{r}_b] + \omega \Pi_i(\theta_i, \theta_j)\} \qquad (5\text{-}6)$$

第二部分为因基金收益高于或低于基准组合收益并对管理者进行奖励或惩罚的部分, 其大小为

$$c_2\{(1 + m_i)[1 + \theta_i \tilde{r}_a + (1 - \theta_i)\tilde{r}_b] - (1 + m_i)(1 + \tilde{r}_b)\} \qquad (5\text{-}7)$$

管理者报酬的期望值为

$$E\{C_i[\theta_i, \theta_j]\} = c_1(1 + m_i)(1 + \mu_b) + (c_1 + c_2)(1 + m_i)\theta_i\mu + \omega c_1 \Pi_i(\theta_i, \theta_j) \qquad (5\text{-}8)$$

其中, $\mu = \mu_a - \mu_b$。

假设管理者为风险中性的, 则管理者 i 在 $t = 1$ 到 $t = 2$ 时期的最优决策为

---

① 为了模型分析的需要, 本章假设基金 i 的平均收益率大于等于基金 j 的平均收益率时, 新资金流入基金 i。在更精确的模型中, 应假设当基金 i 的平均收益率等于基金 j 的平均收益率时, $\Pi_i(\theta_i, \theta_j) = \dfrac{1}{2}$。

$$\max_{\theta_i} E(C_i[\theta_i, \theta_j])$$

其中

$$\Pi_i(\theta_i, \theta_j) = \begin{cases} 1 - \Phi\left(\dfrac{T - \mu}{\sigma}\right), & \theta_i > \theta_j \\ \Phi\left(\dfrac{T - \mu}{\sigma}\right), & \theta_i < \theta_j \\ 1, & \theta_i = \theta_j \text{ 且 } m_i > m_j \\ 0, & \text{其他} \end{cases}$$

$T = \dfrac{m_j - m_i}{\theta_i - \theta_j}$；$\sigma = \sqrt{\sigma_a^2 + \sigma_b^2}$，$\Phi(x)$ 为标准正态分布的分布函数。

在 $t = 1$ 时，管理者 i 和管理者 j 双方年中的业绩 m_i 和 m_j 为共同知识，但在 $t = 1$ 到 $t = 2$ 时双方都不能观察到对方的行动，博弈双方都想通过 θ 的选择最终在竞赛中获胜，从而吸引到新资金的流入。管理者 i 和管理者 j 之间的博弈是典型的非合作博弈，根据 Taylor（2003）的研究，竞赛对管理者的资产选择的影响可以考虑 $\theta = 0$ 和 $\theta = 1$ 两种极端情况，因为其他情况有相同结论。我们假设从 $t = 0$ 到 $t = 1$ 基金 i 的收益率大于基金 j 的收益率，$m_i > m_j$，在年中管理者 i 是胜者，而管理者 j 是败者的情况下，令 $g = m_i - m_j$，表示两个管理者在年中的业绩之差，θ_i 和 θ_j 分别取值 0 和 1 得到四种情况下管理者 i 和管理者 j 的支付（支付矩阵见表 5-1）。

1）当 $\theta_i = 0$，$\theta_j = 0$ 时，管理者 i 和管理者 j 的支付分别为

$$\pi_{00}^w = c_1[(1 + m_i)(1 + \mu_b) + \omega], \quad \pi_{00}^l = c_1(1 + m_j)(1 + \mu_b)$$

其中，符号 π_{00}^w 和 π_{00}^l 中的下标表示管理者 i 和管理者 j 选择的资产；上标表示管理者；w 为胜者；l 为败者。本节后面的类似符号表示相同含义，不另作说明。

2）当 $\theta_i = 0$，$\theta_j = 1$ 时，管理者 i 和管理者 j 的支付分别为

$$\pi_{01}^w = c_1\left[(1 + m_i)(1 + \mu_b) + \omega\Phi\left(\frac{g - \mu}{\sigma}\right)\right]$$

$$\pi_{01}^l = c_1(1 + m_j)(1 + \mu_b) + (c_1 + c_2)(1 + m_j)\mu + c_1\omega\left[1 - \Phi\left(\frac{g - \mu}{\sigma}\right)\right]$$

3）当 $\theta_i = 1$，$\theta_j = 0$ 时，管理者 i 和管理者 j 的支付分别为

$$\pi_{10}^w = c_1(1 + m_i)(1 + \mu_b) + (c_1 + c_2)(1 + m_i)\mu + c_1\omega\left[1 - \Phi\left(\frac{-g - \mu}{\sigma}\right)\right]$$

$$\pi_{10}^l = c_1\left[(1 + m_j)(1 + \mu_b) + \omega\Phi\left(\frac{-g - \mu}{\sigma}\right)\right]$$

4）当 $\theta_i = 1$，$\theta_j = 1$ 时，管理者 i 和管理者 j 的支付分别为

$$\pi_{11}^w = c_1\left[(1 + m_i)(1 + \mu_b) + \omega\right] + (c_1 + c_2)(1 + m_i)\mu$$

$$\pi_{11}^l = c_1(1 + m_j)(1 + \mu_b) + (c_1 + c_2)(1 + m_j)\mu$$

表5-1　支付矩阵

		基金 j	
		基准组合 （$1 - q$）	资产 A （q）
基金 i	基准组合 （$1 - p$）	π_{00}^w，π_{00}^l	π_{01}^w，π_{01}^l
	资产 A （p）	π_{10}^w，π_{10}^l	π_{11}^w，π_{11}^l

支付：（基金 i，基金 j）

对上述四种情况下管理者 i 和管理者 j 的支付进行比较有

1）如果 $(1 + \eta)(1 + m_i)\mu > \omega\Phi\left(\frac{-g - \mu}{\sigma}\right)$，假设基金 i 首先行动，有 $\pi_{00}^w < \pi_{10}^w$，$\pi_{01}^w < \pi_{11}^w$，此时管理者 i 的最优战略是选择资产 A，在肯定基金 i 选择资产 A 后，基金 j 的战略为选择资产 A；如果基金 j 先行动，因为 $\pi_{01}^l > \pi_{00}^l$，$\pi_{11}^l > \pi_{10}^l$，基金 j 的最优战略也是选择资产 A，给定基金 j 的战略为选择资产 A，基金 i 的最优战略是选择资产 A，即双方都持有资产 A 构成纳什均衡，即此时博弈双方都选择高风险资产。

2）如果 $(1 + \eta)(1 + m_i)\mu < \omega\Phi\left(\frac{-g - \mu}{\sigma}\right)$，则有 $\pi_{00}^w > \pi_{10}^w$，$\pi_{01}^w < \pi_{11}^w$，$\pi_{01}^l > \pi_{00}^l$，$\pi_{11}^l < \pi_{10}^l$，此时基金 i 和基金 j 都有可能在竞争中获胜，吸引到新资金的流入，所以不存在纯策略均衡，但是存在混合策略均衡。

假设管理者 i 选择资产 A 的概率为 p，管理者 j 选择资产 A 的概率为 q，

则管理者 i 的期望收益为

$$\pi_w = (1 - p)\{[c_1(1 + m_i)(1 + \mu_b) + \omega](1 - q) + c_1[(1 + m_i)(1 + \mu_b)$$

$$+ \omega\Phi(\frac{g - \mu}{\sigma})]q\} + p\{\{c_1(1 + m_i)(1 + \mu_b) + (c_1 + c_2)(1 + m_i)\mu$$

$$+ \omega c_1[1 - \Phi(\frac{-g - \mu}{\sigma})]\}(1 - q) + \{c_1[(1 + m_i)(1 + \mu_b) + \omega]$$

$$+ (c_1 + c_2)(1 + m_i)\mu\}q\} \tag{5-9}$$

管理者 j 的期望收益为

$$\pi_l = (1 - q)\{c_1(1 + m_j)(1 + \mu_b)(1 - p) + c_1[(1 + m_j)(1 + \mu_b)$$

$$+ \omega\Phi(\frac{-g - \mu}{\sigma})]p\} + q\{\{c_1(1 + m_j)(1 + \mu_b) + (c_1 + c_2)(1 + m_j)\mu$$

$$+ \omega c_1[1 - \Phi(\frac{g - \mu}{\sigma})]\}(1 - p) + \{c_1[(1 + m_j)(1 + \mu_b) + \omega]$$

$$+ (c_1 + c_2)(1 + m_j)\mu\}p\} \tag{5-10}$$

5.4　模型求解和分析

在式（5-9）中，由最优化的一阶条件 $\frac{\partial \pi_w}{\partial p} = 0$ 得

$$q = \frac{-(1 + \eta)(1 + m_i)\frac{\mu}{\omega} + \Phi\left(\frac{-g - \mu}{\sigma}\right)}{1 - \Phi\left(\frac{g - \mu}{\sigma}\right) + \Phi\left(\frac{-g - \mu}{\sigma}\right)} \tag{5-11}$$

在式（5-10）中，由最优化的一阶条件 $\frac{\partial \pi_l}{\partial q} = 0$ 得

$$p = \frac{(1 + \eta)(1 + m_j)\frac{\mu}{\omega} + 1 - \Phi\left(\frac{g - \mu}{\sigma}\right)}{1 - \Phi\left(\frac{g - \mu}{\sigma}\right) + \Phi\left(\frac{-g - \mu}{\sigma}\right)} \tag{5-12}$$

在混合均衡中，管理者 i 和管理者 j 分别以概率 p 和 q 选择资产 A，当 $\mu \geqslant 0$ 时，$\Phi\left(\frac{g + \mu}{\sigma}\right) > \Phi\left(\frac{g - \mu}{\sigma}\right)$，根据式（5-11）和式（5-12）有

$$p > \frac{1 - \Phi\left(\frac{g - \mu}{\sigma}\right)}{2 - \Phi\left(\frac{g - \mu}{\sigma}\right) - \Phi\left(\frac{g + \mu}{\sigma}\right)} > \frac{1 - \Phi\left(\frac{g - \mu}{\sigma}\right)}{2\left[1 - \Phi\left(\frac{g - \mu}{\sigma}\right)\right]} = \frac{1}{2}$$

$$1 - q = \frac{(1 + \eta)(1 + m_i)\frac{\mu}{\omega} + 1 - \Phi\left(\frac{g - \mu}{\sigma}\right)}{1 - \Phi\left(\frac{g - \mu}{\sigma}\right) + \Phi\left(\frac{-g - \mu}{\sigma}\right)} > \frac{1}{2}$$

$p > \frac{1}{2}$，说明年中业绩领先的基金 i 下半年选择资产 A 的概率大于 $\frac{1}{2}$，而

$1 - q > \frac{1}{2}$ 说明业绩落后的基金 j 以大于 $\frac{1}{2}$ 的概率选择基准组合 B，于是我们

得到如下结论。

结论 5-1 在两只基金的博弈中，年中业绩好的基金，下半年选择高风险资产的概率要大于业绩差的基金选择高风险资产的概率。

结论 5-1 似乎违背人们的直觉认识，人们的普遍直觉是年中业绩差的基金更应该在下半年选择高风险的资产，以赢得最后竞赛的胜利。但从博弈论的解释来看，本章认为，这主要是因为每个管理者都是理性的，虽然观察不到对方的投资组合，但能理性地预期到对方的行动。当年中业绩好的基金预期到年中业绩差的基金会冒险选择高风险的投资组合时，为战胜对手年中业绩好的基金会以概率 p 选择高风险资产；同时，年中业绩落后的基金又会理性地预期到年中业绩领先的基金的这一行动，就会以某一概率选择相反的策略而选择风险较小的投资组合。结果在均衡时，年中业绩好的基金，下半年选择高风险资产的概率反而大于业绩差的基金选择高风险资产的概率。

接下来我们分析 p 与 μ，g，σ 的关系。将 p 关于 μ，g，σ 分别求导得（下式中 $f(x)$ 为标准正态分布的密度函数）

$$\frac{\partial p}{\partial \mu} = \frac{H_1}{\left[1 - \Phi\left(\frac{g - \mu}{\sigma}\right) + \Phi\left(\frac{-g - \mu}{\sigma}\right)\right]^2} \tag{5-13}$$

$$\frac{\partial p}{\partial g} = \frac{H_2}{\left[1 - \Phi\left(\frac{g - \mu}{\sigma}\right) + \Phi\left(\frac{-g - \mu}{\sigma}\right)\right]^2} \tag{5-14}$$

$$\frac{\partial p}{\partial \sigma} = \frac{H_3}{\left[1 - \Phi\left(\frac{g-\mu}{\sigma}\right) + \Phi\left(\frac{-g-\mu}{\sigma}\right)\right]^2} \tag{5-15}$$

其中，H_1、H_2 和 H_3 分别为

$$H_1 = (1+\eta)(1+m_j)\frac{1}{\omega}\left[\Phi\left(\frac{-g+\mu}{\sigma}\right) + \Phi\left(\frac{-g-\mu}{\sigma}\right)\right]$$

$$+ \frac{1}{\sigma}f\left(\frac{g-\mu}{\sigma}\right)\left[\Phi\left(\frac{-g-\mu}{\sigma}\right) - (1+\eta)(1+m_j)\frac{\mu}{\omega}\right]$$

$$+ \frac{1}{\sigma}f\left(\frac{-g-\mu}{\sigma}\right)\left[\Phi\left(\frac{-g+\mu}{\sigma}\right) + (1+\eta)(1+m_j)\frac{\mu}{\omega}\right]$$

$$H_2 = -\frac{1}{\sigma}f\left(\frac{g-\mu}{\sigma}\right)\left[\Phi\left(\frac{-g-\mu}{\sigma}\right) - (1+\eta)(1+m_j)\frac{\mu}{\omega}\right]$$

$$+ \frac{1}{\sigma}f\left(\frac{-g-\mu}{\sigma}\right)\left[\Phi\left(\frac{-g+\mu}{\sigma}\right) + (1+\eta)(1+m_j)\frac{\mu}{\omega}\right]$$

$$H_2 = \frac{g-\mu}{\sigma^2}f\left(\frac{g-\mu}{\sigma}\right)\left[\Phi\left(\frac{-g-\mu}{\sigma}\right) - (1+\eta)(1+m_j)\frac{\mu}{\omega}\right]$$

$$- \frac{g+\mu}{\sigma^2}f\left(\frac{-g-\mu}{\sigma}\right)\left[\Phi\left(\frac{-g+\mu}{\sigma}\right) + (1+\eta)(1+m_j)\frac{\mu}{\omega}\right]$$

下面判断 $\frac{\partial p}{\partial \mu}$，$\frac{\partial p}{\partial g}$ 和 $\frac{\partial p}{\partial \sigma}$ 的符号（μ，g，$\sigma > 0$）。

1）只要 $\Phi\left(\frac{-g-\mu}{\sigma}\right) \geqslant (1+\eta)(1+m_j)\frac{\mu}{\omega}$，则 H_1 中的每一项都大于零，即有 $H_1 > 0$，从而 $\frac{\partial p}{\partial \mu} > 0$。

2）当 $\Phi\left(\frac{-g-\mu}{\sigma}\right) \geqslant (1+\eta)(1+m_j)\frac{\mu}{\omega}$ 和 $f\left(\frac{-g+\mu}{\sigma}\right) > f\left(\frac{-g-\mu}{\sigma}\right)$ 满足时，有

$$H_2 > \frac{3}{\sigma}f\left(\frac{-g-\mu}{\sigma}\right)(1+\eta)(1+m_j) \cdot$$

$$\frac{\mu}{\omega}\left[1 - \frac{f\left(\frac{g-\mu}{\sigma}\right)}{f\left(\frac{-g-\mu}{\sigma}\right)}\frac{\omega c_1 \Phi\left(\frac{-g-\mu}{\sigma}\right)}{3\mu(c_1+c_2)(1+m_j)}\right]$$

$$= \frac{3}{\sigma} f\left(\frac{-g-\mu}{\sigma}\right)(1+\eta)(1+m_j) \cdot \frac{\mu}{\omega}\left[1 - \frac{\exp\left(\frac{2g\mu}{\sigma^2}\right)}{3} \frac{\omega c_1 \Phi\left(\frac{-g-\mu}{\sigma}\right)}{\mu(c_1+c_2)(1+m_j)}\right]$$

综上所述只要当

$$1 - \frac{\exp\left(\frac{2g\mu}{\sigma^2}\right)}{3} \frac{\omega c_1 \Phi\left(\frac{-g-\mu}{\sigma}\right)}{\mu(c_1+c_2)(1+m_j)} > 0$$

就有 $H_2 > 0$，从而 $\frac{\partial p}{\partial g} > 0$。

3) 由式（5-12）和式（5-14）我们有

$$\frac{\partial p}{\partial \sigma} = -\left(\frac{g+\mu}{\sigma}\right)\frac{\partial p}{\partial g} - \frac{2\mu \frac{1}{\sigma} f\left(\frac{g-\mu}{\sigma}\right)\left[\Phi\left(\frac{-g-\mu}{\sigma}\right) - (1+\eta)(1+m_j)\frac{\mu}{\omega}\right]}{\left[1 - \Phi\left(\frac{g-\mu}{\sigma}\right) + \Phi\left(\frac{-g-\mu}{\sigma}\right)\right]^2}$$

在前面的假设下，由 $\Phi\left(\frac{-g-\mu}{\sigma}\right) \geqslant (1+\eta)(1+m_j)\frac{\mu}{\omega}$，且 $\frac{\partial p}{\partial g} > 0$，

得 $\frac{\partial p}{\partial \sigma} < 0$。

下面解释 $\frac{\partial p}{\partial \mu}$，$\frac{\partial p}{\partial g}$ 和 $\frac{\partial p}{\partial \sigma}$ 的符号的经济含义。

1) $\frac{\partial p}{\partial \mu} > 0$，说明资产 A 和基准组合 B 的收益率之差越大，则业绩好的基金持有资产 A 的概率越大。

2) $\frac{\partial p}{\partial g} > 0$，说明两只基金在年中的业绩之差越大，业绩好的基金持有资产 A 的概率越大，落后者正好相反（由概率 p 和 q 的表达式的特点很容易得出这一结论）。一个合理的解释是业绩相差越大，年中业绩领先的基金对自己的管理技能越自信，因而更加相信自己通过持有高风险资产能赢得竞赛。所以 p 越大，业绩落后的基金在业绩相差越大时其赢得竞赛的可能性越小，其持有高风险资产可能带来损失（如风险调整的收益可能减少），所以业绩落后的基金越不愿参与竞赛（持有高风险资产），而只持有基准组合。

3) $\frac{\partial p}{\partial \sigma} < 0$，说明资产 A 的波动率越大，业绩好的基金持有资产 A 的概率

越小，而对于业绩落后的基金来说，资产 A 的波动率越大则持有资产 A 的概率越大，这是因为资产 A 的波动率越大，意味着 A 的收益率越大，落后的基金持有 A，则有可能在竞赛中获胜。

将年中业绩好的基金选择资产 A 的概率 p 对下半年的资金相对流动量 ω 求导得

$$\frac{\partial p}{\partial \omega} = - \frac{(1+\eta)(1+m_j)\dfrac{\mu}{\omega^2}}{1-\Phi\left(\dfrac{g-\mu}{\sigma}\right)+\Phi\left(\dfrac{-g-\mu}{\sigma}\right)} < 0 \tag{5-16}$$

$\dfrac{\partial p}{\partial \omega} < 0$，说明下半年资金的流入量越大，业绩领先的基金选择高风险资产 A 的概率越低。

结论 5-2　年中业绩领先的基金其选择高风险资产的概率随着资产收益之差、两基金的业绩之差及下半年资金流动量的增加而变大，随着高风险资产波动率的增加而减少。

为了进一步考察显性激励强度对管理者资产选择的影响，将年中业绩好的基金选择资产 A 的概率对合同系数 c_1，c_2 及相对系数 η 分别求导得

$$\frac{\partial p}{\partial c_1} = - \frac{\eta^2(1+m_j)\dfrac{\mu}{\omega}}{1-\Phi\left(\dfrac{g-\mu}{\sigma}\right)+\Phi\left(\dfrac{-g-\mu}{\sigma}\right)} < 0$$

$$\frac{\partial p}{\partial c_2} = \frac{\dfrac{1}{c_1}(1+m_j)\dfrac{\mu}{\omega}}{1-\Phi\left(\dfrac{g-\mu}{\sigma}\right)+\Phi\left(\dfrac{-g-\mu}{\sigma}\right)} > 0$$

$$\frac{\partial p}{\partial \eta} = \frac{(1+m_j)\dfrac{\mu}{\omega}}{1-\Phi\left(\dfrac{g-\mu}{\sigma}\right)+\Phi\left(\dfrac{-g-\mu}{\sigma}\right)} > 0$$

1）$\dfrac{\partial p}{\partial c_1} < 0$，意味着对于业绩好的基金来说，增加管理者对资产的分享比例，其持有高风险资产的概率反而降低了，概率降低意味着管理者对高风险资产的持有量的期望值减少了（因为只有两种状态，高风险资产 A 的持有量的

期望值为 p ），即提高管理者的风险分享比例不能激励管理者持有更多高风险资产。

2）$\frac{\partial p}{\partial c_2} > 0$，说明提高管理者对超额业绩的分享比例可以使业绩领先的管理者持有更多高风险资产。

3）$\frac{\partial p}{\partial \eta} > 0$，说明相对系数 η 越大，业绩领先的管理者选择高风险资产的概率越大，而相对系数 η 越大，投资者对管理者越不信任。如果显性合同的 PBF 能传递投资者对管理者的信任度，则投资者对管理者的信任度能形成一种激励，一个合理的解释是管理者想通过赢得竞争来向投资者证明其管理能力。

结论 5-3　年中业绩领先的基金持有高风险资产的概率随着资产分享比例的增加而减少，随着对超基准组合收益的奖励和惩罚的程度的增加而增加，随着 PBF 合同中相对系数的增加而增加。

5.5　本 章 小 结

本章假设基金管理者的报酬合同为 PBF 合同，通过一个存在混合策略的博弈模型，研究显性激励和隐性激励对开放式基金的风险承担行为的影响，得到以下结论：①隐性激励使年中业绩领先的基金下半年持有高风险资产的概率要高于年中业绩落后的基金，并且这个概率随着高风险资产和基准组合的收益之差、两基金业绩之差及下半年资金流动量的增加而增大，随着高风险资产波动率的增加而变小。②业绩领先的基金持有高风险资产的概率随着资产收益分享比例的增加而减少，随着对超基准组合收益的奖励和处罚的程度的增加而增加，随着 PBF 合同中的相对系数的增加而增加。

本章对开放式基金及对冲基金的报酬合同设计有一定的指导意义。本章的结论有待实证研究；另外，本章只研究了显性激励和隐性激励对基金风险承担行为的影响，而隐性激励导致了投资者和管理者目标的不一致，并没有分析隐性激励对投资者福利的影响及如何提高投资者的福利，这值得进一步深入研究。

6 两类不对称对基金风险承担行为的影响研究

6.1 引　　言

在基金管理市场存在两类典型的不对称现象：第一类不对称为管理者的报酬合同不对称，即对基金管理者的正负相对业绩的奖励和惩罚不对称；第二类不对称为业绩不同的基金其资金流动的不对称性，即业绩好于基准组合（如市场指数）或同行业平均业绩的基金有大量的新资金的流入，而相对业绩差的基金其资金流出却很少。例如，Gruber（1996）、Chevalier 和 Ellison（1997）、Sirri 和 Tufano（1998）实证研究发现，新的资金流入相对业绩好的基金，资金的净流动量对业绩差的基金不敏感而对业绩好的基金敏感。

在代理投资研究中，关于合同不对称性的研究主要有两类。第一类研究对称合同和非对称合同对管理者资产选择和资产价格的影响。Starks（1987）认为，在资产选择方面对称合同比非对称合同占优，因为对称合同更能诱导管理者选择投资者满意的投资组合。Das 和 Sundaram（2002）却认为，对称合同比非对称合同占优缺少理论基础，当管理者的保留效用足够高和委托方喜欢混同合同时，非对称合同比对称合同占优，并且他们给出了使非对称合同提供的结果帕累托占优的条件。Hugonnier 和 Kaniel（2010）发现，基金的费率和风险正相关，这是因为费率高的基金管理者持有更多的风险资产。Cuoco 和 Kaniel（2011）研究了对称与非对称合同下的资产定价问题。Basak 和 Pavlova（2012）、Kaniel 和 Konder（2011）研究了在代理投资占主导地位的金融市场，管理者关心相对业绩对资产价格的影响。

第二类研究非对称合同的期权性质对基金风险承担行为的影响。非对称合同如果只对管理者的超基准组合的业绩进行奖励而对负的业绩不进行处罚，则管理者只承担有限责任，此时非对称合同具有期权（买权）的性质。Grinblatt和 Titman（1989）认为如果管理者可以为自己的报酬进行套期保值，则管理者会选择加大基金波动率（风险）的投资策略。但在假设管理者是风险厌恶的基础上，Carperter（2000）认为，期权型的合同不一定导致更大的风险。Ross（2004）认为，期权型的报酬结构可能使管理者选择的风险水平比交易自己资产时的风险还要低，因为期权型的合同内含有放大效应。Panageas 和 Westerfield（2009）认为，由期权型非对称合同导致的管理者对风险的偏好行为是有限的，因为期权存在放大效应。

基金管理者的报酬一般是其管理的资产的某一百分比，新资金的流入意味着基金规模的增加，相对业绩与资金流动的不对称关系成为管理者的一种隐性激励，这种隐性激励使基金管理者为追求相对业绩而扭曲资产配置。Goriaev和 Palomino（2003）、Taylor（2003）通过研究两支不同业绩的基金之间的竞争行为，发现年中业绩好的基金为了保住竞争优势以吸引新资金的流入在年末持有更多风险资产。但 Basak 等（2007）认为，管理者为了获得超基准组合的业绩而产生风险转嫁行为是有限的，管理者是加大还是减少投资组合的风险取决于其风险容忍的大小。Basak 等（2008）假设，管理者的报酬根据与其他管理者相比较的相对业绩来确定，从理论上证明了年中业绩落后于基准组合（或同行业的平均水平）的基金下半年必然加大基金的风险，业绩好的基金为了保住领先位置变得更加保守。Alexander 和 Baptista（2008）发现，在 Roll（1992）的 TEV 模型中加入 VaR 约束使积极的投资管理者选择更加有效的投资组合。Binsbergen 等（2008）研究了分散投资情况下相对业绩合同对管理者资产选择的影响，认为基准组合设计可以改善相对业绩合同的激励。Hugonnier 和 Kaniel（2010）研究了在考虑资金的动态流动时共同基金的投资组合策略，发现基金的费率大小和其风险之间存在正的相关性。

近年来，基于绩效的报酬结构在开放式基金管理中逐渐被采用。尽管 Stoughton（1993）、Admati 和 Pfleiderer（1997）发现线性 PBF 合同没有激励作用，但 Elton 和 Gruber（2003）发现，在美国市场采用 PBF 的基金其业绩表现要好于不采用 PBF 的基金。Ou-Yang（2003）发现，动态委托投资组合管理的最优报酬合同为对称 PBF 合同。Gomez 和 Sharma（2006）认为，卖空限制下的线性 PBF 合同能激励管理者，且激励作用优于二次合同。Li 和 Tiwari（2009）发现，期权型的 PBF 合同可以克服管理者对私人信息获取投资不足问题。Cvitanić等（2009）研究认为，在动态委托代理关系下，管理者的最优报酬合同为非线性的。Dybvig 等（2010）认为，在资产选择限制的条件下最优报酬合同为引入基准组合的线性 PBF 合同。Kyle 等（2012）将信息获取模型转化为内生变量，认为线性 PBF 合同可以激励管理者去努力获取信息。

现有文献只研究两类不对称中某类不对称性对基金风险承担行为的影响，但采用非对称 PBF 的开放式基金其风险承担行为同时受到两类不对称的影响①。因此，本章研究两类不对称对基金风险承担行为的影响。首先分析合同不对称和资金流动不对称程度对基金风险承担行为的影响，其次分析两类不对称之间的交互作用对基金风险承担行为的影响，再次分析收益分享比例和流动量大小对管理者资产选择的影响，最后提出一种基金风险度量的方法。

6.2　模型的假设

1）市场上有两种资产，资产 A（一种资产或投资组合）和基准组合 B，资产 A 和基准组合 B 的收益率分别为 $\widetilde{R}_a$ 和 $\widetilde{R}_b$，$\widetilde{R}_a$ 和 $\widetilde{R}_b$ 的均值和方差分别为 μ_a，μ_b 和 σ_a^2，σ_b^2，其中 $\mu_a > \mu_b$，$\sigma_a^2 > \sigma_b^2$，这一假设说明，资产 A 是比基准组合 B 风险高的资产，$\widetilde{R}_a \sim N(\mu_a, \sigma_a^2)$，$\widetilde{R}_b \sim N(\mu_b, \sigma_b^2)$，且资产 A 和基准组合 B 不相关，则 $\widetilde{R}_a - \widetilde{R}_b \sim N(\mu_a - \mu_b, \sigma_a^2 + \sigma_b^2)$。参考 Chen 和 Pennancchi（2009）的研究，基金组合可以分为两部分：一部分为投资基准组合 B；另一部分为投资资产 A。θ 为基金组合中资产 A 的持有比例，θ 反映基金组合偏离基准组合的程度，即 θ 越大基金承担的风险越大。在上述假设下，基金组合的收

①　开放式基金其资金流入和流出受其业绩影响，业绩不同时其资金流动存在不对称，管理者报酬结构采用不对称 PBF 的基金，其风险承担行为同时受到两类不对称的影响。

益率为

$$\widetilde{R} = \theta \widetilde{R}_a + (1 - \theta) \widetilde{R}_b \tag{6-1}$$

2）S 为基金规模，其变动规律为 $S = S_0(1 + \omega\Pi(\widetilde{R}, \widetilde{R}_b))$，其中

$$\Pi(\widetilde{R}, \widetilde{R}_b) = \begin{cases} 1, & \widetilde{R} - \widetilde{R}_b \geq \eta \\ -\dfrac{1}{d}, & \widetilde{R} - \widetilde{R}_b < \eta \end{cases} \tag{6-2}$$

$\omega > 0$ 为新资金的流入量，ω 越大说明新资金的流入量越大。η 为一门槛值，当基金组合的收益与基准组合的收益不小于该门槛值时，有新资金流入该基金，否则有资金流出该基金[①]。$d \geq 1$ 为新资金流入量的不对称程度，d 越大说明不对称程度越高。当 $d = 1$ 时，表示新资金在基金收益与基准组合收益之差低于或高于门槛值时流动是对称的；当 $d \to + \infty$ 时不对称程度最高，表示即使基金业绩低于基准组合，也没有资金流出该基金。S_0 为基金规模的初始量，为分析的方便我们假设 $S_0 = 1, \dfrac{\omega}{d} < 1$。

3）基金管理者的报酬合同为 $\widetilde{W} = W_0 + S\pi$，其中，$W_0$ 是与基金业绩无关的固定报酬，代表基金管理者所得的固定报酬，

$$\pi = \begin{cases} \alpha \widetilde{R} + \beta(\widetilde{R} - \widetilde{R}_b), & \widetilde{R} - \widetilde{R}_b \geq 0 \\ \alpha \widetilde{R} + \dfrac{\beta}{c}(\widetilde{R} - \widetilde{R}_b), & \widetilde{R} - \widetilde{R}_b < 0 \end{cases} \tag{6-3}$$

$c \geq 1$ 反映合同的不对称程度，c 越大说明不对称程度越高。当 $c = 1$ 时，表示合同是对称的；当 $c \to + \infty$ 时，合同的不对称程度最高，表示对业绩低于基准组合的基金不进行处罚，此时合同具有期权的特征。$\alpha \geq 0, \beta > 0$ 分别为基金管理者对基金收益和超基准组合收益的分享比例。合同的不对称表现在对基金业绩超过或落后于基准组合的奖励和处罚的程度不同上，本章主要分析不对称对基金风险承担行为的影响。因此，我们假设 $\alpha = 0$，为方便计算，同时假设

---

①　按照 Chevalier 和 Ellison（1997）的研究，业绩和资金流动之间的不对称关系主要表现在业绩排名最好的和最差的样本基金上，其基准 benchmark 是基金业绩的相对排名。为不失一般性，本章用基金收益与基准组合收益的相对值来度量基金的相对业绩，通过门槛值 η 将基金分为两类：一类相对业绩高于门槛值；另一类相对业绩低于门槛值。Basak（2007；2008）等的研究也有相似处理。

$W_0 = 0$，这样假设并不影响本章的结论。

4）管理者具有常绝对风险厌恶型效用函数，即当管理者的绝对风险厌恶系数为 γ 时管理者的效用函数为

$$E[U(\widetilde{W})] = -\exp\{-\gamma\widetilde{W}\} \tag{6-4}$$

其中，$\widetilde{W}$ 为管理者的期末财富。管理者没有初始财富，其所有财富来自其报酬收益。

6.3　模型的求解与分析

为了技术上处理的方便，在假设（2）中我们令 $\eta = 0$（这样假设并不影响本章的结论），由式（6-1）~式（6-4）我们有

$$\widetilde{W} = \begin{cases} (1+\omega)\theta\beta(\widetilde{R}_a - \widetilde{R}_b), & \widetilde{R}_a \geqslant \widetilde{R}_b \\ \left(1 - \dfrac{\omega}{d}\right)\dfrac{\theta\beta}{c}(\widetilde{R}_a - \widetilde{R}_b), & \widetilde{R}_a < \widetilde{R}_b \end{cases}$$

则管理者的效用函数为

$$\begin{aligned} E(U(\widetilde{W})) = {}& E_{\widetilde{R}_a \geqslant \widetilde{R}_b}\{-\exp[-(1+\omega)\beta\gamma\theta(\widetilde{R}_a - \widetilde{R}_b)]\} \\ & + E_{\widetilde{R}_a < \widetilde{R}_b}\left\{-\exp\left[-\left(1 - \frac{\omega}{d}\right)\frac{\beta}{c}\gamma\theta(\widetilde{R}_a - \widetilde{R}_b)\right]\right\} \end{aligned}$$

其中

$$\begin{aligned} & E_{\widetilde{R}_a \geqslant \widetilde{R}_b}\{-\exp[-(1+\omega)\beta\gamma\theta(\widetilde{R}_a - \widetilde{R}_b)]\} \\ & = -\int_0^{+\infty} e^{-(1+\omega)\beta\gamma\theta x}\frac{1}{\sqrt{2\pi}\sigma}e^{-\frac{(x-\mu)^2}{2\sigma^2}}\mathrm{d}x \end{aligned}$$

$$= N\left(\frac{\mu}{\sigma} - (1+\omega)\beta\gamma\theta\sigma\right) \times \exp\left\{\frac{(1+\omega)^2\beta^2\gamma^2\theta^2\sigma^2}{2} - \mu(1+\omega)\beta\gamma\theta\right\}$$

$\mu = \mu_a - \mu_b$，$\sigma^2 = \sigma_a^2 + \sigma_b^2$，引入米勒比例（mills ratio）函数 $M(x) = \dfrac{1 - N(x)}{f(x)}$，$N(x)$ 和 $f(x)$ 分别为标准正态分布的分布函数和密度函数，其中，$x \in (-\infty, +\infty)$；根据本章附录引理 6-1 有 $M'(x) < 0$，$M''(x) > 0$，当 $x \in (-\infty, +\infty)$ 时，有

$$E_{\widetilde{R}_a \geqslant \widetilde{R}_b}\{ - \exp[- (1 + \omega)\beta\gamma\theta(\widetilde{R}_a - \widetilde{R}_b)]\}$$

$$= -f\left(\frac{\mu}{\sigma}\right)M\left[- \frac{\mu}{\sigma} + (1 + \omega)\beta\gamma\theta\sigma\right] \tag{6-5}$$

同理可以求得

$$E_{\widetilde{R}_a < \widetilde{R}_b}\left\{ - \exp\left[- \left(1 - \frac{\omega}{d}\right)\frac{\beta}{c}\gamma\theta(\widetilde{R}_a - \widetilde{R}_b)\right]\right\}$$

$$= -f\left(\frac{\mu}{\sigma}\right)M\left[\frac{\mu}{\sigma} - \left(1 - \frac{\omega}{d}\right)\frac{\beta}{c}\gamma\theta\sigma\right] \tag{6-6}$$

根据式（6-5）、式（6-6）得到管理者的最优化问题为

$$\max_{\theta}E(U(\widetilde{W})) = -f\left(\frac{\mu}{\sigma}\right)\left\{M\left[- \frac{\mu}{\sigma} + (1 + \omega)\beta\gamma\theta\sigma\right] + M\left[\frac{\mu}{\sigma} - \left(1 - \frac{\omega}{d}\right)\frac{\beta}{c}\gamma\theta\sigma\right]\right\}$$

根据最优化的一阶微分条件有 $\dfrac{\partial U(E(\widetilde{W}))}{\partial\theta} = 0$，可得

$$M'\left[- \frac{\mu}{\sigma} + (1 + \omega)\beta\gamma\theta^*\sigma\right](1 + \omega) = M'\left[\frac{\mu}{\sigma} - \left(1 - \frac{\omega}{d}\right)\frac{\beta}{c}\gamma\theta^*\sigma\right]\frac{1}{c}\left(1 - \frac{\omega}{d}\right) \tag{6-7}$$

其中，θ^* 为基金管理者对资产 A 的最优持有比例。

下面我们对式（6-7）的经济意义进行分析。

1）在式（6-7）中，我们用 $M'\left[- \dfrac{\mu}{\sigma} + (1 + \omega)m\gamma\theta^*\sigma\right]$ 和 $M'\Big[\dfrac{\mu}{\sigma} -$

$\left(1 - \dfrac{\omega}{d}\right)\dfrac{m}{c}\gamma\theta^*\sigma\Big]$ 分别表示经风险调整的边际利润和边际损失。当管理者投资组合的收益不小于基准组合的收益时，管理者获得边际利润 $M'\left[- \dfrac{\mu}{\sigma} + (1 + \omega)m\gamma\theta^*\sigma\right]$；否则，边际损失为 $M'\left[\dfrac{\mu}{\sigma} - \left(1 - \dfrac{\omega}{d}\right)\dfrac{m}{c}\gamma\theta^*\sigma\right]$。

2）如果不考虑资金流动的不对性的影响，则有

$$M'\left[- \frac{\mu}{\sigma} + (1 + \omega)m\gamma\theta^*\sigma\right](1 + \omega) = M'\left[\frac{\mu}{\sigma} - (1 - \omega)\frac{m}{c}\gamma\theta^*\sigma\right]\frac{1}{c}(1 - \omega) \tag{6-8}$$

式（6-8）为因合同不对称而对管理者持有非基准组合带来的边际奖励，$M'\left[- \dfrac{\mu}{\sigma} + (1 + \omega)m\gamma\theta^*\sigma\right](1 + \omega)$ 等于边际处罚 $M'\Big[\dfrac{\mu}{\sigma} - (1 - \omega)$

$\dfrac{m}{c}\gamma\theta^{*}\sigma\Big]\dfrac{1}{c}(1-\omega)$。由式 (6-8) 可得

$$\frac{M'\Big[-\dfrac{\mu}{\sigma}+(1+\omega)m\gamma\theta^{*}\sigma\Big]}{M'\Big[\dfrac{\mu}{\sigma}-(1-\omega)\dfrac{m}{c}\gamma\theta^{*}\sigma\Big]}=\frac{1}{c}\frac{1-\omega}{1+\omega} \tag{6-9}$$

式 (6-9) 说明合同不对称程度越大，则边际利润与边际损失相比越小。

3）如果不考虑合同不对称性的影响，则有

$$M'\Big[-\frac{\mu}{\sigma}+(1+\omega)m\gamma\theta^{*}\sigma\Big](1+\omega)=M'\Big[\frac{\mu}{\sigma}-\Big(1-\frac{\omega}{d}\Big)m\gamma\theta^{*}\sigma\Big]\Big(1-\frac{\omega}{d}\Big) \tag{6-10}$$

式 (6-10) 为因流动产生的不对称而对管理者持有非基准组合带来的边际奖励，$M'\Big[-\dfrac{\mu}{\sigma}+(1+\omega)m\gamma\theta^{*}\sigma\Big](1+\omega)$ 等于边际处罚 $M'\Big[\dfrac{\mu}{\sigma}-(1-\dfrac{\omega}{d})m\gamma\theta^{*}\sigma\Big](1-\dfrac{\omega}{d})$。由式 (6-10) 可得

$$\frac{M'\Big[-\dfrac{\mu}{\sigma}+(1+\omega)m\gamma\theta^{*}\sigma\Big]}{M'\Big[\dfrac{\mu}{\sigma}-\Big(1-\dfrac{\omega}{d}\Big)m\gamma\theta^{*}\sigma\Big]}=\frac{1-\dfrac{\omega}{d}}{1+\omega} \tag{6-11}$$

式 (6-11) 说明因相对业绩不同而产生的资金流动不对称性的程度越大，则边际利润与边际损失相比越大，这正好与因合同不对称而产生的影响相反。

综合考虑两类不对称，式 (6-7) 的经济含义我们可以作如下解释：因管理者投资组合收益大于基准组合收益，而对管理者的边际奖励等于因管理者投资组合收益小于基准组合收益而对管理者的边际处罚。

将式 (6-7) 两边关于合同不对称程度 c 和流动不对称程度 d 求导得

$$\frac{\partial\theta^{*}}{\partial c}=\frac{-M'(H_{1})\Big(1-\dfrac{\omega}{d}\Big)\dfrac{1}{c^{2}}+M''(H_{1})\Big(1-\dfrac{\omega}{d}\Big)^{2}\dfrac{m}{c^{2}}\gamma\theta^{*}\sigma}{M''(H_{2})(1+\omega)^{2}m\gamma\sigma+M''(H_{1})\Big(1-\dfrac{\omega}{d}\Big)^{2}\dfrac{m}{c^{2}}\gamma\sigma}>0 \tag{6-12}$$

$$\frac{\partial\theta^{*}}{\partial d}=\frac{M'(H_{1})\dfrac{\omega}{cd^{2}}-M''(H_{1})\Big(1-\dfrac{\omega}{d}\Big)\dfrac{\omega m}{d^{2}c^{2}}\gamma\theta^{*}\sigma}{M''(H_{2})(1+\omega)^{2}m\gamma\sigma+M''(H_{1})\Big(1-\dfrac{\omega}{d}\Big)^{2}\dfrac{m}{c^{2}}\gamma\sigma}<0 \tag{6-13}$$

其中

$$H_1 = \frac{\mu}{\sigma} - \left(1 - \frac{\omega}{d}\right)\frac{m}{c}\gamma\theta^*\sigma, \qquad H_2 = -\frac{\mu}{\sigma} + (1 + \omega)m\gamma\theta^*\sigma$$

$\frac{\partial\theta^*}{\partial c} > 0$，说明随着管理者报酬合同不对称程度的增加，基金管理者所选择的投资组合偏离市场组合的程度增加。$\frac{\partial\theta^*}{\partial d} < 0$，说明流动不对称程度越高，基金组合偏离基准组合的程度越小，反之即 d 越小，基金组合偏离基准组合的程度越大，当 $d = 1$ 时，资金流动是对称的，偏离程度最大。而 d 越小意味着因业绩低于基准组合时资金流出该基金的量越大，如果我们把 $\widetilde{R}_b$ 看做是另一个管理者的业绩时，说明当基金业绩低于另一个管理者的业绩时，为了战胜对手留住资金，业绩差的管理者在基金组合中配置更多高风险资产。于是我们得到如下结论：

结论 6-1　合同不对称程度越高，基金承担的风险越大，而资金流动不对称对基金风险行为的影响正好相反。

接下来我们分析两类不对称同时作用对基金风险承担行为的影响。用 $\Delta\theta^*$、Δc 和 Δd 分别表示偏离程度 θ、合同不对称程度 c 及流动不对称程度 d 的变化量，由式（6-12）和式（6-13）得

$$\Delta\theta^* = \frac{\partial\theta^*}{\partial c}\Delta c + \frac{\partial\theta^*}{\partial d}\Delta d$$

$\frac{\partial\theta^*}{\partial c} > 0$，且 $\frac{\partial\theta^*}{\partial d} < 0$，说明任何一类不对称减轻了另一类不对称对基金风险承担行为的影响。随着流动不对称程度的增加，$\frac{\partial\theta^*}{\partial c}$ 变小了，说明资金流动的不对称减缓了因合同不对称程度增加而导致的基金组合偏离基准组合的程度增加的速度；随着合同不对称程度的增加，$\frac{\partial\theta^*}{\partial d}$ 变大了，说明合同的不对称减缓了因流动不对称程度增加而导致的基金组合偏离基准组合的程度下降的速度（这是因为 $\frac{\partial\theta^*}{\partial d} < 0$）。于是我们得到如下结论：

结论 6-2　当两类不对称同时作用时，任何一类不对称减轻了另一类不对

称对基金风险承担行为的影响。

由式（6-8）可得资产 A 的最优持有比例 θ^* 与合同系数 β 的关系满足微分方程

$$\frac{\partial \theta^*}{\partial \beta} = -\frac{\theta^*}{\beta}$$

该方程的通解为 $\theta^* = \dfrac{C_1}{\beta}$，其中，$C_1 > 0$ 为常数，最优持有比例 θ^* 与合同系数 β 之间存在反比例关系，说明增加管理者的风险分享比例不能使管理者持有更多高风险的资产。同时，我们有 $\dfrac{\partial U(E(\widetilde{W}))}{\partial \beta} = 0$，即 β 的增加不能增加管理者的效用，因而不能激励管理者的努力。

将式（6-8）两边关于资金流动量 ω 求导得

$$\frac{\partial \theta^*}{\partial \omega} = \frac{M''(H_1)\left(1 - \dfrac{\omega}{d}\right)\dfrac{1}{c^2 d}\beta\gamma\theta^*\sigma - M''(H_2)(1+\omega)\beta\gamma\theta^*\sigma - M'(H_2) - \dfrac{M'(H_1)}{cd}}{M''(H_2)(1+\omega)^2\beta\gamma\sigma + M''(H_1)\left(1 - \dfrac{\omega}{d}\right)^2\dfrac{1}{c^2}\beta\gamma\sigma}$$

$$(6\text{-}14)$$

在式（6-14）中，等式右边的分母为正，判断分子的正负涉及 θ^* 和 ω 的取值，而 θ^* 和 ω 的函数关系满足微分方程（6-7），求解微分方程（6-7）不能得出 θ^* 和 ω 的显性关系。因此，我们通过微分方程（6-7），用数值分析的方法研究 θ^* 和 ω 的关系。

通过数值模拟流动量 ω 对资产 A 最优持有比例 θ^* 的影响得到图 6-1 和图 6-2，图 6-1 和图 6-2 表明，随着资金流动量 ω 的增加，基金组合中资产 A 最优持有比例 θ^* 增加，即有 $\dfrac{\partial \theta^*}{\partial \omega} > 0$，说明基金流动量能激励管理者持有更多高风险资产。于是我们有如下结论：

结论 6-3　在线性合同中提高管理者的收益分享比例不能激励管理者持有更多高风险资产和提高管理者的福利水平，从而也就不能激励管理者的努力程度；资金流动量的增加可以使基金承担更多风险。

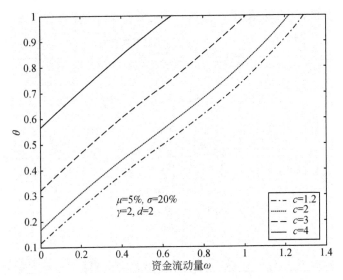

图 6-1 资金流动量 ω 与资产 A 持有比例的关系

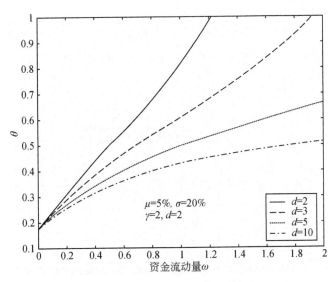

图 6-2 资金流动量 ω 与资产 A 持有比例的关系

将式（6-7）两边分别关于 μ, σ, γ 求导得

$$\frac{\partial \theta^*}{\partial \mu} = \frac{M''(H_2)(1+\omega) + M''(H_1)\left(1-\dfrac{\omega}{d}\right)\dfrac{1}{c}}{M''(H_2)(1+\omega)^2\beta\gamma\sigma^2 + M''(H_1)\left(1-\dfrac{\omega}{d}\right)^2\dfrac{1}{c^2}\beta\gamma\sigma^2} > 0 \quad (6\text{-}15)$$

$$\frac{\partial \theta^*}{\partial \sigma} = -\frac{M''(H_2)(1+\omega)\left[\dfrac{\mu}{\sigma^2} + (1+\omega)\beta\gamma\theta^*\right] + M''(H_1)\left(1-\dfrac{\omega}{d}\right)\dfrac{1}{c}\left[\dfrac{\mu}{\sigma^2} + \left(1-\dfrac{\omega}{d}\right)\dfrac{1}{c}\beta\gamma\theta^*\right]}{M''(H_2)(1+\omega)^2\beta\gamma\sigma + M''(H_1)\left(1-\dfrac{\omega}{d}\right)^2\dfrac{1}{c^2}\beta\gamma\sigma} < 0 \quad (6\text{-}16)$$

$$\frac{\partial \theta^*}{\partial \gamma} = -\frac{\theta^*}{\gamma} < 0 \quad (6\text{-}17)$$

$\frac{\partial \theta^*}{\partial \gamma} = -\frac{\theta^*}{\gamma}$，则有 $\theta^*\gamma = C_2$，其中，$C_2 > 0$ 为常数，资产 A 的最优持有比例 θ^* 与管理者风险厌恶程度 γ 之间存在反比例关系。根据式（6-15）～式（6-17）我们有下面的结论：

结论 6-4　当资产 A 与基准组合 B 的收益率相差越大或资产 A 的风险越小，基金组合偏离基准组合的程度越大；基金组合偏离基准组合的程度与基金管理者的风险厌恶程度之间存在反比例关系。

6.4　基金风险的度量

在前面的假设下，基金组合收益的方差为 $\sigma_p^2 = \theta^2\sigma_a^2 + (1-\theta)^2\sigma_b^2$，则有

$$\frac{\partial \sigma_p^2}{\partial \theta} = 2\theta(\sigma_a^2 + \sigma_b^2) - 2\sigma_b^2 \quad (6\text{-}18)$$

当 $0 < \theta < \dfrac{\sigma_b^2}{\sigma_a^2 + \sigma_b^2}$ 时，有 $\dfrac{\partial \sigma_p^2}{\partial \theta} < 0$，说明当基金组合偏离基准组合的程度增加时，基金的风险减少了，这样用基金收益的方差来度量基金的风险并不能反映基金的风险承担行为。对于投资者来说，只能事后观察到基金组合的收益，并不知道基金管理者的真实资产配置，即投资者不能获得 θ 的真实值，所以直接用

θ 来度量风险也不合适。我们将基金收益和基准组合收益之差 $\widetilde{R} - \widetilde{R}_b$ 的方差定义为基金的跟踪误差 σ_e^2，则有 $\sigma_e^2 = \theta^2(\sigma_a^2 + \sigma_b^2)$，$0 < \theta \le 1$，很显然有 $\dfrac{\partial \sigma_e^2}{\partial \theta} > 0$，说明用跟踪误差来衡量基金的风险能反映基金组合对基准组合的偏离程度，从而能很好地度量基金的风险承担程度。

6.5　本 章 小 结

本章研究了合同不对称与资金流动不对称对采用非对称 PBF 的开放式基金风险承担行为的影响。合同不对称的程度越大，则基金组合偏离基准组合的程度越大，而流动不对称对基金风险承担行为的影响正好相反。当两类不对称同时作用时，任何一类不对称减轻了另一类不对称对基金风险承担行为的影响。在线性合同下，提高管理者的收益分享比例不能激励管理者持有更多高风险资产，此时风险分享比例和高风险资产的持有比例的乘积为一个常数。资金流动量的增加能激励管理者持有更多高风险资产。基金组合偏离基准组合的程度与基金管理者的风险厌恶程度之间存在反比例关系。基金组合偏离基准组合但其收益方差不一定增加，说明用收益的方差来度量风险不一定有效，用基金收益的跟踪误差来度量基金的风险更为合适。

本章的研究是静态的、单期的，多期和连续金融框架下两类不对称对基金风险承担行为的影响是今后值得研究的方向。

6.6　本 章 附 录

引理 6-1　假设函数 $M(x) = \dfrac{1 - N(x)}{f(x)}$，$N(x)$ 和 $f(x)$ 分别为标准正态分布的分布函数和密度函数，$x \in (-\infty, +\infty)$，即 $M(x)$ 为 Mill 比率，则 $M'(x) < 0$，$M''(x) > 0$。

证明　首先证明 $M'(x) < 0$，然后证明 $M''(x) > 0$。

由 $M(x)$ 的定义可知，$M'(x) = -\dfrac{f(x) - x + xN(x)}{f(x)}$，令 $G(x) = f(x) - x + xN(x)$。显然，

当 $x \in (-\infty, 0]$ 时，$G(x) = f(x) - x(1 - N(x)) > 0$，从而 $M'(x) < 0$。

当 $x \in (0, +\infty)$ 时，

$$G(0) = f(0) = \frac{1}{\sqrt{2\pi}}$$

$$\lim_{x \to +\infty} f(x) = 0$$

$$\lim_{x \to +\infty} G(x) = \lim_{x \to +\infty} f(x) - \lim_{x \to +\infty} (x - xN(x)) = -\lim_{x \to +\infty} \frac{(1 - N(x))'}{(x^{-1})'} = -\frac{1}{\sqrt{2\pi}} \lim_{x \to +\infty} \frac{x^2}{e^{\frac{x^2}{2}}} = 0$$

由 $G(x)$ 的定义可知 $G'(x) = N(x) - 1 < 0$，$G(x)$ 在其定义域内为减函数，所以当 $x \in (0, +\infty)$ 时，根据极限的性质有 $0 < G(x) < \dfrac{1}{\sqrt{2\pi}}$，从而 $M'(x) < 0$。这样我们就证明了当 $x \in (-\infty, +\infty)$ 时，$M'(x) < 0$。下面证明当 $x \in (-\infty, +\infty)$ 时，$M''(x) > 0$。

将 $M'(x)$ 关于 x 求导可得 $M''(x) = -\dfrac{(1 - N(x))(1 + x^2) - xf(x)}{f(x)}$，令 $H(x) = (1 - N(x))(1 + x^2) - xf(x)$，显然当 $x \in (-\infty, 0]$ 时，$H(x) > 0$，从而 $M''(x) > 0$。

当 $x \in (0, +\infty)$ 时，

$$H(0) = 1 - N(0) = \frac{1}{2}$$

$$\lim_{x \to +\infty} H(x) = \lim_{x \to +\infty} \frac{(1 - N(x))'}{((1 + x^2)^{-1})'} - \lim_{x \to +\infty} \frac{(1 - N(x))'}{(x^{-1})'}$$

$$= \frac{1}{2\sqrt{2\pi}} \lim_{x \to +\infty} \frac{(1 + x^2)^2}{xe^{\frac{x^2}{2}}} - \frac{1}{\sqrt{2\pi}} \lim_{x \to +\infty} \frac{x^3}{e^{\frac{x^2}{2}}} = 0$$

由 $G(x)$ 的定义可知 $H'(x) = -2f(x) + 2x(1 - N(x))$，$H'(0) = -2f(0) = -\sqrt{\dfrac{2}{\pi}}$，

$$\lim_{x \to +\infty} H'(x) = -2 \lim_{x \to +\infty} f(x) + 2 \lim_{x \to +\infty} (x - xN(x)) = 0$$

$$H''(x) = 2(1 - N(x)) > 0$$

所以当 $x \in (0, +\infty)$ 时，$-\sqrt{\dfrac{2}{\pi}} < H'(x) < 0$，$G(x)$ 为减函数，根据极限的

性质有 $0 < H(x) < \dfrac{1}{2}$，从而 $M''(x) > 0$。这样我们就证明了当 $x \in (-\infty,$

$+\infty)$ 时，$M''(x) > 0$。

引理证毕

7 PBF 合同下基金业绩与基金风险的关系研究

7.1 引 言

Grinblatt 和 Titman (1989) 认为，在给定的期权类型的非对称 PBF 合同的情况下，如果管理者可以为自己的报酬进行套期保值，则管理者会选择加大基金波动率（风险）的投资策略。但 Carperter (2000) 认为，如果管理者不能为其报酬结构套期保值，则期权型的 PBF 合同不一定导致更大的风险。Basak、Pavlova 和 Shapiro (2008) 研究了在给定报酬结构时管理者的动态投资组合选择，他们认为管理者在业绩好时尽可能使资产配置复制基准组合，在业绩差时管理者的资产配置偏离基准组合使跟踪误差增大。

实证研究中，Brown、Harlow 和 Starks (1996)（以下简称 BHS）利用基金收益的月数据实证检验了年中业绩差的基金同年中业绩好的基金相比，年中业绩差的基金下半年收益的方差增大。Koski 和 Pontiff (1999) 利用月数据计算基金收益的标准差、β 系数和非市场风险等风险指标，发现了与 BHS 相似的结论。Busse (2001) 利用基金收益的日数据复制 BHS 的方法，没有发现年中业绩差的基金同年中业绩好的基金相比，年中业绩差的基金下半年收益的方差增大。Chevalier 和 Ellison (1997) 利用基金每年 9 月和 12 月的收益数据发现，业绩差的基金在 9 ~ 12 月的收益的方差相对于基准组合的跟踪误差增大。Chen 和 Pennacchi (2009) 研究认为，在基金管理的锦标赛中，业绩差的管理者增加的不是整个基金组合的风险，而是基金的跟踪误差，实际上业绩差的基金倾向于将自己管理的基金的持仓与绝对收益波动率最小的基金的持仓相近。

本章基于 Chen 和 Pennacchi (2009) 的模型，研究 PBF 合同下管理者的业绩与其风险选择的关系，首先通过一个动态资产选择模型分析基金业绩与基金风险的关系，其次采用我国开放式基金的数据对模型的结论进行检验。

7.2 资产选择模型

假设市场上只有两种代表性的资产，投资组合 A 和基准组合 B，$A(t)$ 为基准组合 A 在 t 时刻的价格，假设 $B(t)$ 为基准组合 B 在 t 时刻的价格，$A(t)$ 和 $B(t)$ 服从如下几何布朗运动：

$$\frac{\mathrm{d}A(t)}{A(t)} = \alpha_A \mathrm{d}t + \sigma_A \mathrm{d}q \tag{7-1}$$

$$\frac{\mathrm{d}B(t)}{B(t)} = \alpha_B \mathrm{d}t + \sigma_B \mathrm{d}z \tag{7-2}$$

其中，$\mathrm{d}q$，$\mathrm{d}z$ 为一般的维纳过程，且假设 $\sigma_B \mathrm{d}z \sigma_A \mathrm{d}q = \sigma_{AB} \mathrm{d}t$，$\alpha_B$，$\alpha_A$，$\sigma_B$，$\sigma_A$ 为常数。假设基金管理者将资产配置于投资组合 A、B 的比例分别为 θ 和 $1 - \theta$（$0 \leqslant \theta \leqslant 1$），则管理者投资组合的价值 $V(t)$ 遵循的布朗运动为

$$\frac{\mathrm{d}V(t)}{V(t)} = \left[(1 - \theta)\alpha_B + \theta\alpha_A \right]\mathrm{d}t + \left[(1 - \theta)\sigma_B \mathrm{d}z + \theta\sigma_A \mathrm{d}q \right] \tag{7-3}$$

假设管理者投资组合与基准组合的相对价值为 $G(t) = V(t)/B(t)$，则由伊藤引理可得

$$\frac{\mathrm{d}G(t)}{G(t)} = \theta(\alpha_A - \alpha_B + \sigma_B^2 - \sigma_{AB})\mathrm{d}t + \theta(\sigma_A \mathrm{d}q - \sigma_B \mathrm{d}z) \tag{7-4}$$

委托方提供给基金管理者的报酬是相对价值 $G(t)$ 的函数，假设为 $F[G(t)]$，管理者没有任何其他初始财富，其所有财富来自其管理资产的报酬收入，并且假设管理者具有负指数效用函数，Chen 和 Pennacchi（2009）假设管理者的效用函数为幂函数，即管理者的效用函数为

$$U\{F[G(t)]\} = -\frac{1}{R_a}\mathrm{e}^{-R_a F[G(t)]} \tag{7-5}$$

其中，R_a 为管理者的风险厌恶系数，$F[G(t)]$ 为管理者在 t 时刻的财富。

在上述假设下，管理者在进行资产配置时要解决的问题为

$$\underset{\forall \theta \in [0, 1]}{\mathrm{Max}} \quad E[U(F(G(T)))] \tag{7-6}$$

s. t.　　$\mathrm{d}G(t) = \theta G(t)\left[(\alpha_A - \alpha_S + \sigma_S^2 - \sigma_{AS})\mathrm{d}t + (\sigma_A\mathrm{d}q - \sigma_S\mathrm{d}z)\right]$　（7-7）

最优化问题（7-6）的含义是管理者选择投资组合使期末 T 时刻的报酬最大，假设管理者的报酬是期末相对价值 $G(T)$ 的增函数。

假设 t 时刻的价值函数为 $J[G(t), t]$，则价值函数 $J[G(t), t]$ 满足的 HJB 方程为

$$0 = \underset{\theta}{\mathrm{Max}}\, J'_t + J'_G\theta G\alpha_G + \frac{1}{2}J''_{GG}\theta^2 G^2\sigma_G^2 \tag{7-8}$$

其中

$$\alpha_G = \alpha_A - \alpha_B + \sigma_B^2 - \sigma_{AB},\ \ \sigma_G^2 = \sigma_A^2 - 2\sigma_{AB} + \sigma_B^2 \tag{7-9}$$

最优化问题（7-8）的一阶条件为

$$J'_G G\alpha_G + J''_{GG}\omega G^2\sigma_G^2 = 0 \tag{7-10}$$

由式（7-10）可得最优投资比例为

$$\omega^* = -\frac{J'_G\alpha_G}{J''_{GG}G^2\sigma_G^2} \tag{7-11}$$

将式（7-10）代入方程（7-8）得偏微分方程

$$0 = J'_t - \frac{1}{2}\frac{(J'_G\alpha_G)^2}{J''_{GG}\sigma_G^2} \tag{7-12}$$

假设委托方提供给基金管理者的合同为线性 PBF 合同的，该合同的形式为

$$F(G(T)) = a + bG(T) \tag{7-13}$$

其中，$a, b > 0$ 为常数，本书第 3 章已讨论了这类合同的激励作用；则 $J(G(t), t)$ 满足的偏微分方程为

$$\begin{cases} 0 = J'_t - \dfrac{1}{2}\dfrac{(J'_G\alpha_G)^2}{J''_{GG}\sigma_G^2} \\[3mm] J(G(T), T) = -\dfrac{1}{R_a}\mathrm{e}^{-R_a(a+bG(T))} \end{cases} \tag{7-14}$$

其中，$J(G(T), T) = -\dfrac{1}{R_a}\mathrm{e}^{-R_a(a+bG(T))}$ 为方程（7-14）的边界条件。根据该偏微分方程的性质，构造如下形式的通解：

$$J(G(T),\ t) = -\frac{1}{R_a} e^{-R_a(a+bG(T))} e^{\hat{\vartheta}(T-t)} \tag{7-15}$$

其中，$\hat{\vartheta}$ 为待定系数（$\hat{\vartheta}$ 是与 $G(T)$，t 无关的常数）。

将式（7-15）代入方程（7-14）整理得

$$\hat{\vartheta} = -\frac{\alpha_G^2}{2\sigma_G^2} \tag{7-16}$$

最后将 $J(G(T),\ t)$ 代入式（7-11）可得管理者投资组合中资产 A 的最优比例为

$$\theta^* = \frac{1}{bR_a G^2} \frac{\alpha_G}{\sigma_G^2} \tag{7-17}$$

7.3　业绩与风险关系

1）当管理者投资组合中资产 A 的比例为 $\theta^* = \dfrac{1}{bR_a G^2} \dfrac{\alpha_G}{\sigma_G^2}$ 时，基金投资组合 P 的方差为

$$\sigma_P^2 = \frac{1}{bR_a G^2} \frac{\alpha_G}{\sigma_G^2} \left(\frac{\alpha_G}{bR_a G^2} - 2(\sigma_B^2 - \sigma_{AB}) \right) + \sigma_B^2 \tag{7-18}$$

将基金组合的方差 σ_P^2 关于基金的相对业绩 G 微分得

$$\frac{\partial \sigma_P^2}{\partial G} = -\frac{4\alpha_G}{bR_a G^3 \sigma_G^2} \left(\sigma_B^2 - \sigma_{AB} - \frac{\alpha_G}{bR_A G^2} \right) \tag{7-19}$$

从式（7-19）知 $\dfrac{\partial \sigma_P^2}{\partial G}$ 的符号取决于 $\sigma_B^2 - \sigma_{AB} - \dfrac{\alpha_G}{bR_A G^2}$ 的正负，即不能确定当相对业绩下降时，基金组合的风险会增加。

2）假设基金跟踪误差为

$$\tilde{r}_e = \tilde{r}_P - \tilde{r}_B \tag{7-20}$$

其中，$\tilde{r}_P$ 和 $\tilde{r}_B$ 分别为基金组合和基准组合的收益率，则跟踪误差的标准差为

$$\sigma_e = \frac{\alpha_G \sqrt{\sigma_G^2}}{bR_a G^2} \tag{7-21}$$

将 σ_e 关于基金相对业绩微分得

$$\frac{\partial \sigma_e}{\partial G} = -\frac{2\alpha_G}{bR_a G^3 \sqrt{\sigma_G}} \tag{7-22}$$

只要 $\alpha_G > 0$，则 $\frac{\partial \sigma_e}{\partial G} < 0$，相对业绩下降，基金组合的跟踪误差增加。另外有

$$\frac{\partial \theta^*}{\partial G} = -\frac{2\alpha_G}{bR_a G^3 \sigma_G^2} \tag{7-23}$$

只要 $\alpha_G > 0$，则 $\frac{\partial \theta^*}{\partial G} < 0$，说明当相对业绩下降时基金管理者将更多的资产配置于投资组合 A，使基金收益的跟踪误差加大，以期战胜基准组合获得更好的相对业绩，从而在基金管理的锦标赛中战胜竞争者。于是我们有下面的结论：

结论 7-1 当基金管理者接受一个基于相对业绩的 PBF 合同时，基金业绩下降，基金管理者增加的不是基金组合的方差而是跟踪误差。

7.4　实证研究

7.4.1　数据

我国基金管理中基金管理者的报酬一般设定于按前一天基金资产净值的 1.5% 的年费逐日计提，虽然没有采用 PBF 报酬结构，但开放式基金资金流动的不对称使得基金管理者将达到或超越基准组合的收益作为自己管理的目标。

本章采用我国开放式基金 2009 年 1 月 1 日至 2011 年 12 月 31 日的周收益数据，实证研究基金业绩与基金风险的关系。实证研究分两步：首先采用 BHS 的方法，研究基金业绩与基金绝对风险（即波动率）的关系；其次在 BHS 的方法中引入基金的跟踪误差，研究基金业绩与基金相对风险（跟踪误差）的关系。数据来自深圳国泰安提供的 CSMAR 开放式基金数据库，有关样本的信息见表 7-1。

表 7-1 基金样本收益统计

年份	基金种类	基金数	基金收益（平均值）	收益的标准差（平均值）
2009	股票型	112	−0.116 1%	2.249 7%
	混合型	86	0.714 6%	2.1068%
2010	股票型	131	0.039 9%	2.339 3%
	混合型	90	0.062 3%	1.983 6%
2011	股票型	151	1.200 0%	4.252 1%
	混合型	102	1.023 3%	3.643 8%

7.4.2 基金业绩与绝对风险的关系

选用 2009 年 1 月 1 日至 2011 年 12 月 31 日我国开放式基金的周收益率数据来验证 BHS 的结论。首先根据基金年中的平均业绩将基金分为两组：业绩高于平均值的为 H 组；业绩低于平均值的为 L 组。验证

$$\frac{\sigma_{L2}}{\sigma_{L1}} > \frac{\sigma_{H2}}{\sigma_{H1}} \tag{7-24}$$

其中，σ_{H1}，σ_{H2} 分别 H 组上半年和下半年收益的标准差，σ_{L1}，σ_{L2} 分别为 L 组上半年和下半年收益的标准差。

参考 BHS 的方法，我们用 RTN_{jy} 来计算基金 j 第 y 年从第 1 周至第 M 周的累计收益率，其中

$$\text{RTN}_{jMy} = \prod_{m=1}^{M} (1 + r_{jm}) - 1 \tag{7-25}$$

用 RAR_{jy} 来计算基金 j 第 y 年从 1 周至第 M 周的收益率风险调整比例，其中

$$\text{RAR}_{jy} = \left[\frac{\frac{1}{(M_y - M) - 1} \sum_{m=M+1}^{M_y} \left(r_{jm} - \bar{r}_{j(M+1:\, M_y)} \right)^2}{\frac{1}{M-1} \sum_{m=1}^{M} \left(r_{jm} - \bar{r}_{j(1:\, M)} \right)^2} \right]^{\frac{1}{2}} \tag{7-26}$$

在式（7-26）中，M_y 为第 y 年基金交易的总周数。根据累计收益率 RTN 和风险调整比例 RAR 是否高于平均值，将基金分为低 RTN/低 RAR、低 RTN/高

RAR、高 RTN/低 RAR 和高 RTN/高 RAR 四组。如果 $\sigma_{L2}/\sigma_{L1} > \sigma_{H2}/\sigma_{H1}$ 成立，则位于低 RTN/高 RAR 和高 RTN/低 RAR 的基金数目要明显大于低 RTN/低 RAR 和高 RTN/高 RAR。零假设是落入每组的比例为 25%，采用 χ^2 检验，自由度为 1。计算结果见表 7-2。

表 7-2　基金样本数的分布（绝对风险）

评估周期/月	样本频数				χ^2
	低 RTN		高 RTN		
	低 RAR	高 RAR	低 RAR	高 RAR	
(4, 8)	26. 28	23. 72	30. 13	19. 87	0. 92
(5, 7)	25. 64	24. 36	30. 13	19. 87	2. 08
(6, 6)	28. 85	21. 15	31. 41	18. 59	0. 83
(7, 5)	29. 49	20. 51	32. 69	17. 31	0. 86
(8, 4)	29. 49	20. 51	33. 97	16. 03	1. 23

从表 7-2 可以看出，没有一个评估周期通过显著性检验，不接受年中业绩落后的基金下半年增加基金风险这一假设。

7.4.3　基金业绩与跟踪误差的关系

根据上文的分析，当基金业绩下降时，基金管理者会将基金的投资组合偏离基准组合。我们用 σ_{H1}^e，σ_{H2}^e 分别表示 H 组上半年和下半年跟踪误差，用 σ_{L1}^e，σ_{L2}^e 分别表 L 组的上半年和下半年跟踪误差，如果业绩差的基金其下半年的跟踪误差增加则有

$$\frac{\sigma_{L2}^e}{\sigma_{L1}^e} > \frac{\sigma_{H2}^e}{\sigma_{H1}^e} \qquad (7\text{-}27)$$

采用 BHS 的方法来检验上式是否成立。用 r_{ejm} 表示基金 j 第 m 周的超基准组合收益率，则

$$r_{ejm} = r_{jm} - r_{Bm} \qquad (7\text{-}28)$$

其中，r_{jm} 为基金 j 第 m 周的收益率，r_{Bmy} 为基准组合 B 第 m 周的收益率。

用 RAR_{ejy} 来计算基金 j 第 y 年从第 1 周至第 M 周的超额收益率的风险调整比例

$$\mathrm{RAR}_{ejy} = \left[\frac{\dfrac{1}{(M_y - M) - 1} \sum_{m=M+1}^{M_y} \left(r_{e\,jm} - \bar{r}_{e\,j(M+1;\,M_y)} \right)^2}{\dfrac{1}{M - 1} \sum_{m=1}^{M} \left(r_{e\,jm} - \bar{r}_{e\,j(1;\,M)} \right)^2} \right]^{\frac{1}{2}} \tag{7-29}$$

和上述检验一样，根据累计收益率 RTN 和超额风险调整比例 RAR_e 是否高于平均值将基金分为低 RTN/低 RAR_e、低 RTN/高 RAR_e、高 RTN/低 RAR 和高 RTN/高 RAR 四组。如果 $\sigma_{L2}/\sigma_{L1} > \sigma_{H2}/\sigma_{H1}$ 成立，则低 RTN/高 RAR 和高 RTN/低 RAR_e 的基金数目要明显大于低 RTN/低 RAR_e 和高 RTN/高 RAR_e 的基金数目。我们的零假设是落入每组的比例为 25%，采用 χ^2 检验。采用深圳国泰安提供的 CSMAR 数据库中开放式基金的周收益率，计算得到表 7-3。

表 7-3　基金样本数的分布（跟踪误差）

评估时段/月	样本频数				χ^2
	低 RTN		高 RTN		
	低 RAR	高 RAR	低 RAR	高 RAR	
第一组　基准组合：上证 A 股指数					
(4, 8)	26.92	23.08	32.05	17.95	1.64
(5, 7)	24.36	25.64	27.56	22.44	0.64
(6, 6)	25.00	25.00	26.92	23.08	0.23
(7, 5)	22.44	27.56	30.77	19.23	4.33*
(8, 4)	20.51	29.49	30.13	19.87	5.77*
第二组　基准组合：上证 180 指数					
(4, 8)	26.28	23.72	26.92	23.08	0.02
(5, 7)	31.41	18.59	30.77	19.23	0.02
(6, 6)	26.92	23.08	31.41	18.59	1.26
(7, 5)	23.72	26.28	30.77	19.23	3.10*
(8, 4)	20.51	29.49	30.13	19.87	5.77*

续表

评估时段/月	样本频数				χ^2
	低 RTN		高 RTN		
	低 RAR	高 RAR	低 RAR	高 RAR	
第三组　基准组合：复合指数					
(4, 8)	26.28	23.72	28.21	21.79	0.23
(5, 7)	28.85	21.15	28.21	21.79	0.02
(6, 6)	25.64	24.36	30.13	19.87	1.26
(7, 5)	23.08	26.92	30.77	19.23	3.69*
(8, 4)	21.79	28.21	30.77	19.23	5.02*

* 表示 $p<0.05$

从表 7-3 可以看出，只有 (7, 5)，(8, 4) 这两个评估周期我们接受 $\sigma_{L2}/\sigma_{L1} > \sigma_{H2}/\sigma_{H1}$，在其他周期我们不能认为 $\sigma_{L2}/\sigma_{L1} > \sigma_{H2}/\sigma_{H1}$，即每年前 $N(N=7, 8)$ 个月收益率低于行业平均值的基金，其后 $12 - N$ 月的跟踪误差增加。

7.5　风险承担的门槛值研究

现有文献在关于基金业绩和风险承担的理论模型方面，都假设在市场上只有两只基金，如 Taylor（2003），Goriaev 等（2003），Li 和 Tiwari（2009），Basak 等（2008）的相关研究。他们建模的基础源于基金锦标赛的实证研究，将所有基金分为两类：一类业绩高于全行业平均值（业绩领先者）；另一类低于全行业的平均值（业绩落后者）。将两类基金看作两个整体，然后考察每类基金的行为，如 Chevalier 和 Ellison（1997）、Sirri 和 Tuffano（1998）、Busse（2001）、Reed 和 Wu（2005）等的研究。很少有文献回答这样建模的理论基础，因此本节分析基金风险承担的业绩门槛值，即应该如何对业绩不同的基金进行分类，试图回答上述建模的理论基础。Makarov（2011）作过类似研究，但在他的模型中，假设基金的数目是连续分布的，并且假设风险资产的期望收益率与无风险利率相同，与 Makarov（2011）相比，本章的结果更具有一般性。

7.5.1 模型的假设

假设金融市场上有 n 只基金，每只基金只有一个管理者，下面未作特殊说明，管理者和基金是同一概念。只有一种风险资产和一种无风险资产可供交易，两种资产的供给是完全弹性的，即交易不会影响资产的价格。风险资产的收益为 x，其中，x 服从均值为 μ，方差为 σ^2 的正态分布，即 $x \sim N(\mu, \sigma^2)$，无风险资产的收益率为 r_f。基金管理者接受一个基于资产的报酬合同，但资金在不同相对业绩的基金之间的流动关系与 Sirri 和 Tuffano（1998）的实证结论一致，即资金流动量与其相对业绩存在凸关系，管理者是风险中性的。

将一年分为三个时期，$t = 0$ 表示年初，$t = 1$ 表示年中，$t = 2$ 表示年末，见图 7-1。

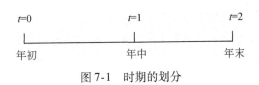

图 7-1 时期的划分

在 $t = 0$ 时，第 $i(i = 1, 2, \cdots, n)$ 只基金的初始资金规模为 W_i^0；在 $t = 1$ 时，基金 $i(i = 1, 2, \cdots, n)$ 实现一个收益率，记为 $r_i^0(i = 1, 2. \cdots, n)$；在 $t = 1$ 到 $t = 2$ 时，管理者选择基金的投资组合使 $t = 2$ 的基金规模最大。将基金 $i(i = 1, 2, \cdots, n)$ 从 $t = 1$ 到 $t = 2$ 的收益率记为 $r_i^1(i = 1, 2. \cdots, n)$，则从 $t = 0$ 到 $t = 2$ 期（全年）基金 $i(i = 1, 2, \cdots, n)$ 的绝对收益率为

$$R_i = (1 + r_i^0)(1 + r_i^1) - 1 \tag{7-30}$$

基金 $i(i = 1, 2, \cdots, n)$ 的相对收益率定义为 $R_i - \bar{R}$，其中 $\bar{R}$ 为 n 只基金全年绝对收益率的平均值，即

$$\bar{R} = \frac{1}{n} \sum_{i=1}^{n} R_i = \frac{1}{n} \sum_{i=1}^{n} (r_i^0 r_i^1 + r_i^0 + r_i^1) \tag{7-31}$$

假设基金 $i(i = 1, 2, \cdots, n)$ 的新资金流入为 $W_i^0 f(R_i - \bar{R})$，其中，

$f(R_i - \bar{R})$ 为 $R_i - \bar{R}$ 的增函数，且是凸的，即 $f'(R_i - \bar{R}) > 0, f''(R_i - \bar{R}) > 0$，在 $t = 2$ 基金的财富总量为

$$W_i = W_i^0(1 + R_i + f(R_i - \bar{R})) \qquad (7\text{-}32)$$

基金管理者使资产规模增加有两种途径：一是增加投资的收益回报率，从而使基金规模变大，另一种途径是在基金管理的锦标赛中获胜，取得好的相对业绩，从而吸引到新资金的流入。

7.5.2 模型及其求解

在上述假设下，基金管理者在 $t = 1$ 到 $t = 2$ 的投资组合选择是使 $t = 2$ 的基金规模最大，则管理者的最优资产配置问题为

$$\max_{\alpha_i, \beta_i} \quad E(\eta W_i^0(1 + R_i + f(R_i - \bar{R})))$$

$$\text{s. t.} \begin{cases} R_i = (1 + r_i^0)[1 + \alpha_i x + (1 - \alpha_i r_f)] - 1 \\ \alpha_i = 0 \end{cases}$$

其中，α_i 是第 i 只基金在 $t = 1$ 到 $t = 2$ 时选择的风险资产的比例，令 $\alpha_i \geq 0$ 是假设市场不允许卖空。

管理者在最优化资产配置时假设 $\bar{R}$ 是给定的，此时有

$$\bar{R} = \frac{1}{n} \sum_{i=1}^{n} R_i = \frac{1}{n} \sum_{i=1}^{n} (r_i^0(\alpha_i x + (1 - \alpha_i)r_f) + r_i^0 + \alpha_i x + (1 - \alpha_i)r_f)$$

$$= \bar{r}^0(\bar{\alpha}^0 x + (1 - \bar{\alpha}^0)r_f) + x\bar{\alpha}^1 + (1 - \bar{\alpha}^1)r_f + \bar{r}^0 \qquad (7\text{-}33)$$

其中

$$\bar{\alpha}^0 = \frac{\sum\limits_{i=1}^{n} r_i^0 \alpha_i}{\sum\limits_{i=1}^{n} r_i^0}, \quad \bar{\alpha}^1 = \frac{1}{n}\sum_{i=1}^{n} \alpha_i, \quad \bar{r}_0 = \frac{1}{n}\sum_{i=1}^{n} r_i^0 \qquad (7\text{-}34)$$

在式（7-32）中有

$$E(R_i) = (1 + r_i^0)E(1 + \alpha_i x + (1 - \alpha_i)r_f) - 1 = (1 + r_i^0)[\alpha_i \mu + (1 - \alpha_i)r_f] + r_i^0 \qquad (7\text{-}35)$$

根据 Sirri 和 Tuffano（1998）的研究，进一步假设

$$f(R_i - \bar{R}) = e^{\omega(R_i - \bar{R})}, \quad \omega > 0 \tag{7-36}$$

即资金流动与基金的相对业绩之间存在凸关系，其中，ω 为大于零的常数，ω 的大小反映了新资金流入的快慢。

在上述假设下，基金 $i(i = 1, 2, \cdots, n)$ 的最优化问题可以化简为

$$\max_{\alpha_i \in [0, 1]} E[R_i + e^{\omega(R_i - \bar{R})}] \tag{7-37}$$

其中

$$R_i = (1 + r_i^0)[1 + \alpha_i x + (1 - \alpha_i) r_f] - 1 \tag{7-38}$$

$$\bar{R} = \bar{r}^0(\bar{\alpha}^0 x + (1 - \bar{\alpha}^0) r_f) + x\bar{\alpha}^1 + (1 - \bar{\alpha}^1) r_f + \bar{r}^0 \tag{7-39}$$

引理 7-1　若随机变量 $x \sim N(\mu, \sigma^2)$，则有 $E(e^x) = \displaystyle\int_{-\infty}^{+\infty} \frac{e^x}{\sqrt{2\pi}\,\sigma} e^{-\frac{(x-\mu)^2}{2\sigma^2}} dx$

$= e^{\mu + \frac{\sigma^2}{2}}$。

证明　$E(e^x) = \displaystyle\int_{-\infty}^{+\infty} \frac{e^x}{\sqrt{2\pi}\,\sigma} e^{-\frac{(x-\mu)^2}{2\sigma^2}} dx$

$$= e^{\mu + \frac{\sigma^2}{2}} \int_{-\infty}^{+\infty} \frac{1}{\sqrt{2\pi}\,\sigma} e^{-\frac{[x-(\mu+\sigma^2)]^2}{2\sigma^2}} dx$$

$$= e^{\mu + \frac{\sigma^2}{2}}$$

引理证毕

引理 7-1 说明，求解 $E(e^x)$ 的最优化问题可以转化为求解 $\mu + \dfrac{\sigma^2}{2}$ 的最优化问题。

由式（7-38）和式（7-39）得

$$E[R_i - \bar{R}] = [(1 + r_i^0)\alpha_i - (\bar{r}^0 \bar{\alpha}^0 + \bar{\alpha}^1)]\mu$$
$$+ (1 + r_i^0)(1 - \alpha_i) r_f - \bar{r}^0(1 - \bar{\alpha}^0) r_f - (1 - \bar{\alpha}^1) r_f \tag{7-40}$$

$$\mathrm{VaR}(R_i - \bar{R}) = \sigma^2[(1 + r_i^0)\alpha_i - (\bar{r}^0 \bar{\alpha}^0 + \bar{\alpha}^1)]^2 \tag{7-41}$$

根据引理 7-1 可知，求解最优化问题（7-37）等价为

$$\max_{\alpha_i \in [0, 1]} (1 + \omega)(1 + r_i^0)\alpha_i(\mu - r_f) + \frac{1}{2}\omega^2\sigma^2[(1 + r_i^0)\alpha_i - (\bar{r}^0 \bar{\alpha}^0 + \bar{\alpha}^1)]^2$$

$$\tag{7-42}$$

显然在式（7-42）中，目标函数是关于变量 α_i 的凹函数，其最大值在两个端点 0 和 1 取得。于是我们比较两个端点的值。为了描述的方便令

$$u(\alpha_i) = (1 + \omega)(1 + r_i^0)\alpha_i(\mu - r_f) + \frac{1}{2}\omega^2\sigma^2\left[(1 + r_i^0)\alpha_i - (\bar{r}^0\bar{\alpha}^0 + \bar{\alpha}^1)\right]^2$$

则

$$u(1) - u(0) = (1 + \omega)(1 + r_i^0)(\mu - r_f)$$
$$+ \frac{1}{2}\omega^2\sigma^2\left[(1 + r_i^0)^2 - 2(1 + r_i^0)(\bar{r}^0\bar{\alpha}^0 + \bar{\alpha}^1)\right] \quad (7\text{-}43)$$

在式（7-43）中，当 $1 + r_i^0 > 0$ 时，$u(1) - u(0) > 0$ 等价于

$$(1 + \omega)(\mu - r_f) + \frac{1}{2}\omega^2\sigma^2\left[(1 + r_i^0) - 2(\bar{r}^0\bar{\alpha}^0 + \bar{\alpha}^1)\right] > 0 \quad (7\text{-}44)$$

求解不等式（7-44）得

$$r_i^0 \geq (\bar{r}^0\bar{\alpha}^0 + \bar{\alpha}^1) - 2\frac{\mu - r_f}{\sigma^2}\frac{1 + \omega}{\omega^2} - 1 \quad (7\text{-}45)$$

式（7-45）说明，对于基金 i，只有上半年的业绩高于 $(\bar{r}^0\bar{\alpha}^0 + \bar{\alpha}^1) - 2\frac{\mu - r_f}{\sigma^2} \cdot \frac{1 + \omega}{\omega^2} - 1$，下半年才会选择风险资产（$\alpha_i = 1$）。因为下半年选择风险资产的收益要大于选择选择无风险资产的收益，反之，则选择无风险资产（$\alpha_i = 0$），即对于基金 $i(i = 1, 2, \cdots n)$ 来说有

$$\alpha_i^* = \begin{cases} 1, & r_i^0 \geq (\bar{r}^0\bar{\alpha}^0 + \bar{\alpha}^1) - 2\dfrac{\mu - r_f}{\sigma^2}\dfrac{1 + \omega}{\omega^2} - 1 \\ 0, & r_i^0 < (\bar{r}^0\bar{\alpha}^0 + \bar{\alpha}^1) - 2\dfrac{\mu - r_f}{\sigma^2}\dfrac{1 + \omega}{\omega^2} - 1 \end{cases} \quad (7\text{-}46)$$

7.5.3　风险承担的门槛值

在式（7-46）中令

$$H = (\bar{r}^0\bar{\alpha}^0 + \bar{\alpha}^1) - 2\frac{\mu - r_f}{\sigma^2}\frac{1 + \omega}{\omega^2} - 1 \quad (7\text{-}47)$$

则 H 将 n 只基金分为两类：一类在 $t=0$ 和 $t=1$ 之间的收益率小于 H（在基金管理的锦标赛中业绩落后者）；另一类在 $t=0$ 和 $t=1$ 之间的收益率大于 H（在基金管理的锦标赛中业绩领先者），H 成为基金选择风险资产的门槛值。基金 $i(i=1, 2, \cdots, n)$ 在 $t=0$ 和 $t=1$ 之间的收益率大于门槛值 H，则在 $t=1$ 和 $t=2$ 之间时选择 $\alpha_i^* = 1$，否则选择 $\alpha_i^* = 0$。门槛值 H 的存在说明现有文献 Taylor（2003），Goriaev 等（2003），Li 和 Tiwari（2009），Basak 等（2008）将所有基金看作两个整体来建模有其理论基础。在实证研究中，Chevalier 和 Ellison（1997）、Sirri 和 Tuffano（1998）、Busse（2001）、Reed 和 Wu（2005）根据全行业的平均业绩将基金分为两类（业绩领先者和落后者）来考虑，也是合理的。

门槛值 H 越小，则基金 $i(i=1, 2, \cdots, n)$ 在 $t=1$ 和 $t=2$ 之间时选择 $\alpha_i^* = 1$ 的机会越大。门槛值 H 是风险资产与无风险资产收益率之差 $\mu - r_f$ 的减函数是风险资产波动率 σ 的增函数，是资金流动快慢 ω 的减函数。这说明在 $t=0$ 和 $t=1$ 之间，业绩好的基金 $i(i=1, 2, \cdots, n)$ 在 $t=1$ 和 $t=2$ 时选择风险资产的概率是风险资产与无风险资产收益率之差 $\mu - r_f$ 的增函数，是风险资产波动率 σ 的减函数，这一结论与 Taylor（2003）的研究结论一致，但 Taylor（2003）的结论是在两只基金之间博弈的结果，而我们的结论是在假设市场中有 n 支基金竞赛的结果；另外，业绩好的基金在 $t=1$ 和 $t=2$ 时选择风险资产的概率是资金流动快慢 ω 的减函数。

7.6　本 章 小 结

本章首先通过一个动态资产选择模型分析了基金业绩与基金风险之间的关系，发现基金业绩下降，用基金收益方差度量的基金风险不一定增加，但基金收益的跟踪误差增加了。采用我国开放式基金的数据，实证研究支持了这一结论。

其次本章研究了基金风险承担的业绩门槛值，发现当基金业绩达到这一门槛值时，基金选择高风险资产。门槛值越小，基金选择高风险资产的概率越大。门槛值是风险资产与无风险资产收益率之差的减函数，是风险资产波动率的增函数，是资金流动快慢的减函数。这说明年中业绩好的基金在下半年选择风险资产的概率是风险资产与无风险资产收益率之差的增函数，是风险资产波动率的减函数，是资金流动快慢的减函数。

8 基于 PBF 合同的资产定价研究

8.1 引　言

自从 Sharpe（1964）、Lintner（1965）、Mossin（1965）提出 CAPM 模型以来，为了使基本的 CAPM 模型理论上更加完善，实证上更加准确，很多学者对基本的 CAPM 模型进行了扩展，如 Merton（1973）的跨期资本资产定价模型（ICAPM），Ross（1976）的套利定价模型（APT），Breeden（1979）的消费资本资产定价模型（CCAPM），Fama 和 French（1992，1993）的三因素资本资产定价模型，Shefrin 和 Statment（1994）的行为资产定价模型（BAPM）。CAPM 模型及其扩展研究均假设投资者直接管理个人的资产，在 Sharpe 等推导 CAPM 模型时，资本市场个人投资者直接持有 90% 以上的公司股票，这一假设是成立的，但是现在发达国家金融市场 50% 以上的公司股票由机构投资者持有，市场存在明显的代理问题（Allen，2001）。随着投资投资主体的机构化，传统的 CAPM 模型假设投资者是同质的，显然与市场的实际情况不符，机构投资者的行为已对资产价格产生显著的影响。

在委托代理理论框架下对资产进行定价的研究可以分为两类。第一类研究上市公司中委托代理关系对资产定价的影响。Diamond 和 Verrechia（1982）研究了上市公司中公司管理者的最优合同与公司股票价值的关系，认为当考虑代理问题时，按股东利益最大化运作的公司在公司的资本预算决策中，应该考虑公司的非系统风险，而根据 APT 模型，只需考虑公司的系统风险。Ramakrishnan 和 Thakor（1982；1984）研究认为，当出现道德风险时，公司管理者的报酬合同与公司的系统风险和非系统风险都有关系，传统的资产定价模型只考虑公司的系统风险，只有当道德风险不存在时才成立。Kahn（1990）假设，代理人具有幂效用函数，且公司的产出服从二项分布，建立了一个两期效用函数，该模型得出的资产风险升水高于用标准的代理模型得出的资产风险升水。Kocherlakota（1998）认为，Kahn 的结论是因为其模型的条件约束了管理者将财富分散化投资，放宽了 Kahn 模型的条件，所以得出了相反的结论。Ou-Yang（2005）在相对报酬结构下研究了存在多个代理人道德风险时的资产定价问题，发现此时 CAPM 的线性关系仍然成立，公司股票的价格随着其非系统风险的增加而降低，但股票的期望超额收益与其非系统风险无关，股票的风险升水随着非系统风险的增加而增加。Gorton 和 He（2006）通过将上市公司代理问题的标准模型与资产定价模型相结合，发现公司的治理结构与资产定价密切相关。

第二类研究委托投资组合管理对资产定价的影响。在委托投资组合管理中，基准组合被广泛应用于业绩度量和报酬结构设计中。Roll（1992）认为，若管理者的业绩根据外生给定的基准组合来度量，则当基准组合不是均值方差有效的投资组合时，管理者根据报酬结构选择的投资组合不是均值方差有效的投资组合。Brennan（1993）假设管理者的报酬结构基于某种外生给定的基准指数（如市场指数），研究了股票的均衡期望收益，发现均衡期望收益具有两因素模型的特征，这两个因素为市场组合和基准组合；并且认为除非委托方知道股票的期望收益，并且能选择最优的基准组合，否则均衡期望收益不是有效期望收益。曾勇等（2000）研究了考虑相对风险后基准组合对均衡定价的影响，认为除非市场平均的基准组合与市场证券组合具有相同的风险证券组合结构，否则 CAPM 不成立。当 CAPM 不成立时，证券的风险报酬不仅取决于其对市场证券组合风险的贡献，而且取决于其对平均基准组合风险的贡献。Gomez 和 Zapatero（2003）假设市场上只有两类投资者，一类喜好绝对收益，一类喜好相对收益，管理者的业绩根据外生给定的基准组合来度量，得出了两因素 CAPM。Gomez 和 Zapatero 的实证研究表明，近年来基准组合的风险在市场中被定价。Stutzer（2003）研究了引入基准组合的资产均衡定价，认为当管理者企图获得超基准组合收益时，在均衡定价中基准组合成为风险变量。

近年来，有部分学者开始研究委托投资组合管理中管理者的合同对资产定价的影响。Cuoco 和 Kaniel（2011）认为，对称合同与基准组合中股票的均衡价格显著负相关，与均衡夏普比例显著负相关，与均衡波动率没有显著的正相关关系。非对称合同使非基准组合中的股票有更高的价格、更大的波动率和更低的夏普比例。与对称合同相比，非对称合同意味着更多的交易，管理者的资产配置战略对相对业绩的变化更敏感。Arora 等（2006）研究了管理者的最优合同与资产均衡价格的关系，发现采用线性合同使股票的风险升水降低。Diao（2003）研究发现，非对称的报酬结构导致风险和收益之间的负相关关系。该研究建模的假设是市场无卖空限制，与委托投资组合管理中委托方经常限制管理者的投资对象不符。Cornell 和 Roll（2005）假设，市场中只有两个代表性的风险中性的机构管理者，消极管理者只投资基准组合，积极管理者与消极管理者跟踪相同的基准组合，但积极管理者的报酬结构基于相对业绩和跟踪误差，导出了一种委托代理关系下的资产定价模型，该模型的前提是所有的资产由机构投资者进行管理，没有考虑个人投资者对资产价格的影响。

本章基于 Brennan（1993）、Cuoco 和 Kaniel（2011）的研究，研究基于 PBF 合同的资产定价问题。本章首先假设在一个无摩擦的金融市场中有两类代表性的投资者：一个代表性的个人投资者和一个代表性的机构投者。代表性的个人投资者根据标准的均值方差模型选择自己最优的证券组合。代表性的机构投资者接受一个对称的 PBF 合同，管理者的收益不仅取决于其管理的资产的绝对收益，而且与资产的超基准组合收益有关，代表性的机构投资者根据 PBF 合同选择最优证券组合。在市场达到均衡时，推导出了一种基于对称 PBF 合同的资产定价模型，该模型具有两因素模型的形式，这两个因素分别为市场组合和基准组合。然后将该模型拓展到存在多个代表性的个人投资者或机构投资者和不存在无风险的情况的市场上。其次根据我国证券市场的数据对模型进行实证研究，8.3 节研究不对称 PBF 合同对资产价格的影响，8.4 节为本章小结。

8.2 基于对称 PBF 合同的资产定价研究

8.2.1 资产定价模型

假设在一个无摩擦的经济体中有两个代表性的投资者：一个代表性的个人投资者和一个代表性的机构投资者，他们都是风险厌恶的并且都是积极投资者，对市场有相同的认识。市场中有 $n \geq 2$ 种风险证券，一种无风险证券，可以无限制地卖空，风险证券的收益率为 $\tilde{r} = (\tilde{r}_1, \tilde{r}_2, \cdots, \tilde{r}_n)^T \in R^n$，$\bar{r} = E(\tilde{r})$，各风险证券的收益率方差–协方差矩阵为 $V = (\sigma_{ij})_{n \times n}$，$\sigma_{ij} = \text{Cov}(\tilde{r}_i, \tilde{r}_j)$，$i$，$j = 1, 2, \cdots, n$，无风险利率为 r_f，各证券的收益率具有有限的方差和不同的期望，并且假设任何证券的随机收益率不能表示为其他证券收益率的线性组合。在这一假设下，证券收益率是线性独立的，并且证券收益率的方差–协方差矩阵 V 是非奇异对称的。

假设代表性的个人投资者的风险容忍度为 τ_a，其证券组合中风险证券的投资比例为 w_a，则个人投资者的收益为 $\tilde{r}_a = r_f + w_a^T(\tilde{r} - r_f R_n)$，$R_n = (1, 1, \cdots, 1)^T \in R^n$，即 R^n 为分量全为 1 的几维向量。代表性的个人投资者根据均值方差模型选择自己的最优证券组合，即代表性个人投资者需要解决的问题是

$$\max_{w_a} E(\tilde{r}_a) - \frac{\text{VaR}(\tilde{r}_a)}{\tau_a} \tag{8-1}$$

个人投资者的最优证券组合选择为

$$w_a = \frac{\tau_a}{2} V^{-1}(\bar{r} - r_f R_n) \tag{8-2}$$

假设代表性机构投资者证券组合中风险证券的比例为 w_I，则机构投资者证券组合的收益为 $\tilde{r}_I = r_f + w_I^T(\tilde{r} - r_f R_n)$。代表性机构投资者代理委托人投资，假设委托人提供给代表性机构投资者的结构为

$$\widetilde{R}_I = c_1 \tilde{r}_I + c_2(\tilde{r}_I - \tilde{r}_b) \tag{8-3}$$

其中，c_1，$c_2(\geqslant 0)$ 为预先设定的常数，c_1，c_2 的相对大小取决于两方面：①投资者对绝对风险和相对风险的相对厌恶程度，投资者越回避绝对风险，则 c_1 相对于 c_2 越大，反之，c_2 相对于 c_1 越大；②投资者对管理者能力的估计，投资者对管理者能力估计越高，信任度越大，则 c_1 相对于 c_2 越大，反之，c_2 相对于 c_1 越大。$c_1\tilde{r}_I$ 可以看作是管理者对资产收益的分成，$c_2(\tilde{r}_I - \tilde{r}_b)$ 可以看作是对管理者的激励。在式（8-3）中，$\tilde{r}_b = r_f + w_b^T(\tilde{r} - r_f R_n)$，$w_b$ 为基准组合 B 中风险证券的比例，基准组合 B 是外生给定的。代理人接受委托方的结构，代表性的机构投资者根据报酬结构用均值方差模型选择自己的最优证券组合，即代表性机构投资者需要解决的问题是

$$\max_{w_I} E(\tilde{R}_I) - \frac{\mathrm{VaR}(\tilde{R}_I)}{\tau_I} \tag{8-4}$$

其中，τ_I 为代表性的机构投资者的风险容忍度。

代表性的机构投资者的最优证券组合选择为

$$w_I = \frac{c_2}{c_1 + c_2}w_b + \frac{1}{(c_1 + c_2)}\frac{\tau_I}{2}V^{-1}(\bar{r} - r_f R_n) \tag{8-5}$$

如果机构投资者管理的是自己的资产，则其最优资产选择为 $\frac{\tau_I}{2}V^{-1}(\bar{r} - r_f R_n)$。

因为存在代理问题，且其报酬结构是基准组合收益率 $\tilde{r}_b$ 的函数，所以机构投资者的最优证券选择为 w_b 和 $\frac{\tau_I}{2}V^{-1}(\bar{r} - r_f R_n)$ 的线性组合。

市场上只有两个代表性的投资者，假设 $\varphi(0 \leq \varphi \leq 1)$ 为代表性的个人投资者占整个投资者的比例，则代表性机构投资者的比例为 $1 - \varphi$，在市场达到均衡时有

$$\varphi w_a + (1 - \varphi)w_I = w_M \tag{8-6}$$

其中，M 为市场组合，w_M 为市场组合中风险证券的比例。

将式（8-2）和式（8-5）代入式（8-6）得

$$w_M = \varphi\frac{\tau_a}{2}V^{-1}(\bar{r} - r_f R_n) + (1 - \varphi)\left(\frac{c_2}{c_1 + c_2}w_b + \frac{1}{c_1 + c_2}\frac{\tau_I}{2}V^{-1}(\bar{r} - r_f R_n)\right)$$

$$\tag{8-7}$$

在式（8-7）两边同时右乘协方差矩阵 V 得

$$Vw_M = \varphi \frac{\tau_a}{2}(\bar{r} - r_f R_n) + (1 - \varphi)\left(\frac{c_2}{c_1 + c_2}Vw_b + \frac{1}{c_1 + c_2}\frac{\tau_I}{2}(\bar{r} - r_f R_n)\right)$$

$$(8\text{-}8)$$

由式（8-8）得到市场组合 M 的方差

$$\mathrm{VaR}(\tilde{r}_M) = \varphi \frac{\tau_a}{2}(\bar{r}_M - r_f) + (1 - \varphi)\left(\frac{c_2}{c_1 + c_2}\mathrm{Cov}(\tilde{r}_M, \tilde{r}_b) + \frac{1}{c_1 + c_2}\frac{\tau_I}{2}(\bar{r}_M - r_f)\right)$$

$$(8\text{-}9)$$

假设 $\beta_{/P}$ 为某个资产或投资组合对投资组合 P 的 β 系数向量，根据引理 8.1（见本章附录）得

$$\beta_{/M}\mathrm{VaR}(\tilde{r}_M) = Vw_M \tag{8-10}$$

$$\beta_{/B}\mathrm{VaR}(\tilde{r}_b) = Vw_b \tag{8-11}$$

将式（8-9）~式（8-11）代入式（8-8），并整理得

$$\bar{r} - r_f R_n = \beta_{/M}(\bar{r}_M - r_f) + K(\beta_{/M}\beta_{M/B} - \beta_{/B}) \tag{8-12}$$

其中

$$K = \frac{2(1 - \varphi)c_2}{\varphi(c_1 + c_2)\tau_a + (1 - \varphi)\tau_I}\mathrm{VaR}(\tilde{r}_b) \tag{8-13}$$

式（8-12）是风险证券期望收益的向量表示形式。

对于某个风险证券 $j(j = 1, 2, \cdots, n)$ 有

$$\bar{r}_j - r_f = \beta_{j/M}(\bar{r}_M - r_f) + K(\beta_{j/M}\beta_{M/B} - \beta_{j/B}) \tag{8-14}$$

其中，$\beta_{j/P}$ 为资产或投资组合 j 对投资组合 P 的 β 系数。模型（8-14）就是本章推导的在委托代理关系下基于对称 PBF 合同的资产定价模型。

模型（8-14）不同于 Brennan（1993）、Gomez 和 Zapatero（2003）、Cornell 和 Roll（2005）、Brennan 和 Li（2008）及 Brennan 等（2012）的考虑代理问题的资产定价模型，他们假设管理者根据 Roll（1992）的 TEV 模型来选择资产，而 TEV 模型的思想是在超基准收益一定的约束下，使投资组合的跟踪误差最小，显然他们的模型中没有加入机构投资者的合同参数。模型（8-14）假设机构投资者按 PBF 合同配置资产，因此在模型中合同参数成为定价变量。

8.2.2　模型分析

1）模型（8-14）与传统的 CAPM 模型有相似的形式，资产收益与 β 值的线性关系仍然满足，但模型中有三个 β 值，分别为股票收益和市场组合收益的协方差与市场组合收益方差的比值、公司股票收益和基准组合收益的协方差与基准组合收益方差的比值、市场组合收益和基准组合收益的协方差与基准组合收益方差的比值。

2）模型（8-14）和传统的 CAPM 模型相比多了一个交叉项 $K(\beta_{j/M}\beta_{M/B} - \beta_{j/B})$，该交叉项与基准组合、市场组合及其相关性有关，使模型（8-14）具有两因素模型的形式，这两个因素分别为基准组合和市场组合，如果基准组合 B 就是市场组合 M，则模型（8-14）就是一般的 CAPM 模型。在模型（8-14）中，$\beta_{j/M}$ 一般小于 $\beta_{j/B}$，但 $\beta_{M/B}$ 总是大于 1，所以 $\beta_{j/M}\beta_{M/B} - \beta_{j/B}$ 可以大于零也可以小于零。当 $\beta_{j/M} \geqslant \beta_{j/B}$ 时，即当资产 j 与市场组合 M 的相关度大于资产 j 与基准组合 B 的相关度时，必有 $\beta_{j/M}\beta_{M/B} - \beta_{j/B} > 0$，此时管理者把自己的投资组合更多地配置于资产 j，管理者战胜基准组合 B 的激励使非基准组合成份股的股票价格升高。

3）投资者的结构影响资产的价格。K 是代表性的机构投资者比例系数 $1 - \varphi$ 的增函数，如果经济体中机构投资者的比重越大，则 $\beta_{j/M}\beta_{M/B} - \beta_{j/B}$ 对资产价格的影响越大，基准组合 B 的选择对资产价格的影响越大，因为此时管理者的报酬合同激励管理者去战胜基准组合；当 $\varphi = 1$ 时，此时经济体中只有一个代表性的个人投资者，则模型（8-14）就是传统的 CAPM 公式。

4）管理者的合同参数影响资产的定价。委托方把 c_2 设置得较大的目的是激励投资管理者去战胜基准组合，为获取更大的超额收益，机构投资者必然将资产配置于基准组合以外的证券，此时对于某个证券 j 如果有 $\beta_{j/M} > \beta_{j/B}$，则 $\beta_{j/M}\beta_{M/B} - \beta_{j/B} > 0$，而 K 是 c_2 的增函数，所以证券 j 的期望收益随着 c_2 的增加而变高，说明管理者的激励合同使得与基准组合 B 相关度低的资产的价格比用传统的 CAPM 模型所计算的价格要高。同理，可以得出对那些与市场组合 M

的相关度小于与基准组合 B 的相关度的资产，随着 c_2 的增加而变低。结构中，c_1，c_2 的选择可以参考曾勇等（2004）的研究。Brennan（1993）的研究是当 $c_1 = 0$ 的情况。

5）基准组合收益率方差影响资产的期望收益。K 与基准组合收益率方差成正比例关系，当基准组合收益率方差增加时，势必使资产的价格变化增大 $\left[\text{交叉项 } K(\beta_{j/M}\beta_{M/B} - \beta_{j/B}) \text{ 可正可负}\right]$。因此，为了减少因基准组合的选择而增加的市场价格波动，基准组合的风险必须反映市场风险，因为此时市场风险和基准组合都是定价因素。目前我国证券市场基准组合的构建技术还不成熟，市场缺乏合适的基准组合，随着机构投资者比重的增加，研究基准组合的构建显得尤为重要。

6）投资者的风险容忍度影响资产的价格。K 是投资者的风险容忍度的减函数，即投资者的风险容忍度越大，交叉项 $K(\beta_{j/M}\beta_{M/B} - \beta_{j/B})$ 对资产价格的影响越小，即基准组合的风险对资产价格的影响越小。

8.2.3　模型扩展

在上面的分析中，我们假设两类投资者都是积极投资者，并且假设只有一个代表性的机构投资者，与实际市场有很大差距，现将模型进行扩展。

8.2.3.1　一个机构投资者和两种类型的个人投资者

假设市场只有一个代表性的机构投资者，代表性的个人投资者分为积极投资者和消极投资者两种类型，代表性的个人投资者中积极投资者的比例为 $\theta(0 \leqslant \theta \leqslant 1)$，积极投资者根据均值方差模型选择自己的最优投资组合，消极管理者只投资基准组合。

在上述假设下，市场上所有个人投资者的投资组合为

$$\theta w_A + (1 - \theta) w_b = \frac{\theta \tau_a}{2} V^{-1}(\bar{r} - r_f R_n) + (1 - \theta) w_b \tag{8-15}$$

当市场达到均衡时有

$$w_M = \frac{\varphi\theta\tau_a}{2}V^{-1}(\bar{r} - r_f R_n) + \left(\varphi(1-\theta) + \frac{c_2(1-\varphi)}{c_1+c_2}\right)w_b + \frac{(1-\varphi)\tau_I}{2(c_1+c_2)}V^{-1}(\bar{r} - r_f R_n))$$

$$(8-16)$$

根据式（8-14）的推导方法得

$$\bar{r}_j - r_f = \beta_{j/M}(\bar{r}_M - r_f) + K(\beta_{j/M}\beta_{M/B} - \beta_{j/B}) \qquad (8-17)$$

其中

$$K = \frac{2(\varphi(1-\theta)c_1 + (1-\varphi\theta)c_2)}{\varphi\theta(c_1+c_2)\tau_a + (1-\varphi)\tau_I}\mathrm{VaR}(\tilde{r}_b) \qquad (8-18)$$

$\theta(0 \le \theta \le 1)$ 为代表性的个人投资者中积极投资者的比例；其他符号的意义同式（8-14）。

当 $\theta = 0$ 时，$K = 2\mathrm{VaR}(\tilde{r}_b)(\varphi c_1 + c_2)/(1-\varphi)\tau_I$，$K$ 是代表性的个人投资者比例系数 φ 的增函数，φ 越大机构投资者对资产价格的影响越大，这一点和式（8-14）正好相反，因为此时个人投资者都是消极投资者，而机构投资者都是积极投资者；当 $\theta = 1$ 时，则式（8-17）与式（8-14）相同。

8.2.3.2 一个代表性的个人投资者和两个不同的机构投资者

假设有两个代表性的机构投资者，每个机构投资者选择不同的基准组合，接受不同的业绩合同，假设委托人提供给机构投资者的报酬结构为

$$\widetilde{R}_{I_i} = c_{1i}\tilde{r}_{I_i} + c_{2i}(\tilde{r}_{I_i} - \tilde{r}_{b_i}) \quad i = 1, 2 \qquad (8-19)$$

其中，$c_{1i} > 0$，$c_{2i} > 0$，$i = 1, 2$ 为常数；$\bar{r}_{I_i}(i=1, 2)$ 为机构投资者投资组合的收益率；B_1，B_2 分别为机构管理者 1 和机构管理者 2 选择的基准组合，假设两个基准组合不相关且有 $B_1 \ne B_2$。

每个机构投资者分别根据报酬结构选择自己的最优投资组合，

$$w_{I_i} = \frac{c_{2i}}{c_{1i}+c_{2i}}w_b + \frac{1}{(c_{1i}+c_{2i})}\frac{\tau_{I_i}}{2}V^{-1}(\bar{r} - r_f R_n) \quad i = 1, 2 \qquad (8-20)$$

其中，τ_{I_1}，τ_{I_2} 分别为机构管理者 1 和机构管理者 2 的风险容忍度。

假设代表性的机构投资者中投资者 1 的比例为 λ（$0 \le \lambda \le 1$），则当市场均衡时有

$$w_M = \varphi \frac{\tau_a}{2} V^{-1}(\bar{r} - r_f R_n) + (1 - \varphi)(\lambda w_{I_1} + (1 - \lambda) w_{I_2}) \qquad (8\text{-}21)$$

根据式（8-14）的推导方法得

$$\bar{r}_j - r_f = \beta_{j/M}(\bar{r}_M - r_f) + K_1(\beta_{j/M}\beta_{M/B_1} - \beta_{j/B_1}) + K_2(\beta_{j/M}\beta_{M/B\,2} - \beta_{j/B_2})$$

$$(8\text{-}22)$$

其中

$$K_1 = \frac{\lambda(1 - \varphi)c_{21}\mathrm{VaR}(\tilde{r}_{b_1})}{2(\varphi\tau_a + (1 - \varphi)(\lambda\tau_{I_1}/(c_{11} + c_{21}) + (1 - \lambda)\tau_{I_2}/(c_{12} + c_{22})))(c_{11} + c_{12})}$$

$$(8\text{-}23)$$

$$K_2 = \frac{(1 - \lambda)(1 - \varphi)c_{22}\mathrm{VaR}(\tilde{r}_{b_2})}{2(\varphi\tau_a + (1 - \varphi)(\lambda\tau_{I_1}/(c_{11} + c_{21}) + (1 - \lambda)\tau_{I_2}/(c_{11} + c_{22})))(c_{21} + c_{22})}$$

$$(8\text{-}24)$$

B_i 为基准组合（$i = 1, 2$）；λ（$0 \leqslant \lambda \leqslant 1$）为代表性的机构投资者中投资者 1 的比例；$\tau_{I_i}$ 为代表性的机构投资者 $i(i = 1, 2)$ 的风险厌恶度；其他符号的意义同式（8-14）。

模型（8-22）是在委托代理关系下存在两个管理者且不同的管理者选择不同的基准组合时基于对称 PBF 合同的资产定价模型。K_1 是 λ 的增函数，K_2 是 λ 的减函数，说明当 λ 增加时，市场中代表性的机构投资者 1 的比例增加，投资者 1 对资产价格的影响变大，而代表性的机构投资者 2 对价格的影响正好相反。当 $\lambda = 1$ 时，式（8-21）与式（8-14）相同。

8.2.3.3　不存在无风险资产

前面的分析我们都假定市场存在一种无风险资产，现假设市场上不存在无风险资产，所有符号的意义与本章前面符号相同。

在市场不存在无风险资产时，代表性个人投资者资产选择需要解决的问题是

$$\max_{w_a} w_a^T \bar{r} - \frac{w_a^T V w_a}{\tau_a}$$

$$\text{s. t.} \quad w_a^T R_n = 1 \tag{8-25}$$

最优化问题的拉格朗日函数为

$$L(w_a, \lambda) = w_a^T \bar{r} - \frac{w_a^T V w_a}{\tau_a} - \lambda(w_a^T R_n - 1) \tag{8-26}$$

个人投资者的最优证券组合选择为

$$w_a = \frac{\tau_a}{2} V^{-1} \left(\bar{r} - \left(\frac{\bar{r}^T V^{-1} R_n}{R_n^T V^{-1} R_n} - \frac{1}{\tau_a R_n^T V^{-1} R_n} \right) R_n \right) \tag{8-27}$$

其中, $\dfrac{\bar{r}^T V^{-1} R_n}{R_n^T V^{-1} R_n}$ 为全局最小方差投资组合的期望收益率; $R_n^T V^{-1} R_n$ 为全局最小方差投资组合收益率的方差。

在不存在无风险资产时, 代表性机构投资者资产选择需要解决的问题是

$$\max_{w_I} (c_1 + c_2) w_I^T - c_2 w_b^T) \bar{r} - \frac{1}{\tau_I} (c_1 + c_2) w_I^T V w_I + c_2^2 w_b^T V w_b - 2c_2(c_1 + c_2) w_I^T V w_b \tag{8-28}$$

$$\text{s. t.} \quad w_I^T = 1 \tag{}$$

最优化问题的拉格朗日函数为

$$L(w_I, \lambda) = ((c_1 + c_2) w_I^T - c_2 w_b^T) \bar{r} - \frac{1}{\tau_I} (c_1 + c_2) w_I^T V w_I$$
$$+ c_2^2 w_b^T V w_b - 2c_2(c_1 + c_2) w_I^T V w_b - \lambda(w_I^T R_n - 1) \tag{8-29}$$

代表性的机构投资者的最优证券组合选择为

$$w_I = \frac{c_2}{c_1 + c_2} w_b + \frac{1}{(c_1 + c_2)} \frac{\tau_I}{2} V^{-1} \left(\bar{r} - \left(\frac{\bar{r}^T V^{-1} R_n}{R_n^T V^{-1} R_n} - \frac{2c_1}{\tau_I R_n^T V^{-1} R_n} \right) R_n \right) \tag{8-30}$$

假设 $\varphi(0 \leq \varphi \leq 1)$ 为代表性的个人投资者占整个投资者的比例, 则代表性机构投资者的比例为 $1 - \varphi$, 在市场达到均衡时则有

$$w_M = \frac{\varphi \tau_a}{2} V^{-1} \left(\bar{r} - \left(\frac{\bar{r}^T V^{-1} R_n}{R_n^T V^{-1} R_n} - \frac{1}{\tau_A R_n^T V^{-1} R_n} \right) R_n \right)$$
$$+ (1 - \varphi) \left(\frac{c_2}{c_1 + c_2} w_b + \frac{1}{c_1 + c_2} \frac{\tau_I}{2} V^{-1} \left(\bar{r} - \left(\frac{\bar{r}^T V^{-1} R_n}{R_n^T V^{-1} R_n} - \frac{2c_1}{\tau_I R_n^T V^{-1} R_n} R_n \right) \right) \right) \tag{8-31}$$

根据模型（8-14）的推导方法我们得到资产 j 期望收益为

$$\bar{r}_j - \bar{r}_g - k_0 = \beta_{j/M}(\bar{r}_M - \bar{r}_g - k_0) + K(\beta_{j/M}\beta_{M/B} - \beta_{j/B}) \qquad (8\text{-}32)$$

其中

$$K = \frac{2(1 - \varphi)c_2}{\varphi(c_1 + c_2)\tau_a + (1 - \varphi)\tau_I}\mathrm{VaR}(\tilde{r}_b) \qquad (8\text{-}33)$$

$$k_0 = \frac{\varphi(c_1 + c_2) + (1 - \varphi)c_1}{\varphi(c_1 + c_2)\tau_a + (1 - \varphi)\tau_I}\frac{1}{R_n^T V^{-1} R_n} \qquad (8\text{-}34)$$

在式（8-32）中，$\bar{r}_g = \dfrac{\bar{r}^T V^{-1} R_n}{R_n^T V^{-1} R_n}$ 为全局最小方差投资组合 g 的期望收益率；在式（8-34）中，$R_n^T V^{-1} R_n$ 为全局最小方差投资组合 g 的期望收益率的方差；其他符合的意义同式（8-14）。

在市场不存在无风险资产时，资产定价中引入了全局最小方差投资组合，但 K 的取值与式（8-14）相同，管理者报酬结构及投资者的结构对资产价格的影响与有无风险资产时相同，不再赘述。

8.2.4　实证检验

8.2.4.1　实证方法

直接检验模型（8-14）非常困难，参考 Brennan（1993）、Gomez 和 Zapatero（2003）考虑代理问题的 CAPM 的检验方法，对模型（8-14）的检验采用 Fama 和 MacBeth（1973）的方法分三步进行。

首先，根据市场组合收益对基准组合收益进行回归，得到回归的残差收益，目的是为消除市场收益和基准组合收益之间的共线性，回归方程为

$$E(\tilde{r}_B) - r_f = h_0 + h_1(E(\tilde{r}_M) - r_f) + \dot{e} \qquad (8\text{-}35)$$

其次，根据式（8-29）估计某项资产 j 对市场组合 M 和残差 $\dot{e}$ 的 β 值。

$$E(\tilde{r}_j) - r_f = \beta_0 + \beta_{j/e}(E(\tilde{r}_M) - r_f) + \beta_{j/e}\dot{e}_j \qquad (8\text{-}36)$$

其中，$\beta_{j/M}$ 和 $\beta_{j/e}$ 分别为资产 j 对市场组合 M 和残差 $\dot{e}$ 的 β 值，由 Gomez 和 Zapatero（2003）的研究可知，如果考虑代理问题对资产价格的影响，对他的

两因素定价模型的检验等价于检验 (8-36)。

最后，根据第二步计算对得到的 β 做横截面回归，回归方程为

$$E(\tilde{r}_j) - r_f = \lambda_0 + \lambda_1 \beta_{j/M} + \lambda_2 \beta_{j/e} + \varepsilon_j \tag{8-37}$$

得到回归系数 λ_0、λ_1 和 λ_2，根据式 (8-14)，λ_0 应接近无风险利率，λ_1 应该显著大于零，λ_2 应该显著小于零。

8.2.4.2　数据

在我国基金的起步较晚，开放式基金的发行更晚，为了突出代理问题对资产价格的影响，选取 2008 年 1 月 1 日上证 180 指数的成份股，共 180 只股票，时间为 2008 年 1 月 4 日至 2011 年 12 月 31 日。个别股票若在某几天停牌，则收盘价就用前一天的收盘价代替，由于时段较短，如果采用月收益率，则样本数据量太少。因此，采用周收益率进行实证，4 年共 198 个交易周。

收益率用对数相对收益率来计算，假如碰到配股、送股、送现金红利的情况，则用下面的公式计算：

$$r_t = \ln \frac{[P_t \times (1 + A_s + A_d) + C]}{P_{t-1} + S \times A_s} \tag{8-38}$$

其中，P_t、P_{t-1} 分别为 t、$t-1$ 时刻的收盘价，S 为以 $t-1$ 时刻为基准的每股配股价；C 为 $(t-1, t)$ 期间的现金红利，以 $t-1$ 时刻为基准的每股红利；A_s 为以 $t-1$ 时刻为基准的每股配股比例；A_d 为以 $t-1$ 时刻为基准的每股送股比例。

由于选用的是上海证券交易所的 A 股股票，所以选用上证 A 股指数作用于市场组合。虽然我国基金管理者的管理费一般为所管理者资产的一个确定比例，但大部分基金都以 180 指数收益作为基准。因此，选用 180 指数作为基组组合。

无风险利率采用同期中国人民银行公布的 1 年期人民币存款利率，周利率 = 年利率/52。

8.2.4.3　实证步骤

每种股票的 β 值的估计使用一年的交易数据，即共 50 个周交易数据，把

180 只股票划分为 15 个证券组合，每个证券组合含 12 只股票，且个股的权重相等，即组合的收益率为个股收益率的平均值。证券组合的收益率均值的计算采用 12 个交易周的数据，即大约 3 个月的交易数据。具体步骤如下：

1）首先采用 2008 年 1 月 1 日至 2011 年 12 月 31 日的上证 A 股指数收益率和上证 180 指数收益率，按式（8-35）回归得到每周的残差收益率 $\hat{e}$。

2）采用 180 只股票的 1 ~ 50 周的样本数据，按式（8-36）回归计算每种股票的两个 β 值，即 $\beta_{j/M}$ 和 $\beta_{j/e}$ 的值。

3）根据步骤（2）计算 $\beta_{j/M}$ 值，按 Gomez 和 Zapatero（2003）的方法，构造 15 个证券组合，每组 12 只股票。

4）采用第 51 ~ 100 周期间的样本数据，按式（8-36）回归计算 15 个证券组合的 $\beta_{j/M}$ 和 $\beta_{j/e}$ 值，$j = 1$，2，…，15。

5）计算第 101 ~ 112 周期间的 15 个证券组合的周均收益率 r_j，$j = 1$，2，…，15。

6）采用样本数据第 13 ~ 62 周期间的周收益率，重复步骤（2）和（3），用第 63 ~ 第 112 周的样本数据重复步骤（4），用第 113 ~ 第 124 周的样本数据重复步骤（5），依次递推，直到第 198 周，得到一系列的 $\beta_{j/M}$、$\beta_{j/e}$ 和 r_j，$j = 1$，2，…，15。这样一共得到 8 组数据（其中，最后一组周均收益率根据第 185 ~ 第 198 周的数据计算得到，共 14 周的数据），每组数据包括 15 个证券组合的 $\beta_{j/M}$、$\beta_{j/e}$ 和 r_j 值，见表 8-1。

表 8-1　15 个组合的计算结果

	第一组			第二组		
	$r_j - r_f$	$\beta_{j/m}$	$\beta_{j/e}$	$r_j - r_f$	$\beta_{j/m}$	$\beta_{j/e}$
组合 1	0.546	0.597	-0.627	-0.860	0.699	-1.808
组合 2	-0.066	0.627	0.057	-0.802	0.719	-1.544
组合 3	0.441	0.591	-0.117	-0.629	0.694	-1.262
组合 4	-0.005	0.665	0.068	-0.626	0.773	0.892
组合 5	-0.096	0.828	-0.144	-0.720	1.013	-1.734
组合 6	0.535	0.561	0.623	-0.419	0.679	-1.051
组合 7	0.303	0.611	-0.615	-0.322	0.714	-1.597
组合 8	0.114	0.542	-0.260	-0.319	0.664	-1.512

续表

	第一组			第二组		
	$r_j - r_f$	$\beta_{j/m}$	$\beta_{j/e}$	$r_j - r_f$	$\beta_{j/m}$	$\beta_{j/e}$
组合 9	−0.041	0.491	−0.461	−0.698	0.564	−0.380
组合 10	0.467	0.350	−0.103	−0.931	0.595	−1.398
组合 11	0.085	0.517	−0.727	−0.779	0.731	−1.393
组合 12	0.492	0.536	−0.214	−0.652	0.680	−1.567
组合 13	0.546	0.597	−0.627	−0.860	0.699	−1.808
组合 14	0.427	0.517	−0.124	−0.463	0.624	−0.655
组合 15	−0.017	0.588	0.016	−0.915	0.761	−1.312
	第三组			第四组		
	$r_j - r_f$	$\beta_{j/m}$	$\beta_{j/e}$	$r_j - r_f$	$\beta_{j/m}$	$\beta_{j/e}$
组合 1	0.334	0.793	−1.902	0.117	0.768	−1.520
组合 2	0.2641	0.780	−1.551	−0.116	0.737	−1.217
组合 3	0.322	0.819	−1.426	0.204	0.804	−1.487
组合 4	0.489	0.824	−1.033	−0.067	0.835	−1.038
组合 5	0.541	0.976	−2.230	0.381	0.920	−1.793
组合 6	0.301	0.796	−1.504	−0.348	0.738	−1.562
组合 7	0.342	0.810	−1.910	0.090	0.756	−1.659
组合 8	0.349	0.733	−1.790	−0.026	0.710	−1.526
组合 9	0.412	0.670	−0.762	−0.105	0.676	−0.774
组合 10	0.349	0.678	−1.716	−0.157	0.645	−1.327
组合 11	0.377	0.834	−1.737	0.538	0.808	−1.508
组合 12	0.613	0.670	−1.586	−0.036	0.655	−1.008
组合 13	0.334	0.793	−1.902	0.117	0.768	−1.520
组合 14	0.495	0.711	−1.135	−0.032	0.702	−0.915
组合 15	0.363	0.782	−1.419	−0.202	0.763	−1.403
	第五组			第六组		
	$r_j - r_f$	$\beta_{j/m}$	$\beta_{j/e}$	$r_j - r_f$	$\beta_{j/m}$	$\beta_{j/e}$
组合 1	1.084	0.650	−1.000	1.546	0.988	−0.465
组合 2	1.066	0.744	−1.264	1.990	0.728	−0.075
组合 3	1.131	0.816	−1.508	1.992	0.995	−0.309
组合 4	0.948	0.862	−1.132	2.041	0.868	−0.079

续表

	第五组			第六组		
	$r_j - r_f$	$\beta_{j/m}$	$\beta_{j/e}$	$r_j - r_f$	$\beta_{j/m}$	$\beta_{j/e}$
组合 5	0.949	0.896	−1.490	1.458	0.918	0.248
组合 6	0.809	0.760	−1.664	1.878	0.901	−0.243
组合 7	0.715	0.761	−1.591	2.229	0.905	−0.294
组合 8	0.859	0.721	−1.436	2.659	0.688	−0.069
组合 9	0.670	0.651	−0.975	1.779	0.609	−0.035
组合 10	1.119	0.678	−1.370	2.039	0.793	−0.215
组合 11	1.318	0.816	−1.422	1.633	1.070	−0.369
组合 12	1.084	0.650	−1.000	1.546	0.988	−0.465
组合 13	0.015	0.788	−1.655	3.164	0.924	−0.337
组合 14	1.186	0.751	−1.277	2.368	0.857	−0.219
组合 15	1.462	0.761	−1.472	2.796	0.969	−0.315
	第七组			第八组		
	$r_j - r_f$	$\beta_{j/m}$	$\beta_{j/e}$	$r_j - r_f$	$\beta_{j/m}$	$\beta_{j/e}$
组合 1	−0.326	0.501	−0.303	2.425	0.684	−0.255
组合 2	−0.365	0.537	−0.216	2.226	0.685	−0.154
组合 3	0.094	0.585	−0.173	2.323	0.642	−0.175
组合 4	0.155	0.759	−0.054	2.819	0.795	−0.075
组合 5	0.179	0.690	0.034	2.655	0.652	−0.019
组合 6	0.770	0.405	−0.198	1.452	0.461	−0.138
组合 7	0.187	0.502	−0.131	1.570	0.555	−0.119
组合 8	0.219	0.642	−0.168	2.121	0.711	−0.169
组合 9	0.351	0.565	−0.043	1.540	0.648	−0.027
组合 10	−0.170	0.508	−0.095	−1.709	0.517	−0.122
组合 11	−0.672	0.625	−0.121	2.634	0.842	−0.118
组合 12	−0.116	0.588	−0.060	−0.856	0.608	0.076
组合 13	−0.326	0.501	−0.303	2.425	0.684	−0.255
组合 14	0.097	0.595	−0.218	2.413	0.689	−0.104
组合 15	0.036	0.815	−0.063	2.642	0.888	−0.072

7）作横截面回归，回归方程为式（8-37），回归结果见表8-2。

表 8-2 八组数据回归的结果

	λ_0	λ_1	λ_2	R^2	F 值	$Prob > F$
第一组	0.895	−1.167	0.053			
T 值	2.365	−1.83	0.276	0.218	1.676	0.288
Prob>$|T|$	0.036	0.095	0.787			
第二组	0.945	−1.198	0.098			
T 值	2.127	−1.908	0.092	0.260	2.109	0.164
$Prob$>$|T|$	0.055	0.081	0.309			
第三组	0.394	0.052	0.270			
T 值	1.346	0.120	0.294	0.007	0.044	0.957
Prob>$|T|$	0.203	0.906	0.774			
第四组	−1.020	1.042	−0.094			
T 值	−2.109	1.368	−0.504	0.256	2.069	0.169
Prob>$|T|$	0.057	0.196	0.623			
第五组	1.073	0.770	0.507			
T 值	1.046	0.515	1.040	0.083	0.542	0.596
Prob>$|T|$	0.316	0.616	0.319			
第六组	2.893	−1.160	−1.145			
T 值	3.028	−0.972	−1.321	0.132	0.911	0.428
Prob>$|T|$	0.011	0.350	0.211			
第七组	0.842	−1.046	1.587			
T 值	1.096	−0.951	1.208	0.115	0.783	0.479
Prob>$|T|$	0.295	0.360	0.250			
第八组	−3.618	7.089	−5.894			
T 值	−2.178	2.984	−1.710	0.494	5.867	0.017
Prob>$|T|$	0.050	0.011	0.113			

8.2.4.4 实证结果分析

1）在表8-2中，除了第八组数据外，其余的七组数据的回归的拟合度都不高，最大的为0.32。而从回归的 F 检验来看，在置信水平为95%的情况下，只有第八组数据通过检验。这说明预期收益与市场组合和基准组合 β 值之间的线性关系不满足。

2）从 λ_2 的值来看，八组中有三个大于零，五个小于零，说明股票的预期收益率并没有如模型（8-14）所描述的与 $\beta_{j/e}$ 呈反向变动关系。这一结论有别于 Gomez 和 Zapatero（2003）及 Liang、Yao 和 Wang（2006）的检验。Gomez 和 Zapatero（2003）根据美国证券市场 1973 年至 1997 年的数据发现，在考虑代理问题对资产价格的影响时，λ_2 的值应该显著小于零。Liang、Yao 和 Wang（2006）根据我国台湾地区 1994 年至 2003 年的基金数据发现了与 Gomez 和 Zapatero（2003）相同的结论。

我国证券市场起步比较晚，从 1990 年成立到现在，也只有 17 年的时间，而基金的出现更晚，开放式基金的大规模发现也只是这两年的事情，目前基金的净值还不到股票总市值的 10%，代理问题对股票价格的影响还不明显，另外我们实证采用的样本数据时间很短，只有 4 年的时间，这很可能影响到了实证的效果，从而对实证结论也产生影响。

8.3　不对称 PBF 合同对资产价格的影响

8.3.1　假设

1）在一个无摩擦的金融市场，有一项无风险资产和一项风险资产可供交易，风险资产的期末支付为 $\tilde{R}$，且 $\tilde{R}$ 服从均值为 μ，方差为 $\tilde{\pi}$ 的正态分布，即 $\tilde{R} \sim N(\mu, \sigma^2)$。不失一般性，风险资产的供给为 1 个单位，无风险资产的利率正规化为零。

2）在经济体中有两类投资者，一类投资者自己管理自己的资产，我们把这类投资者称为个人投资者；另一类投资者由于没有时间和精力去搜集有关资产收益的信息，或者是由于交易成本的原因，只投资基金，我们把这类投资者称为基金投资者。个人投资者和基金投资者的比例分别为 λ 和 $1 - \lambda(\lambda \geqslant 0)$，个人投资者对自己的资产进行积极管理，基金投资者将自己的资产全部委托给基金管理者进行投资管理，自己不参与任何资产管理。

3）基金管理者接受一个非对称的基于相对业绩的报酬合同，该合同为

$$\tilde{w}_f = \begin{cases} m_0 + m(\widetilde{R} - P) & \widetilde{R} - P \geqslant 0 \\ m_0 + \dfrac{m}{c}(\widetilde{R} - P) & \widetilde{R} - P < 0 \end{cases} \tag{8-39}$$

其中，$c \geqslant 1$ 反映合同的不对称程度，c 越大说明不对称程度越高。当 $c = 1$ 时，表示合同是对称的；当 $c \rightarrow + \infty$ 时，合同的不对称程度最高，表示对业绩低于基准组合的基金不进行处罚。

4）个人投资者和基金管理者都具有常绝对风险厌恶型效用函数。个人投资者和基金管理者有不同的风险偏好，假设个人投资者的绝对风险厌恶系数为 γ_a，管理者的绝对风险厌恶系数为 τ_f［Diao（2003）假设两者的风险厌恶相同］。个人投资者和基金管理者的效用函数分别为

$$E[U(\widetilde{W}_a)] = - \exp\{-\gamma_a \widetilde{W}_a\} \tag{8-40}$$

$$E[U(\widetilde{W}_f)] = - \exp\{-\tau_f \widetilde{W}_f\} \tag{8-41}$$

其中，$\widetilde{W}_a$ 和 $\widetilde{W}_f$ 分别为个人投资者和基金管理者的期末财富，基金管理者没有初始财富，其所有财富来自其资产管理的报酬收益。

8.3.2　个人投资者和基金管理者的资产选择

8.3.2.1　个人投资者的资产选择

假设个人投资者的原始资产为 W_a，购买 D_a 股的风险资产，其余的资产投资无风险资产，则个人投资者在投资时需要解决的问题为

$$\max_{D_a} E[-\exp(-\gamma_a \tilde{w}_a)] \tag{8-42}$$

$$\tilde{w}_a = D_a(\widetilde{R} - P) \tag{8-43}$$

$$W_a = D_a P + C_a \tag{8-44}$$

其中，式（8-43）为个人投资者的期末收益；式（8-43）为预算约束。

个人投资者最优化问题的确定性等价问题为

$$\max D_a(\mu - P) - \frac{1}{2}D_a^2\gamma_a\sigma^2 \tag{8-45}$$

根据最优化的一阶条件得

$$D_a = \begin{cases} \dfrac{\mu - P}{\gamma_a\sigma^2} & \mu \geqslant P \\ 0 & \mu > P \end{cases} \tag{8-46}$$

8.3.2.2　基金管理者的资产选择

假设基金投资者委托管理者的原始资产为 W_f，购买 D_f 股的风险资产，其余的资产投资无风险资产，则基金管理者在投资时需要解决的问题为

$$\max E[-\exp(-\tau_f\tilde{w}_f)] \tag{8-47}$$

$$\tilde{w}_f = D_f(\widetilde{R} - P) \tag{8-48}$$

$$W_f = D_f P + C_f \tag{8-49}$$

其中，式（8-48）为基金组合的期末收益，式（8-49）为基金管理者进行投资时的预算约束。

基金管理者接受如式（8-39）所表示的非对称的报酬合同，此时基金管理者的效用函数为

$$E(U(\tilde{w}_f)) = E_{\widetilde{R} \geqslant P}\{-\exp[-\tau_f m(\widetilde{R} - P)]\} + E_{\widetilde{R} < P}\left\{-\exp\left[-\tau_f\frac{m}{c}(\widetilde{R} - P)\right]\right\}$$

$$\tag{8-50}$$

其中

$$E_{\widetilde{R} \geqslant P}\{-\exp[-\tau_f m(\widetilde{R} - P)]\}$$

$$= -\int_0^{+\infty} e^{-\tau_a mx}\frac{1}{\sqrt{2\pi}\sigma^2}e^{-\frac{[x-(\mu-P)]^2}{2\sigma^2}}dx$$

$$= -\frac{1}{\sqrt{2\pi}}\int_0^{+\infty} e^{-\frac{[x-(\tau_f m\sigma^2-(\mu-P))]^2}{2\sigma^2}+\frac{1}{2}(\tau_f m\sigma)^2+\tau_f m(\mu-P)}dx$$

$$= -\exp\left[\frac{1}{2}\tau_f^2 m^2\sigma^2 - \tau_f m(\mu - P)\right]\frac{1}{\sqrt{2\pi}\sigma}\int_0^{+\infty} e^{-\frac{[x-(\tau_f m\sigma^2-(\mu-P))]^2}{2\sigma^2}}dx$$

$$= -\exp\left[\frac{1}{2}\tau_f^2 m^2\sigma^2 - \tau_f m(\mu - P)\right]N\left(\frac{\mu - P}{\sigma} - \tau_f m\sigma\right)$$

根据第 6 章的引理 6-1 中的 Mill 比率函数，可以求得

$$E_{\widetilde{R} \geqslant P}\{-\exp[-\tau_f m(\widetilde{R}-P)]\} = -f\left(\frac{\mu-P}{\sigma}\right)M\left(-\frac{\mu-P}{\sigma}+\tau_f m\sigma\right)$$

$$(8-51)$$

其中，函数 $M(x)$ 为 Mill 比率（Mill's ratio），$M(x) = \dfrac{1-N(x)}{f(x)}$，$N(x)$ 和 $f(x)$ 分别为标准正态分布的分布函数和密度函数，$x \in (-\infty, +\infty)$，且 $M'(x) < 0$，$M''(x) > 0$（第 6 章已证明）。

同理可以求得

$$E_{\widetilde{R}<P}\{-\exp[-\tau_f \frac{m}{c}(\widetilde{R}-P)]\} = -f(\frac{\mu-P}{\sigma})M(\frac{\mu-P}{\sigma}-\tau_f \frac{m}{c}\sigma)$$

$$(8.52)$$

基金管理者需要解决的最优化问题为

$$\max_{D_f} E(U(\tilde{w}_f)) = -f(\frac{\mu-P}{\sigma})[M(-\frac{\mu-P}{\sigma}+\tau_f m D_f\sigma) + M(\frac{\mu-P}{\sigma}-\tau_f \frac{m}{c}D_f\sigma)]$$

$$(8-53)$$

根据最优化的一阶微分条件可以求得基金管理者最优资产满足的偏微分方程为

$$M'(-\frac{\mu-P}{\sigma}+\tau_f m D_f\sigma) = \frac{1}{c}M'(\frac{\mu-P}{\sigma}-\tau_f \frac{m}{c}D_f\sigma) \qquad (8-54)$$

在式（8-52）中，如果不考虑合同不对称的影响，则有

$$M'(-\frac{\mu-P}{\sigma}+\tau_f m D_f\sigma) = M'(\frac{\mu-P}{\sigma}-\tau_f m D_f\sigma) \qquad (8-55)$$

式（8-55）为管理者因相对收益大于零而获得的边际利润，等于管理者因相对收益小于零而承担的边际损失。

在式（8-54）中，我们用 $M'(-\frac{\mu-P}{\sigma}+\tau_f m D_f\sigma)$ 和 $M'(\frac{\mu-P}{\sigma}-\tau_f \frac{m}{c}D_f\sigma)$ 分别表示管理者因相对收益大于零而获得的边际利润和管理者因相对收益小于零而承担的边际损失。由式（8-54）可得

$$\frac{M'(-\frac{\mu-P}{\sigma}+\tau_f m D_f\sigma)}{M'(\frac{\mu-P}{\sigma}-\tau_f \frac{m}{c}D_f\sigma)} = \frac{1}{c} \qquad (8-56)$$

式（8-56）说明合同不对称的程度越大，则管理者因相对收益大于零而获得的边际利润比管理者因相对收益小于零而承担的边际损失小，说明合同不对称程度越大，管理者越倾向于持有风险资产。式（8-54）表示管理者因业绩好而获得的边际奖励 $M'(-\dfrac{\mu-P}{\sigma}+\tau_f m D_f \sigma)$ 等于因业绩差而承担的边际处罚

$\dfrac{1}{c}M'(\dfrac{\mu-P}{\sigma}-\tau_f \dfrac{m}{c}D_f\sigma)$。

8.3.3　均衡资产价格的性质

前面我们已假设风险资产的总供给为 1 个单位，则当风险资产的市场出清时，我们得到

$$\lambda D_f + (1-\lambda)D_a = 1 \qquad (8\text{-}57)$$

令

$$S = \frac{\mu-P}{\sigma} \qquad (8\text{-}58)$$

则 $S=\dfrac{\mu-P}{\sigma}$ 为投资者投资组合的夏普比率，这是因为无风险资产的收益率假设为零，$\mu-P$ 即为投资者投资组合的超额收益率。

1）当夏普比率 $S=\dfrac{\mu-P}{\sigma}\leqslant 0$ 时，个人投资者将不持有风险资产，此时 $D_a=0$，则有 $\lambda D_f=1$，代入式（8-56），得

$$M'(-S+\frac{\tau_f m\sigma}{\lambda})=\frac{1}{c}M'(S-\frac{\tau_f m\sigma}{c\lambda}) \qquad (8\text{-}59)$$

2）当夏普比率 $S=\dfrac{\mu-P}{\sigma}>0$ 时，个人投资者持有的风险资产为

$$D_a = \frac{\mu-P}{\gamma_a \sigma^2} \qquad (8\text{-}60)$$

由市场出清条件得

$$D_f = \frac{1}{\lambda}(1-(1-\lambda)S) \qquad (8\text{-}61)$$

将 D_a 和 D_f 代入式（8-57）得

$$M'(-S - m\frac{\tau_f}{\gamma_a}\frac{1-\lambda}{\lambda}S + \frac{\tau_f m\sigma}{\lambda}) = \frac{1}{c}M'(S + \frac{m}{c}\frac{\tau_f}{\gamma_a}\frac{1-\lambda}{\lambda}S - \frac{\tau_f m\sigma}{c\lambda})$$

$$(8\text{-}62)$$

为了表述方便，令 $x^+ = \max(0, x)$，$x^- = \max(0, -x)$，则式（8-59）和式（8-62）可以表示为

$$M'(-S - m\frac{\tau_f}{\gamma_a}\frac{1-\lambda}{\lambda}S^+ + \frac{\tau_f m\sigma}{\lambda}) = \frac{1}{c}M'(S + \frac{m}{c}\frac{\tau_f}{\gamma_a}\frac{1-\lambda}{\lambda}S^+ - \frac{\tau_f m\sigma}{c\lambda})$$

$$(8\text{-}63)$$

式（8-63）就是本文推导出的当市场均衡时资产价格满足的方程，该方程为偏微分方程，根据 Mill 比率的函数性质，该偏微分方程不存在解析解，我们只能通过该方程来分析风险资产的价格 P 和合同不对称程度 c 的关系。

在式（8-62）中，将风险资产的价格 P 关于合同不对称程度 c 微分有

1）当夏普比率 $S = \frac{\mu - P}{\sigma} \leqslant 0$ 时，

$$\frac{\partial P}{\partial c} = \frac{\sigma}{c^2}\frac{M''\left(S - \frac{\tau_f m\sigma}{c\lambda}\right)\frac{\tau_f m\sigma}{\lambda} - cM'\left(S - \frac{\tau_f m\sigma}{c\lambda}\right)}{cM''\left(-S + \frac{\tau_f m\sigma}{\lambda}\right) + M''\left(S - \frac{\tau_f m\sigma}{c\lambda}\right)} > 0 \qquad (8\text{-}64)$$

2）当夏普比率 $S = \frac{\mu - P}{\sigma} > 0$ 时，

$$\frac{\partial P}{\partial c} = \frac{\sigma}{c^2}\frac{M''(h_2)\left(\frac{\tau_f m\sigma}{c^2\lambda} - \frac{m}{c^2}\frac{\tau_f}{\gamma_a}\frac{1-\lambda}{\lambda}S\right) - \frac{1}{c^2}M'(h_2)}{M''(h_1)(1 + m\frac{\tau_f}{\gamma_a}\frac{1-\lambda}{\lambda}) + M''(h_2)\left(1 + \frac{m}{c}\frac{\tau_f}{\gamma_a}\frac{1-\lambda}{\lambda}\right)} > 0$$

$$(8\text{-}65)$$

其中

$$h_1 = -S - m\frac{\tau_f}{\gamma_a}\frac{1-\lambda}{\lambda}S + \frac{\tau_f m\sigma}{\lambda}$$

$$h_2 = S + \frac{m}{c}\frac{\tau_f}{\gamma_a}\frac{1-\lambda}{\lambda} - \frac{\tau_f m\sigma}{c\lambda}$$

尤其是当 $c \to 1$ 时，即 PBF 合同为对称合同时，$P \to \mu - \dfrac{\tau_f m \sigma}{\lambda}$；当 $c \to +\infty$ 时，此时对管理者的负的相对业绩不进行处罚，$P \to +\infty$。

根据式（8-64）和式（8-65）我们得到下面的结论：

结论 8-1 当考虑代理问题对资产价格的影响时，如果投资管理者接受一个非对称的 PBF 合同，则合同不对称程度越大，风险资产的价格越高。

8.3.4 数值释例

因为偏微分方程（8-62）无解析解，本节通过数值分析的方法，进一步分析资产价格和合同不对称程度的关系。在式（8-62）中，令 $\mu = 2$，$\gamma_a = 1$，$\tau_f = 2$，$\lambda = 0.4$，σ 分别为 0.1、0.2 和 0.5，合同不对称程度 c 在 1 和 10 之间变化，通过 Matlab 作图，我们得到图 8-1 和图 8-2，在图 8-2 中 $\sigma = 0.2$，λ 分别取 0.1、0.2 和 0.5。

经数值分析我们得出和 5.3.3 中相同的结论，即随着合同不对称程度的增加，资产的价格升高。

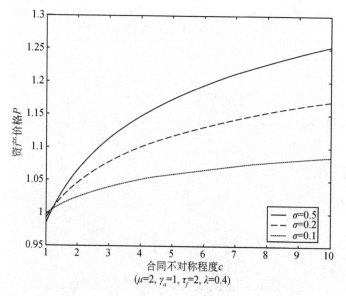

图 8-1　合同不对称程度和资产价格的关系

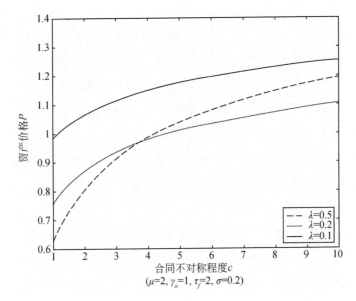

图 8-2 合同不对称程度和资产价格的关系

8.4 本章小结

本章研究了对称 PBF 合同和不对称 PBF 合同对资产价格的影响。在对称 PBF 合同对资产价格影响的研究中，假设市场中有两类代表性的投资者：一个代表性的个人投资者和一个代表性的机构投者。代表性的个人投资者根据标准的均值方差模型选择自己最优的证券组合。代表性的机构投资者接受一个 PBF 合同，管理者的收益不仅取决于其管理的资产的绝对收益，而且与资产的超基准组合收益有关，代表性的机构投资者根据其报酬结构选择最优证券组合。在市场达到均衡时，我们得出了一种基于委托代理关系的资产定价模型，该模型具有两因素模型的形式，这两个因素分别为市场组合和基准组合。但在该模型中，CAPM 模型的线性关系仍然满足，且模型中有三个 β 值，分别为公司股票收益和市场组合收益的协方差与市场组合收益方差的比值、公司股票收益和基准组合收益的协方差与基准组合收益方差的比值、市场组合收益和基准组合收益的协方差与基准组合收益方差的比值。管理者的报酬结构影响资产的均衡收益，激励合同使非基准组合成份股的股票的价格升高，并且随着机构投资者比例的增加和资产的收益的变化而增加。我们对基准组合的风险进行了定价，发现资产的收益变化与基准组合的风险正相关，说明在出现代理问题时为了减少资产价格的变化，基准组合能够应反映系统风险。此外，本章选取了在上海证券交易所交易的 180 只股票的 2003 年到 2006 年的价格数据，选取上证 A 股指数作为市场组合，上证 180 指数作为基准组合，采用 Fama 和 MacBeth（1973）的方法，对本章推导的考虑代理问题的 CAPM 模型进行了实证检验，实证检验不支持模型预测的结果，这可能因为我国基金规模还比较小，代理问题对资产价格的影响还不明显。

在不对称 PBF 合同对资产价格的影响研究中，假设基金管理者（机构投资者）接受一个不对称的 PBF 合同，研究结论表明，合同不对称的程度越大，资产的价格越高。

8.5 本章附录

引理 设 $\beta_{/P}$ 为单个资产对投资组合 P 的 β 值向量，即向量 $\beta_{/P}$ 的第 j 个元素 $\beta_{j/P} = \mathrm{Cov}(\tilde{r}_j, \tilde{r}_P)/\mathrm{VaR}(\tilde{r}_P)$，$j = 1, 2\cdots n$，则有 $\beta_{/P}\mathrm{VaR}(\tilde{r}_P) = Vw_P$。

证明 设投资组合 P 中风险证券的投资比例为 $w_P = (w_1, w_2, \cdots, w_n)^T$，各风险证券的收益率为 $\tilde{r}_i(i = 1, 2, \cdots, n)$，则 $\tilde{r}_P = w_1\tilde{r}_1 + w_2\tilde{r}_2 + \cdots + w_n\tilde{r}_n$。

$$\mathrm{Cov}(\tilde{r}_j, \tilde{r}_P) = \mathrm{Cov}(\tilde{r}_j, w_1\tilde{r}_1 + w_2\tilde{r}_2 + \cdots + w_n\tilde{r}_n)$$

$$= w_1\mathrm{Cov}(\tilde{r}_j, \tilde{r}_1) + w_2\mathrm{Cov}(\tilde{r}_j, \tilde{r}_2) + \cdots + w_n\mathrm{Cov}(\tilde{r}_j, \tilde{r}_n)$$

$$Vw_P = \begin{pmatrix} \mathrm{Cov}(\tilde{r}_1, \tilde{r}_1) & \mathrm{Cov}(\tilde{r}_1, \tilde{r}_2) & \cdots & \mathrm{Cov}(\tilde{r}_1, \tilde{r}_n) \\ \cdots & \cdots & \cdots & \cdots \\ \mathrm{Cov}(\tilde{r}_j, \tilde{r}_1) & \mathrm{Cov}(\tilde{r}_j, \tilde{r}_2) & \cdots & \mathrm{Cov}(\tilde{r}_j, \tilde{r}_n) \\ \cdots & \cdots & & \cdots \\ \mathrm{Cov}(\tilde{r}_n, \tilde{r}_1) & \mathrm{Cov}(\tilde{r}_j, \tilde{r}_2) & \cdots & \mathrm{Cov}(\tilde{r}_n, \tilde{r}_n) \end{pmatrix} \begin{pmatrix} w_1 \\ w_2 \\ \vdots \\ \vdots \\ w_n \end{pmatrix}$$

Vw_P 的第 j 个元素为 $w_1\text{Cov}(\tilde{r}_j, \tilde{r}_1) + w_2\text{Cov}(\tilde{r}_j, \tilde{r}_2) + \cdots + w_n\text{Cov}(\tilde{r}_j, \tilde{r}_n) = \text{Cov}(\tilde{r}_j, \tilde{r}_P)$

而 $\text{Cov}(\tilde{r}_j, \tilde{r}_P) = \beta_{j/P}\text{VaR}(\tilde{r}_P)$，所以有 $\beta_{/P}\text{VaR}(\tilde{r}_P) = Vw_P$。

引理证毕

参 考 文 献

蔡庆丰. 2011. 羊群行为的叠加及其市场影响—基于证券分析师与机构投资者行为的实证研究. 中国工业经济,（12）：111-121.

蔡庆丰. 2011-8-4. 代理投资模式要求修正现代金融理论体系. 中国社会科学报, 第9版.

蔡庆丰, 李超. 2002. 金融市场投资主体机构化对资产定价的影响. 中国煤炭经济学院学报,（2）：141-146.

陈国进, 吴锋. 2002, 代理投资, 金融危机与金融制度结构. 金融研究,（8）：61-66.

程兵. 2005. 投资组合保险 CPPI 策略研究 系统科学与数学,（3）：4-18.

崔巍. 2009. 投资者的羊群行为分析——风险回避下的 BHW 模型. 金融研究.（4）：120-133.

丁振华. 2006. 基金过去的业绩会影响未来的风险选择吗. 证券市场导报,（4）：39-45.

方毅, 张屹山. 2006. 跟踪误差下积极投资组合投资的风险约束机制. 中国管理科学. 14（4）：19-24.

郭磊, 吴冲锋, 凌传荣. 2006. 股票市场羊群行为的中美比较. 上海交通大学学报,（4）：705-708.

胡昌生, 丰赋, 黄卓. 2003. 委托投资中的最优风险分担合同. 预测, 22（3）：60-62

李仲飞, 李克勉. 2010. 动态 VaR 约束下带随机波动的衍生证券最优投资策略. 中山大学学报（社会科学版）, 50（3）：184-1192.

刘成彦, 胡枫, 王皓. 2007. QFII 也存在羊群行为吗? 金融研究.（10）：111-122.

刘建香, 钱省三. 2001. 风险基金管理中的最优激励合同研究. 上海理工大学学报, 13（1）：39-44.

刘京军, 梁建峰. 2009. 道德风险下的最优委托理财契约研究. 系统工程学报, 24（5）：602-606.

刘煜辉, 欧明刚. 2003. 基金激励合约的经济学分析. 数量经济技术经济研究.（3）：19-24

马永开, 唐小我. 2001, 基于跟踪误差的证券组合投资决策模型研究. 系统工程理论与实践, 21 (12): 11-16.

马永开, 唐小我. 2004. 基于市场基准的多因素证券组合投资决策模型研究. 系统工程理论
与实践, 24 (7): 30-37.

倪苏云, 肖辉, 吴冲锋. 2004. 证券投资基金的管理费率设计研究. 系统工程理论与实践,
(1): 25-30.

沈维涛, 黄兴孪. 2001. 我国证券投资基金业绩的实证研究与评价. 经济研究, (9):
22-30.

盛积良, 马永开. 2005. 基准组合研究评述. 管理学报, 2 (6): 745-753.

盛积良, 马永开. 2007. 管理者具有市场能力的委托投资组合管理合同研究. 系统工程理论
与实践, 27 (10): 48-53.

盛积良, 马永开. 2007. 考虑信息成本的委托资产组合管理合同研究. 系统工程, 18 (1):
18-22.

盛积良, 马永开. 2008. 两类不对称对基金风险承担行为的影响研究. 系统工程学报, 23
(4): 398-404

盛积良, 马永开. 2009. 显性激励和隐性激励对基金风险承担行为的影响研究. 管理学报,
6 (5): 692-697.

盛积良, 马永开. 2012. 总风险约束的委托投资组合管理激励契约. 系统工程理论与实践,
32 (3): 589-596.

史晨昱, 刘霞. 2005. 从竞赛观点探讨基金经理人的风险调整行为. 证券市场导报, (2):
37-43.

宋军, 吴冲锋. 2001. 基于分散度的金融市场的羊群行为研究. 经济研究, (11): 21-27.

孙培源, 施东晖. 2002. 基于 CAPM 的中国股市羊群行为研究——兼与宋军和吴冲锋先生商
榷. 经济研究, (2): 64-71.

王明好, 陈忠, 蔡晓钰. 2004a. 费率结构对证券投资基金风险承担行为的影响研究. 系统
工程理论与实践, (10): 117- 21

王明好, 陈忠, 蔡晓钰. 2004b. 相对业绩对投资基金风险承担行为的影响研究. 中国管理
科学, 12 (5): 1- 5

王晓国, 王礼生. 2003a. 基准组合偏差导致基金业绩误差的实证研究. 系统工程, 21 (6):
80-85.

王晓国, 王礼生. 2003b. 我国证券投资基金业绩的实证研究. 求索, (6): 38-40.

吴冲锋, 倪苏云, 翁轶丛 . 2002. 证券投资基金业绩评价研究述评 . 系统工程理论与实践, 22 (10): 128-133

吴冲锋, 王海成, 吴文峰 . 2000. 金融工程研究 . 上海: 上海交通大学出版社 .

吴冲锋, 王柱子, 冯芸 . 2008. 基于资产链的资产定价问题的思考 . 管理科学学报, 11 (1): 1-11.

吴启芳, 汪寿阳, 黎建强 . 2003. 中国证券投资基金业绩的持续性检验 . 管理评论, 15 (11): 23-28.

吴晓亮, 刘亮 . 2010. 基金发展对证券市场均衡及资产价格的影响研究 . 运筹与管理, 19 (2): 109-115.

吴晓求 . 2009-3-24. 激励机制与风险约束如何实现均衡 . 新浪财经 .

伍旭川, 何鹏 . 2005. 中国开放式基金羊群行为分析 . 金融研究 . (5): 60-69.

熊和平, 柳庆原 . 2008. 异质投资者与资产定价研究评析 . 经济评论, (1): 118-122.

薛刚, 高红兵, 黄培清 . 2000. 交换期权与我国投资基金业绩报酬的价值 . 系统工程理论方法应用, 9 (1): 48-53.

杨宝峰, 刘海龙 . 2005. 上海证券市场动态投资组合保险策略应用研究 . 管理评论, 17 (4): 10-15.

姚海祥, 李仲飞 . 2009. 不同借贷利率下的投资组合选择——基于均值和 VaR 的效用最大化模型 . 系统工程理论与实践, 29 (1): 22-28.

曾勇, 唐小我, 郑维敏 . 2000. 一种组合证券选择和资产定价分析 . 管理工程学报, 13 (1): 1-7

曾勇, 唐小我, 郑维敏 . 2004. 管理者风险偏好未知情况下的 PBF 与信息价值损失 . 管理工程学报, 8 (1): 39-43

张汉江, 马超群 . 2000. 证券投资基金管理人的最优激励合同研究 . 系统工程, 18 (1): 12-17.

张玲 . 2002. ETFs 跟踪误差产生原因探讨 . 证券市场导报, (11): 44-49.

张茂军, 秦学志, 南江霞 . 2012. 损失厌恶下带有风险约束的委托投资组合模型 . 系统工程学报, 27 (4): 513-519.

张维, 李根, 熊熊, 等 . 2009. 资产价格泡沫研究综述: 基于行为金融和计算实验方法的视角 . 金融研究, (8): 182-193.

张文璋, 陈向民 . 2002. 方法决定结果吗——基金业绩评价的实证起点 . 金融研究, (12):

38-47.

张亦春，蔡庆丰. 2004. 金融中介、代理投资与资产泡沫. 福建论坛，（2）：13-15.

张永鹏和，陈华. 2004. 信息不对称情况下基金管理人的最优激励合同. 系统工程理论方法应用. 13（5）：443-447.

Admati A, Pfleiderer P. 1991. Sunshine trading and financial market equilibrium. Review of Financial Studies, 4（2）：443-482

Admati R A, Pleiderer P. 1997. Does it all add up? Benchmarks and the compensation of active portfolio manager . Journal of Business, 70（3）：323-350.

Agarwal V, Gomez J P, Priestley R. 2012. Management compensation and market timing under portfolio constraints. Journal of Economic Dynamics & Control, 36（10）：1600-1625.

Alexander G, Baptista A. 2002. Economic implications of using a mean- VaR model for portfolio selection：A comparison with mean- variance analysis. Journal of Economic Dynamics and Control, 26（4）：1159-1193.

Alexander G, Baptista A. 2004. A comparison of VaR and CVaR constraints on portfolio selelction with the mean- variance model. Management Science, 50（9）：1261-1273.

Alexander G, Baptista A. 2006. Active portfolio management with benchmarking：Adding a value- at- risk constraint, Working Paper, University of Minnesota.

Alexander G, Baptista A. 2008. Active portfolio management with benchmarking：Adding a value- at- risk constraint . Journal of Economic Dynamics & Control, 32（3）：779-820.

Allen F, Gorton G. 1993. Churning, bubbles. Review of Economic Studies. 60（3）：813-836.

Allen F. 2001. Do financial institutions matter? Journal of Financial, 56（4）：1165-1176.

Andrew C, Laura W. 2000. The revolution in risk. Institutional Investor, 34（3）：39-48.

Arjun D, Richard C G. 1989. Normal portfolio：Issues for sponsors, managements and consultants. Financial Analysts Journal, 45（2）：7-13.

Arora N, Ju N, Ou- Yang H. 2006. A Model of Asset Pricing Under Portfolio Delegation and Differential Information. http：//www. duke. edu/- huiou/Arora_ Ju_ Ou- Yang. pdf.

Avery C, Chevalier J. 1999. Herding over the career. Economics Letters. 63（2）：327-333.

Avery C, Zemsky P. 1998. Multidimensional uncertainty and herd behavior in financial markets. The American Economic Review, 88（3）：724-748.

Bailey J V, Tierney D E. 1988. Benchmark portfolios and the manager/plan sponsor relationship. Journal of Applied Corporate Finance, (4): 25-32.

Bailey J V, Tierney David E. 1993. Gaming manager benchmarks. Journal of Portfolio Management, 19 (4): 37-40.

Bailey J V. 1990. Some thoughts on performance-based fees. Financial Analysts Journal, 46 (4): 31-40.

Bailey J V. 1992. Evaluating benchmark quality. Financial Analysts Journal, 48 (3): 33-39.

Banerjee A. 1992. A simple model of herd behavior. Quarterly Journal of Economics, 107 (3): 797-817.

Barton W, Duane W, John P, et al. 2000. Optimizing manager structure and budgeting manager risk. The Journal of Portfolio Management, 26 (3): 90-104.

Barucci E. 2003. Financial Markets Theory: Equilibrium, Efficiency and Information. London: Springer.

Barucci E. 2006. Financial Markets Theory: Equilibrium, Efficiency and Information. 李晓洁译. 上海: 上海财经大学出版社.

Basak S, Pavlova A, Shapiro A. 2007. Optimal asset allocation and risk shifting in money management. Review of Financial Studies, 20 (5): 1583-1621.

Basak S, Pavlova A, Shapiro A. 2008. Offsetting the implicit incentives: Benefits of benchmarking in money management. Journal of Banking and Finance, 32 (9): 1883-1893.

Basak S, Shapiro A. 2001. Value-at-risk based risk management: Optimal polices and asset management. Review of Financial Studies, 14 (2): 371-406.

Basak S, Shaprio A, Tepla L. 2006. Risk management with benchmarking. Management Science. 52 (4): 542-557.

BasakS, Pavlova A. 2012. Asset prices and institutional investors. American Economic Review forth wming.

Baska S. 1995. A general equilibrium model of portfolio insurance. Review of Financial Studies, 8 (4): 1059-1090.

Baska S. 2001. A comparative of portfolio insurance. Journal of Economic Dynamics and Control, 26 (4): 1217-1241.

Berk J B, Green R C. 2004. Mutual fund flows and performance in rational markets. Journal of Political Economy, 12 (6): 1269-1295.

Bhattacharya S, Pleiderer P. 1985. Delegated portfolio management . Journal of Economic Theory, 36 (2): 1-25.

Bikhchandani S, Hirshleifer D, Welch I. 1992. A theory of fads, fashion, custom, and culture changes as informational cascades. Journal of Political Economy, 100 (3): 992-1026.

Bikhchandani S, Sharma S. 2001. Herd behavior in financial markets. IMF Staff Papers, 47 (1): 279-310.

Binsbergen J, Brandt M, Koijen R. 2008. Optimal decentralized investment management. Journal of Finance, 63 (4): 1849-1895.

Black F, Jones R. 1987. Simplifying portfolio insurance. Journal of Portfolio Management, 6 (1): 48-51.

Black F, Litterman R. 1992. Global portfolio optimization. Financial Analysts Journal, 48 (5): 28-43.

Black F, Perold A. 1992. Theory of constant proportion portfolio insurance. Journal of Economic Dynamics and Control, 16 (2): 403-426.

Breeden D T. 1979. An intertemporal asset- pricing model with stochastic consumption and investment opportunities. Journal of Financial Economics, 7 (3): 265-296.

Brennan M J. 1993. Agency and Asset Pricing. http: //www. escholarship. org/uc/item/53k014sd. pdf.

Brennan M, Cheng X, Li F. 2012. Agency and Institutional Investment. European Financial Management, 18 (1): 1-27.

Brennan M, Li F. 2008. Agency and Asset Pricing . http: //citeseerx. ist. psu. edu/viewdoc/download? doi=10. 1. 1. 145 . 8838 &rep=rep1 &type=pdf.

Brennan M, Schwartz E. 1989. Portfolio insurance and financial market equilibrium. Journal of Business, 62 (2): 455-472.

Brown K C, Harlow W V, Starks L T. 1996. Of tournaments and temptations: an ananlysis of managerial incentives in the mutual funds industry. Journal of Finance, 51 (1): 85-110.

Bruce N L, David M M. 1987. Mutual fund performance evaluation: A comparison of benchmarks and benchmark comparisons. The Journal of Finance, 42 (2): 233-265.

Brunnermeier M, Sannikov Y. 2011. A Macroeconomic Model with a Financial Sector. http: //www. princeton . edu /-markus/research/papers/macro_ finance. pdf.

Brunnermeier M, Sannikov Y. 2012. A macroeconomic model with a financial sector. Working paper, Princeton University.

Busse A J. 2001. Another look at mutual fund tournaments. Journal of Financial and Quantitative Analysis, 36 (1): 53-73.

Cadenillas A, Cvitanic J, Zapatero F. 2004. Dynamic principal-agent problems with perfect information. Working Paper, University of Alberta, Edmonton, Canada.

Cadenillas A, Cvitanic J, Zapatero F. 2007. Optimal risk-sharing with effort and project choice. Journal of Economic Theory, 133 (1): 403-440.

Cai F, Kaul G, Zheng L. 2004. Institutional trading and stock returns. Working Paper. Washington.

Cao H, Coval J, Hirshleifei D. 2002. Sidelined investors, trading generated news, and security returns. Review of Financial Studies, 15 (3): 615-648.

Cao H, Hirshleifer D. 2000. Conversation, observational learning, and informational cascades. Working Paper. University of Chicago.

Carhart M. 1997. On persistence in mutual fund of performance. The Journal of Finance March, 52 (1): 57-83.

Carpenter J I. 2000. Does option compensation increase managerial risk appetite? Journal of Finance, 55 (4): 2311-2331.

Charles B G. 1997. Benchmarks: The ultimate tool for today's practitioner. Trusts & Estates1, 136 (8): 10-11.

Chen H L, Pennacchi G. 2009. Does prior performance affect a mutual fund's choice of risk? Journal of Financial and Quantitative Analysis, 44 (4): 745-775.

Chevalier J, Ellison G. 1997. Risk taking by mutual funds as a response to incentives. Journal of Political Economy, 105 (3): 1167-1200.

Chevalier J, Ellison G. 1999. Career concerns of mutual fund managers. Quarterly Journal of Economics. 116 (2): 389-342.

Chow G. 1995. Portfolio selection based on return, risk and relative performance. Financial Analysts Journal, 51 (2): 54-60.

Cipriani M, Guarino A. 2002. Herd behavior and contagion in financial markets. Working Paper. New York University.

Claus J, Thomas J. 2001. Equity premia as low as three percent? Evidence from analysts' earnings forecasts ofr domestic and international stock markets. Journal of Finance, 56 (5): 1629-1666.

Cornell B, Roll R. 2005. A delegated- agent asset- pricing model. Financial Analysts Journal, 61 (1): 57-69.

Cox J, Huang C. 1989. optimal consumption and portfolio policies when asset prices follow a diffusion process. Journal of Economic Theory, 49: 33-83.

Cuoco D, He H, Isaenko S. 2008. Optimal dynamic trading strategies with risk limits. Operations Research, 56 (2): 358-368.

Cuoco D, Kaniel R. 2011. Equilibrium prices in the presence of delegated portfolio management. Journal of Financial Economics, 101 (1): 264-296..

Cvitanić J, Wan X, Zhang J. 2009. Optimal compensation with hidden action and lump-sum payment in a continuous -time model. Applied Mathematics and Optiumization, 59 (1): 99-146.

Dabanzo L, Nesbitt L. 1987. Performance fees for investment management. Journal of Financial Analysts. (5) 14-20.

Daniel K, Grinblatt M, Titman S, et al. 1997. Measuring mutual fund performance with characteristic-based benchmarks. Journal of financial, 52 (3): 1035-1058

Dann L, Mayers D, Raab R. 1977. Trading rules, large blocks, and the speed of adjustments. Journal of Financial Economics, 4 (1): 3-22.

Das S R, Sundaram R K. 2002. Fee speech: Signaling, risk- sharing, and the impact of fee structures on investor welfare. Review of Financial Studies, 15 (5): 1465-1497.

Dasgupta A, Prat A, Verardo M. 2010. The Price Impact of Institutional Herding. http://www. bus. wisc. edu /finance/workshops/documents/dpvtheory. pdf.

Dasgupta A, Prat A. 2005. Reputation and asset prices: A theory of information cascades and systematic mispricing. Working Paper, London School of Economics.

DeMarzo P, Vayanos D, Zwiebel J. 2001. Social networks and financial markets. Working Paper. MIT and Stanford University.

Diamond D W, Verrecchia RE. 1982. Optimak managerial contracts and equilibrium security prices. The Journal of Finance, 37 (2): 275-287.

Diao X F. 2003 . Asymmetric fund manager compensation and equilibrium asset pricing: Theory and evidence from China, Working Paper. University of British Columbia.

Divecha A, Grinold R C. 1989. Normal portfolio: Issues for sponsors, managements and consultants. Financial Analysts Journal, 45 (2): 7-13.

Dybvig P H, Farnsworth H K, Carpenter J N. 2010. Portfolio performance and agency . Review of Financial Studies, 23 (1): 1-23.

Dybvig P. 1988. Inefficient dynamic portfolio strategies or how to throw away a million dollars in the stock markets. Review of Financial Studies, 1 (1): 67-88.

Dybvig P. 1995. Dusenberry's ratcheting of consumption: Optimal dynamics consumption and investment given intolerance for any decline in standard of living. Review of Economi Studies. 62 (2): 287-313.

Eichberger J, Grant S, King S. 1999. On the relative performance of contracts and fund manager' s incentives. European Economic Review, 43 (1): 135-161.

Elton E J, Gruber M J. 2003. Incentive fees and mutual funds. Journal of Finance, 58 (2): 779- 804.

Fama E F, French K R. 1992. The cross-section of expected stock returns. Journal of Financial, 47 (2): 427-465.

Fama E F, French K R. 1993. Common risk factors in the returns on stocks and bonds. Journal of Financial Economics, 33 (1): 3-57.

Fama E, French F. 2002. The equity premium . Journal of Finance, 57 (2): 637-660.

Fama E, MacBeth J. 1973. Risk, return and Equilibrium: empirical test. Journal of Political Economic, 81 (3): 607-636.

Farnworth H. 2003. Reputation effects in portfolio management. Working Paper. Washington University.

Franks E. 1992. Targeting excess-of-benchmark returns. Journal of Portfolio Management, 18 (4): 6-12.

Fridson M S. 1992. High-yield indexes and benchmark portfolios. Journal of Portfolio Management, 18 (2): 77-83.

Froot K, Scharfstein D, Stein J. 1992. Herd on the street: informational inefficiencies in a market with short-term speculation. Journal of Finance, 47 (4): 1461-1484.

Garcia D, Vanden J. 2009. Information acquisition and mutual funds. Journal of Economic Theory, 144 (5): 1965-1995.

Gennotte G, Leland H. 1990. Market liquidity, hedging and crashes. The American Economic Review, 80 (4): 999-1021.

Glosten L, Milgrom P. 1985. Bid ask and transaction prices in a specialist market with heterogeneously informed traders. Journal of Financial Economics, 14 (1): 71-100.

Golec J H. 1992. Empirical tests of a principal- agent model of the investor- investment advisor relationship . Journal of financial and Quantitative Analysis, 27 (1): 81-95.

Gomez J P, Sharma T. 2006. Portfolio delegation under short-selling constraints . Economic Theory, 28 (1): 173-196.

Gomez J P, Zapatero F. 2003. Asset pricing implications of benchmarking: a two-factor CAPM. The European Journal of Finance, 9 (4): 343-357.

Gompers P, Metrick A. 2001. Institutional investors and equity prices. Quarterly Journal of Economics, 116 (1): 229-259.

Goriaev A, Palomino F, Prat A. 2003. Mutual fund tournament: risk-taking incentives induced by ranking objectives. Working Paper, London School of Economics.

Gorton G B, He P. 2006. Moral hazard and asset pricing. Working Paper. The Wharton School, University of Pennsylvania.

Grier P, Albin P. 1973. Nonrandom price changes in association with trading in large blocks . Journal of Business, 46 (2): 425-433.

Grinblatt M S, Ross S A. 1985. Market power in a securities market with endogenous information. Quarterly Journal of Economics, 100 (4): 1143-1167.

Grinblatt M, Titman S, Wermers R. 1995. Momentum investment strategies, portfolio performance, and herding: A study of mutual fund behabior. The American Economic Review, 85 (4): 1088-1105.

Grinblatt M, Titman S. 1989. Adverse risk incentives and the design of performance- based contracts. Management Science, 35: 807-822.

Grinblatt M, Titman S. 1989. Mutual fund Performance: an analysis of quarterly portfolio holdings. The Journal of Business, 62 (3): 393-416.

Grinblatt M, Titman S. 1992. The persistence of mutual fund performance. Journal of financial, 47 (5): 1977-1984.

Grinblatt M, Titman S. 1993. Performance measurement without benchmarks: An examination of mutual fund returns. Joural of business, 66 (1): 47-68.

Grinblatt M, Titman S. 1994. A study of monthly mutual fund returns and performance evaluation techniques. Journal of Financial and Quantitative Analysis, 29 (3): 419-444

Grinold R, Rudd A. 1987. Incentive fees: Who wins? Who loses? Financial Analysts Journal, 43 (1): 27-38.

Grossman S J, Vila J L. 1989. Portfolio insurance in complete markets: A note. Journal of Business, 27 (1): 473-476.

Grossman S J, Vila J L. 1992. Optimal dynamic trading with leverage constraints. Journal of Financial and Quantitative Analysis, 27 (1): 151-168.

Grossman S. 1988. An analysis of the implications for stock and futures price volatility of program trading and dynamic hedging strategy. Journal of Business, 61 (2): 275-298.

Grossman S. Zhou Z. 1993. Optimal investment strategies for controlling drawdowns. Mathematical Finance, 3 (1): 241-276.

Grossman S. Zhou Z. 1996. Equilibrium analysis of portfolio insurance. Journal of Finance, 51 (2): 783-809.

Gruber M. 1996. Another puzzle: The growth in actively managed mutual funds . Journal of Finance, 51 (3): 783-810.

Grumbel A. 1999. Trading on short-term, information. Working Paper, Oxford.

Guerrieri V, Kondor P. 2010. Fund Managers Career Concerns and Asset Price Volatility. http: // papers. ssrn. com/sol3/papers. cfm? abstract_ id=1612945.

Gumbel A. 2005. Herding in delegated portfolio management: When is competitive performance information desirable? European Economic Review, 49 (2): 599-626.

He Z, Krishnamurthy A. 2010a. A Model of Capital and Crises. http: //www. nber. org/papers/w14366.

He Z, Krishnamurthy A. 2010b. Intermediary Asset Pricing. 2010. http: //www. kellogg. northwestern. edu/ faculty / krisharvind/ papers/intermedap-new. pdf.

Heinkel R, Stougton N M. 1994. The dynamics of portfolio management contracts. Review of Financial Studies, 7 (2): 351-387

Hirshleifer D, Subrahmanyam A, Titman S. 1994. Security analysis and trading patterns when some investors receive information before others. Journal of Finance, 49 (4): 1664-1698.

Holmstrom B, Milgrom P. 1987. Aggregation and linearity in the provision of intertemporal incentive. Econometrica, 55 (2): 303-328.

Holmstrom B. 1997. Moral hazard and observability. Bell Journal of Economics. (10): 74-91.

Huberman G, Kandel S. 1993. On the incentives for money managers: A signaling approach. European Economic Review, 37 (5): 1065-1081.

Huddat S. 1999. Reputation and performance fee effects on portfolio choice by investment advisers. Journal of Financial Markets, 2 (3): 227-271.

Hugonnier J, Kaniel R. 2010. Mutual fund portfolio choice in the presence of dynamic flows. Mathematical Finance, 20 (2): 187-227.

Jack L T. 1965. How to rate management of investment funds. Harvard Business Review, 43 (1): 63-75.

Jacklin C, Kleidon A, Pfleiderer P. 1992. Underestimation of portfolio insurance and the crash of 1987 October. Review of Financial Studies, 4 (1): 35-63.

Jensen Michael C. 1968. The Performance of mutual fund in the period of 1945 ~ 1946. The Journal of Finance, 23: 389-416.

Jorion P. 2003. Portfolio optimization with tracking-error constraints. Financial Analysts Journal, 59 (5): 70-82.

Kahn J A. 1990. Moral hazard, imperfect risk-sharing, and the behavior of asset returns. Journal of Monetary Economics, 26 (1): 27-44.

Kaniel R, Kondor P. 2011. The delegated Lucas tree. Working Paper. Central European Unirersity.

Kapur S, Timmerman A. 2005. Relative performance evaluation contracts and asset market equilibrium. The Economic Journal, 115 (5): 1077-1102.

Keim D, Madhavan A. 1995. Anatomy of the trading process empirical evidence on the behavior of institutional traders. Journal of Financial Economics. 37 (2): 371-398.

Keynes J. 1936. The General Theory of Unemployment, Interest and Money. Cambridge: Mecmillan Cambridge Unirersity.

Khorana A. 1996. Top management turnover, an empirical investigation o f mutual fund managers. Journal of Financial Economics, 40 (2): 403-427.

Kim T. 1978. An assessment of the performance of mutual fund management: 1969-1975. Jounal of Finance and quantitative analysis, 13 (3): 385-406

Kocherlakota N R. 1998. The effects of moral hazard on asset prices when financial markets are complete. Journal of Monetary Economics, 41 (1): 39-56.

Koski J L, Pontiff P. 1999. How are derivatives used? Evidence from the mutual fund industry. Journal of Finance, 54 (2): 791-816.

Kraus A, Stoll H. 1972. Price impact of block trading. Journal of Finance, 27 (2): 569-588.

Kristiansen E G. 2005. Agency, performance, and selection: The market for fund managers. Working Paper. Norwegian School of Economics and Business Administration and Norges Bank.

Kritzman M. 1987. How to build a normal portfolio in three easy steps. Journal of Portfolio Management, 13 (4): 21-23.

Kritzman M. 1987. Incentive fees: some problems and some solutions. Financial Analysts Journal, 43 (1): 21-26.

Kyle A S, Ou-Yang H, Wei B. 2011. A model of portfolio delegation and strategic trading. Review of Financial Studies, 24 (11): 3778-3812.

Kyle A S. 1985. Continuous auctions and insider trading. Econometric, 53 (6): 1315-1335.

Lakonishok J, Shleifer A, Vishny R. 1992. The impact of institutional trading on stock prices. Journal of Financial Economics, 32 (1): 23-43.

Lakonishok J, ShleiferA, ThalerR. 1991. Window dressing by pension fund managers. The American Economic Review, 81 (1): 227-236

Lee I. 1998. Market crashes and informational avalanches. Review of Economics Studies, 65 (3): 741-759.

Lehmann B N, Modest D M. 1988. The empirical foundation of the arbitrage pricing theory. Journal of Financial Economics, 21 (2): 213-254.

Leibowitz M L, Bader L N, Kogelman S, et al. 1995. Benchmark departures and total fund risk: A second dimension of diversification. Financial Analysts Journal. 51 (5): 40-48

Leippold M, Rohner P. 2010. Equilibrium Implications of Delegated Asset Management under Benchmarking. http://papers.ssrn.com/sol3/papers.cfm? abstract_ id=1305029.

Li W. Tiwari A. 2009. Incentive contracts in delegated portfolio management. Review of Financial Studies. 22 (11): 4681-4714.

Liang C, Yao M, Wang J. 2006. A test of the equilibrium implications of the agency-based asset pricing model. the International of Management, 23 (1): 132-142.

Liebowitz M L, Bader L N, Kogelman S. 1993. "Optimal" portfolios relative to benchmark allocations. Journal of Portfolio Management, 19 (4): 18-29.

Lintner J. 1965. The valuation of risky assets and the selection of risky investments in stock portfolios in capital budgets. Review of economics and statistics. 47 (1): 13-37.

Lynch A W, Musto D K. 2003. How investors interpret past fund returns. Journal of Finance, 58 (5): 2033-2058.

Makarov D. 2005. Difference in interim performance and risk taking. working paper, London Business School.

Margrabe W. 1978. The value of an option to exchange one asset for another. Journal of Finance, 33 (1): 177-186.

Mark G, Sheridan T, Wermers R. 1995. Momentum investment strategies, portfolio performance, and herding: a study of mutual fund behavior. American Economic Review, (85): 1088-1105.

Mark G, Sheridan T. 1988. Mutual fund performance: an analysis of monthly returns. Working Paper. University of California, Los Angeles.

Maug E G, Naik N Y. 1996. Herding and delegated portfolio management: The impact of relative performance evaluation on asset allocation. Working Paper, IFA .

McNee A. 2002. Budgeting for risk. ERisk, (3): 1-4

Merton R C. 1973. An intertemporal capital asset pricing model. Econometrica. 41 (4): 867-887.

Merton R. 1971. optimal consumption and portfolio rules in a continuous time model. Journal of Economy Theory, 3 (2): 373-413.

Michael C J. 1968. The performance of mutual funds in the period 1945-1964. Journal of Finance , 23 (5): 389-416.

Michael C J. 1969. Risk, the pricing of capital assets, and the evaluation of investment portfolios. Journal of Business, 42 (4): 167-247.

Mossin J. 1965. Equilibrium in a capital asset market. Econometrica. 35: 768-783.

Nelson L. 2002. Persistence and reversal in herd behavior: Theory and application to the decision to go public. Review of Financial Studies, 15 (1): 65-96.

Nguyen P, Portait R. 2002. Dynamic asset allocation with mean variance preferences and a solvency constraint. Journal of Economic Dynamics and Control, 26 (1): 11-32.

Nofsinger J, Sias R. 1999. Herding and feedback trading by institutional and individual investors. Journal of Finance, 44 (6): 2263-2295

Ou-Yang H. 2003. Optimal contracts in a continuous-time delegated portfolio management problem . Review of Financial Studies, 16 (1): 173-208

Ou-Yang H. 2005. An equilibrium model of asset pricing and model hazard . Review of Financial Studies, 18 (4): 1254-1303.

Palomino F, Prat A. 2003. Risk taking and optimal contracts for money managers . Rand Journal of Economics, 34 (1): 113-117

Palomino F, Sadrieh A. 2003. Overconfidence and delegated portfolio management. Working Paper. HEC School of Management, Tilburg University.

Palomino F, Uhlig H. 2000. Should smart investors buy funds with high returns in the past. Working Paper. Tilburg University and CEPR.

Palomino F. 2005. Relative performance objectives in financial markets. Journal of Financial Interme-diation, 14 (3): 351-375.

Panageas S, Westerfield M. 2009. High-water marks: High risk appetites? Convex compensation, long horizons, and portfolio choice. Journal of Finance. 64 (1): 1-30.

Petajisto A. 2009. Why do demand curves for stocks slope down? Journal of Financial and Quantitative Analysis, 44 (5): 1013-1044.

Pirvu R C. 2007. Portfolio optimization under the Value-at-Risk constraints. Quantitative Finance, 7 (1): 125-136.

Prat A. 2005. The wrong kind of transparency. The Americian Economic Review, 95 (3): 862-877.

Prendergast C, Stole L. 1996. Impetuous youngsters and jaded oldtimers: An analysis of behavioral decision-making rules. Journal of Political Economy. 104 (6): 1105-1134.

Rabb R. 1976. The speed of stock price adjustment to new information. Working Paper. UCLA.

Rahl L. 2002. Risk budgeting: the next step of the risk management journey——A veteran's per-spective. New York: John Wiley & Sons. Inc.

Ramakrishnan R T S, Thakor A V. 1982. Moral hazard, agency cost, and asset prices in a competitive equilibrium . Journal of Financial and Quantitative Analysis, 17 (2): 503-532

Ramakrishnan R, Thakor A. 1984. The valuation of assets under moral hazard. Journal of Finance, 39 (1): 229-238.

Reed A, Wu L. 2005. Racing the clock: Benchmarking or tournaments in mutual fund risk-tak-ing. Working Paper.

Rennie E P, Cowhey T J. 1990. The successful use of benchmark portfolios: A case study. Financial

Analysts Journal, 46 (5): 18-26.

Richard C G. 1986. Benchmark portfolio inefficiency and deviations from the security market line. The Journal of Finance, 41 (2): 295-312.

Roll R. 1978. Ambiguity when performance is measured by the securities market line. Journal of Finace, 33 (4): 1051-1069.

Roll R. 1980. Performance evaluation and benchmark errors (I). Journal of Portfolio Management, 6 (4): 5-12.

Roll R. 1981. Performance evaluation and benchmark errors (II). Journal of Portfolio Management, 7 (2): 17-22.

Roll R. 1992. A mean/variance analysis of tracking error. Journal of Portfolio Management, 18 (4): 13-22.

Ross S A. 1976. The arbitrage theory of capital asset pricing. Journal of Economic theory. 13 (2): 341-360.

Ross S. 2004. Compensation, incentives and the duality of risk aversion and riskiness. Journal of Finance, 59 (1): 207-225

Rubinstein M, Leland H. 1981. Replicating options with positions in stock and cash. Financial Analysts Journal, 37 (1): 63-72.

Scharfstein D S, Stein J C. 1990. Herd behavior and investment. American Economic Review, 80 (3): 465-479.

Scholes M. 1972. The market for securities: Substitution versus price pressure and the effects of information on share price. Journal of Business, 45 (1): 179-211.

Sharpe W F. 1964. Capital asset prices: A theory of market equilibrium under conditions of risk. Journal of Finance. 19 (3): 425-442.

Sharpe W F. 1966. Mutual fund performance. Journal of Business. 39 (1): 119-138.

Shefrin H, Statman M. 1994. Behavioral capital asset pricing theory. Soural of Financial and Quantitatiue Analysis. 29 (3): 329 -349.

Sheng J, Wang F. Yang J. 2012. Incentive contract in delegated portfolio management under VaR constraint. Economic Modelling, 29 (5): 1679-1685.

Sheng J, Yang J. 2010. Market power and optimal contract in delegated portfolio management, International Journal of Management Science and Engineering Management. 5 (6): 463-470.

Shleifer A, Vishny R W. 1997. The limits of arbitrage . The Journal of Finance, 1997, 52 (1): 35-55.

Sirri E, Tufano P. 1998. Costly search and mutual fund flows. Journal of Financial, 53 (5): 1589-1622.

Starks L T. 1987. Performance incentive fees: An agency theoretic approach . Journal of Financial and Quantitative Analysis, 22 (3): 17-32

Stoughton N. 1993. Moral hazard and the portfolio management problem. Journal of Finance. 48 (3): 2009- 2028.

Stracca L. 2006. Delegated portfolio management: A survey of the theoretical literature. Journal of E-conomic Surveys, 20 (5): 823-848.

Stutzer M. 2003. Fund managers may cause their benchmarks to be priced "risk" . Working Paper, University of Colorado.

Subrahmanyam A. 1991. Risk aversion, market liquidity, and price efficiency. Review of Financial Studies, 4 (3): 417-441.

Taylor J. 2003. Risk-taking behavior in mutual fund tournaments. Journal of Economic Behavior and Organization, 50 (2): 373-383

Thoma F, Jaye J. 2006. Compensation mutual fund advisers: a return to the basics of properly structured performance fees . Journal of investment compliance. 26 (4): 228-237.

Tierney D E, Bailey J V. 1995. Benchmark orthogonality properties. Journal of Portfolio Management, 21 (3): 27-31.

Tierney D E, Winston K. 1990. Defining and using dynamic completeness funds to enhance total fund efficiency. Financial Analysts Journal, 46 (4): 49-54.

Tierney D E, Winston K. 1991. Using generic benchmarks to present manager styles. Journal of Portfolio Management, 17 (4): 33-36.

Tierney D E, Winston K. 1990. Defining and using dynamic completeness funds to enhance total fund efficiency. Financial Analysts Journal, 46 (4): 49-54.

Treynor J L. 1965. How to Rate Management of Investment Funds, Harvard Business Review, 2: 63-77.

Vayanos D, Voolley P. 2010. An Institutional Theory of Momentum and Reversal. http: //person-al. lse. ac. uk /VAYANOS/WPapers/ITMR. pdf [2012-11-20] .

Vayanos D. 1999. Strategic trading and welfare in a dynamic market. Review of Economic Studies, 66 (2): 219-252.

Vayanos D. 2001. Strategic trading in a dynamic noisy market. Journal of Finance, 56 (1): 131-171

Wai L, Lam D L. 2001. Implementing optimal risk budgeting. The Journal of Portfolio Management, 28 (1): 73-80.

WelchI. 1992. Sequential sales, learning, and cascades. Journal of Finance, 47 (2): 695-732.

Werner R. 1999. Mutual fund herding and the impact on stock prices. Journal of Finance, 44 (2): 581-622

Wilson R B. 1968. The theory of syndicates. Econometrica, 36: 119-132

Yiu K. 2004. Optimal portfolios under a Value-at-Risk constraint. Journal of Economic Dynamics & Control. 28 (4): 1317-1334.

Zwiebel J. 1995. Corporate conservation and relative compensation. Journal of Political Economy, 103 (1): 1-25.